人力资源管理专业应用型本科教材

U0875469

人员招聘与配置

王佳锐　主编

中国劳动社会保障出版社

图书在版编目（CIP）数据

人员招聘与配置 / 王佳锐主编．--北京：中国劳动社会保障出版社，2023

人力资源管理专业应用型本科教材

ISBN 978-7-5167-6056-7

Ⅰ.①人… Ⅱ.①王… Ⅲ.①人力资源管理－高等职业教育－教材 Ⅳ.①F243

中国国家版本馆 CIP 数据核字（2023）第 182763 号

中国劳动社会保障出版社出版发行

（北京市惠新东街 1 号　邮政编码：100029）

*

三河市潮河印业有限公司印刷装订　　新华书店经销

787 毫米 ×1092 毫米　16 开本　20.25 印张　275 千字

2023 年 10 月第 1 版　　2023 年 10 月第 1 次印刷

定价：58.00 元

营销中心电话：400-606-6496

出版社网址：http://www.class.com.cn

内容提要

《人员招聘与配置》共分为 11 章，包括人员招聘与配置导论、招聘前的基础工作、招聘计划与策略、内部招聘和外部招聘、招聘信息发布与简历筛选、测评技术与方法、招聘外包、灵活用工管理、员工录用与入职管理、人员配置与招聘管理风险规避、招聘评估与总结等内容。本教材集企业人员招聘与配置管理的"知识""技能""实训"三位一体，密切结合企业人力资源管理的发展新趋势，合理运用新方法，使得其中的内容具有实操指导性。

本教材既适合高等院校人力资源管理专业及其他相关专业的师生阅读、使用，也能够满足不同层次的企业管理者，以及对人力资源管理感兴趣人士、研究者、咨询师和培训师的学习、借鉴需要。

序

随着信息化和大数据的发展，人力资源管理有着很大的变化与发展，尤其是新趋势、新技术在人力资源管理中的应用，对于人力资源管理专业的学习有着更高的要求。我国高等学校管理科学的人力资源管理专业领域的科研、教学和应用等方面都取得了长足进步，培养了一大批优秀人才，但由于各所高等学校在相关专业的发展历史、特点和背景上的差异，以及企业对人才需求的多样化、实务化，使我国人力资源管理专业教育面临着机遇和挑战。

“人力资源管理专业应用型本科教材”以人力资源管理专业学科体系为依托，涉及人力资源规划、工作分析、招聘与配置、培训与开发、绩效管理、薪酬管理、人员素质测评、劳动关系管理等方面的内容。本系列教材包括《人力资源管理概论》《工作分析》《人员招聘与配置》《人力资源培训与开发》《绩效管理》《薪酬管理》《人员素质测评》《员工关系管理》《人力资源服务概论》和《职业生涯规划》共 10 本，特色归纳如下：

第一，呈现了最新的理论和系统性的知识。本系列教材在整个高等学校人力资源管理专业设计过程中，不仅强调基础理论知识的学习，而且从整套教材体系的搭建到各书种内容的安排，系统性地呈现了人力资源管理的理论知识。

第二，提供了实务操作技能的方法和工具。本系列教材从方法、工具到所选择的各个模块，充分反映了人力资源管理专业的技能运用，为读者提供了全方位的人力资源管理教学指导与依据，是人力资源管理专业教师开展教学和学生在学习、工作中必不可少的参考书。

第三，增加了课程实训的演练内容。本系列教材在“学习目标”和“本章自测题”的基础上，增加了在人力资源管理实践中的“课程实训”模块内容，增强了教材的实用性，以期辅助读者更快地领会与掌握人力资源管理的基本理论以及技术方法。

当然，本系列教材还有许多可以不断完善和修改的地方，我们殷切希望广大读者能够在使用过程中，给我们提供好的意见和建议，使之日臻完善，共同为中国的人力资源管理事业添砖加瓦。

编者

2023 年 5 月

前　言

随着改革开放的不断深入和经济的迅速发展，企业的竞争越来越激烈，这对企业人力资源管理提出了新的要求和挑战。企业如何成功地吸引、激励和保留优秀的人才，如何立足于竞争激烈的市场，唯一的途径就是掌握最新的人力资源管理知识，利用高效的技术、方法和工具，对组织内部的人力资源进行充分的开发和科学的管理。其中，优化和利用人力资源服务是实现企业人力资源管理目标的重要手段之一。

《人员招聘与配置》共分为 11 章，包括人员招聘与配置导论、招聘前的基础工作、招聘计划与策略、内部招聘和外部招聘、招聘信息发布与简历筛选、测评技术与方法、招聘外包、灵活用工管理、员工录用与入职管理、人员配置与招聘管理风险规避、招聘评估与总结等内容。

如何将人力资源服务理论与企业人员招聘与配置实践进行有效结合？如何精准掌握人员招聘与高级人才寻访服务以及各类型招聘的方法与工作流程？如何把握企业人员招聘与配置管理的最新发展趋势？本书将系统指导、逐一呈现。

本书具有以下两个方面的特点。

1. 知识、技能、实训，三位一体。全书以管理的工作过程和工作内容为导向，深入剖析企业在实际人力资源管理工作中遇到的相关问题，并提出有针对性的解决方案和方法，包括文书、计划、表单、流程、技巧、模型、工作标准、案例等，帮助读者了解基础理论、有效地操练技术并提供有实用价值的参考借鉴。

2. 新趋势、新方法，合理运用。全书多层次、多维度地阐述了人力资源管理全面的内容，尽可能地针对企业实践吸收了人力资源管理领域的新思想、新理论、新方法，如灵活用工、招聘外包、劳务派遣等。

在本书编写过程中，特别感谢人力资源管理专业领域的一些杰出学者和企业界人士所提供的评论以及建议，他们的许多专业知识、独到见解和体会很值得我们学习。同时，我们还要感谢在高校管理学教学一线的教师们，他们投入了大量时间和精力，通过各种渠道给我们提供了高校科研、教育教学、在校学生方面关于教材颇有价值的信息反馈。

本教材既适合高等院校人力资源管理专业及其他相关专业的师生教学、使用，也能够满足不同层次的企业管理者，以及对人力资源管理感兴趣人士、研究者、咨询师和培训师的学习、借鉴需要。

2023 年 5 月

目　　录

第一章　人员招聘与配置导论

学习目标

➢ 目标 1　掌握人员招聘与配置的概念
➢ 目标 2　了解人员招聘的意义和原则
➢ 目标 3　掌握人员招聘的程序
➢ 目标 4　掌握人员配置的基本原理和方法
➢ 目标 5　了解人员招聘与配置的内外部环境

引导案例

L 公司是一家服装辅料制造企业，它用了 3 年的时间，快速成为当地最大的服装辅料制造企业。公司的人力资源部负责日常招聘、薪酬和员工关系管理工作。

随着公司业务的扩张，为了对公司的人力资源进行更为有效的管理和开发，总经理决定组建职能更为完善的人力资源部，因此将人力资源部主管刘华叫到办公室，希望由他主导进行人力资源经理的外部招聘工作。

刘华通过工作分析，认为现有的人力资源部员工只能承担日常的招聘、薪酬核发、员工关系管理工作，如需建立完善的人力资源部职能组织，需要招聘精通人力资源规划和薪酬绩效体系设计的人力资源经理、绩效专员。经过与总经理讨论，确定2个岗位各招聘1人。

刘华针对2个岗位分别编制了岗位说明书，并据此发布招聘信息，共收取了180多份有效简历，经初步筛选后，各留下了5人。他将这10份简历递交总经理，经过总经理面试后入职2人。但受2020年新冠肺炎疫情的影响，公司前半年处于停产状态，新招聘的2个岗位均未能发挥应有的作用，并且在下半年公司需要大量招聘人员时又发现招聘工作无法完成。

L公司的人员招聘与配置的策略有哪些问题呢？如何进行合理的人员招聘与配置才能符合该公司的发展要求呢？

第一节　人员招聘与配置概述

一、人员招聘概述

（一）人员招聘的概念

招聘是指企业为了满足发展的需要，根据工作分析和人力资源规划的要求，寻找、吸引那些有能力又有兴趣到本企业工作的求职者，从中选出符合企业发展要求和岗位任职资格的人员，并予以录用的过程。

人员招聘建立在工作分析和人力资源规划的基础之上。工作分析是对企业中各岗位的责任和所需素质进行分析，为人员招聘提供主要参考依据，同时为应聘人员提供岗位的详细信息；人力资源规划决定了要招聘的岗位、部门、数量、时限等因素。

（二）人员招聘的意义

人员招聘对企业来说有着非常重要的意义，具体包括以下四个方面。

1. 确保录用人员的质量，提高企业的核心竞争力

企业间的竞争归根到底是人才的竞争。人员招聘一方面关系企业人力资源的形成，另一方面直接影响企业管理其他环节工作的开展。

2. 为企业注入新的活力，增强企业的创新能力

新员工可以给企业带来新的管理思想和工作模式，以及制度创新、管理创新和技术创新。

3. 提高企业知名度，树立企业的良好形象

企业利用各种各样的形式发布招聘信息，有助于提高其知名度，让外界更好地了解企业。同时，通过人员招聘工作的开展向外界展示企业的良好形象。

4. 有利于人力资源的合理流动，促进人力资源潜能的发挥

有效的人员招聘能促使员工通过合理流动找到适合自己的岗位，实现能位匹配，调动员工的积极性、主动性和创造性，使员工的潜能得以充分发挥，从而优化员工配置。

（三）人员招聘的原则

企业在实施人员招聘时，应当遵循以下四项原则。

1. 信息公开原则

信息公开原则是指企业在人员招聘时，应将招聘的岗位、数量、任职资格、基本待遇、招聘时限等信息及时向社会公布。

2. 公正平等原则

公正平等原则是指企业要对所有应聘人员一视同仁，使应聘人员能公平地参与竞争。

3. 效率优先原则

效率优先原则是指企业应根据不同的招聘要求，灵活地选择适当的招聘形式，用尽可能低的招聘成本吸引更多高素质人才。

4. 双向选择原则

双向选择原则是指企业在招聘时和应聘人员在应聘过程中，双方根据自己的需要进行双向选择。

（四）人员招聘的步骤

为保证招聘工作的科学规范，提高招聘的效率，人员招聘工作一般包括确定招聘需求、制订招聘计划、开展招聘活动、录用、评估招聘效果五个步骤。

1. 确定招聘需求

招聘需求是在企业人力资源规划的基础上，根据各部门的实际用人需求确定的，具体取决于岗位本身。通常情况下，招聘需求必须由用人部门和企业的人力资源管理部门共同确定。在很多时候，用人部门由于没有控制成本的压力，在没有必要增加人员的情况下，也会提出招聘需求。在这种情况下，人力资源管理部门就要根据自己的专业知识对用人部门的人力资源需求进行分析和判断。

2. 制订招聘计划

在招聘需求确定后，人力资源管理部门需要同用人部门共同制订招聘计划，其内容一般包括招聘范围、招聘规模、招聘渠道、招聘时间以及招聘预算。

（1）招聘范围。招聘范围是指企业需要确定将在什么范围内招聘空缺岗位的候选人。招聘范围主要取决于岗位本身的要求、填补岗位的候选人的地区可得性，以及企业的战略定位。

（2）招聘规模。招聘规模是指企业根据自己需求所确定的应聘人员的数量。通常情况下，企业会通过在招聘的各个阶段不断地筛选应聘人员，从而最终雇用到自己所需要的人员。在这一过程中，候选人的范围被逐渐缩小。这样，一开始需要招聘到的人数和最终被雇用的人数之间就需要保持一个适当的比例，在其他条件不变的情况下，比例越高，招聘的规模越大。

（3）招聘渠道。招聘渠道是指企业从外部进行空缺岗位的候选人招聘时，所确定的招聘途径、招聘方向或所要招聘的目标人群。招聘渠道主要有广告媒体、校园、人力资源市场、第三方服务机构等。

（4）招聘时间。招聘时间是指整个招聘活动所需要的总时间以及招聘活动各个阶段的时间。招聘时间通常根据企业填补空缺岗位的紧急程度确定。

（5）招聘预算。招聘预算是指整个招聘活动所需要的总费用计划。

3. 开展招聘活动

企业的人力资源管理部门需要根据招聘计划书，通过适当的渠道公布招聘信息，同时收集应聘人员投递的简历，为下一步的人员甄选做好准备。

企业发布的招聘信息必须简洁、明确，而且要注明接收简历的截止时间以及企业的联系人和联系方式，以便应聘人员投递简历。

在实施招聘计划的过程中，有些企业主要让人力资源管理者与应聘人员接触，到后来的甄选阶段才会让用人部门的负责人参与；有些企业则会在一开始就让用人部门的负责人和人力资源管理部门一起从事招聘工作。这两种做法各有利弊，前一种做法节约人力和成本，后一种做法招聘效果更好。

4. 录用

录用阶段涉及的主要环节包括录用决策、背景调查、发放录用通知书、员工入职、试用与正式录用。

（1）录用决策。录用决策是指依照人员录用的原则，把选拔阶段多种考核和测验结果组合起来进行综合评价，从中择优确定录用名单。

（2）背景调查。在确定录用人选之后，并且在该拟录用人选上岗之前，企业会通过应聘人员在此之前工作的企业、同事以及人力资源部工作人员等相关途径了解该应聘人员的情况，以核实应聘人员所提供信息的真实性和准确性。尤其是对企业的经理级及以上级别的岗位或比较重要的岗位（如财务、采购、技术等），背景调查尤为重要。

（3）发放录用通知书。录用通知书是企业向拟录用人员发出的通知，告知其已被录用的情况，是企业与拟录用人员签订正式劳动合同的“要约”。录用通知书一般通过信函、短信、电子邮件等方式发出，内容主要包括录用人员具体的岗位、岗位职责、薪酬、报到时间、报到地点以及报到应携带的资料等信息。

对未被录用的应聘人员，企业也应及时告知对方，这样会增加应聘人员对企业的好感，还可以为企业树立良好的形象。

（4）员工入职。接到企业录用通知后，新录用员工要在规定的时间到企业报到。企业人力资源部应为新员工办理入职手续。入职手续的办理内容主要包括验收相关证件、填写入职登记表、签订劳动合同。

（5）试用与正式录用。企业与员工签订劳动合同后，一般会对新员工有一个考察期，即试用期，时间一般为 1~2 个月，最长不超过 6 个月，企业根据员工在此期间的表现决定是否正式录用。如果试用合格，试用期满后企业应及时更新员工信息，将转正信息录入员工个人信息库，办理员工岗位及薪资变更的相关手续。

5. 评估招聘效果

对招聘效果进行评估，一般要从以下六个方面进行。

（1）招聘计划。招聘计划评估主要是参考事先制订的招聘计划来评估招聘各项工作的完成情况，这是最直接、最基础的招聘效果评估维度。

（2）招聘费用。招聘费用是评估招聘效果的一个重要指标。招聘费用评估是指对招聘工作中的费用支出进行调查、核实，并对照预算进行评价，找出其中合理的部分和不合理的部分，并分析原因，便于以后制定更加合理的费用预算。

（3）应聘比。这是对招聘效果数量方面的评估，通常情况下，应聘比越大，说明招聘的效果越好。应聘比可以通过下面的公式计算：

$$\text{应聘比} = \frac{\text{应聘人数}}{\text{计划招聘人数}} \times 100\%$$

（4）招聘录用比。这是对招聘效果质量方面的评估，通常情况下，招聘录用比越大，说明招聘效果越好。招聘录用比可以通过下面的公式计算：

$$招聘录用比=\frac{录用人数}{应聘人数}\times 100\%$$

（5）录用成功比。这也是对招聘效果质量方面的评估，通常情况下，录用成功比越大，说明招聘的效果越好，企业用于招聘所投入的人、财、物获得了较好的回报。录用成功比可以通过下面的公式计算：

$$录用成功比=\frac{录用成功人数}{录用人数}\times 100\%$$

（6）招聘时限。招聘时限评估主要是对招聘及时性进行的评估，通常情况下，招聘岗位空缺时间越短，说明招聘越及时。招聘时限可以通过下面的公式计算：

$$平均岗位空缺时间=\frac{岗位空缺总时间}{补充岗位数}\times 100\%$$

二、人员配置概述

（一）人员配置的概念

人员配置是指企业为实现生产经营目标，采用科学的方法，根据岗得其人、人得其位、适才适所的原则，实现人力资源与其他物力、财力资源的有效结合而进行的一系列管理活动的总称。

人员配置主要包括配置人才、开发人才两个方面。

1. 配置人才

配置人才是指企业为使各岗位的职责得到充分履行，把具备不同素质、能力和特长的员工分别安排在适当的岗位上。

2. 开发人才

开发人才是指企业通过适当的选拔、配置、使用和培训，充分挖掘每位员工的内在潜力，实现员工与工作任务的协调匹配，做到人尽其才、才尽其用，从而使人力资源得到高度开发。

（二）人员配置的基本原理

1. 要素有用原理

要素有用原理是指任何要素（人员）都是有用的，配置的根本目的是给所有人员找到和创造能够发挥其作用的条件。人员没有利用好的原因之一是，没有深入全面了解员工，不能发挥他们的可用之处，因此充分了解员工是合理配置人员的前提；原因之二是，没有为员工发展创造有利条件，只有当条件和环境适当时，员工的能力才能得到充分发挥。识才、育才、用才是管理者的主要职责。

2. 能位对应原理

能位对应原理是指人与人之间不仅存在能力特点的不同，而且存在能力水平的不同，具有不同能力特点和水平的人，应安排在具有相应特点和层次的岗位上，并赋予该岗位应有的权力和责任，使个人能力水平与岗位要求相适应。个人能力差异包括两点：一是能力性质、特点的差异，即能力的特殊性不同，能力特殊性形成个体的专长、特长，即能干什么，最适合干什么；二是能力水平的差异，承认该差异是为了在人力资源的利用上坚持能级层次原则，做到大才大用、小才小用、各尽所能、人尽其才。

3. 互补增值原理

互补增值原理强调人各有所长也各有所短，以己之长补他人之短，从而使每个人的长处得到充分发挥，避免短处对工作的影响。通过个体之间取长补短形成整体优势，实现企业目标的最优化。

4. 动态适应原理

动态适应原理是指人与事的不适应是绝对的，适应是相对的，从不适应到适应是在运动中实现的。随着企业的发展，适应又会变为不适应，只有不断调整人与事的关系才能达到重新适应，这正是动态适应原理的体现。

5. 弹性冗余原理

弹性冗余原理要求在人与事的配置过程中，既要达到工作的满负荷，又要符合人力资源的生理、心理要求，不能超越身心的极限，保证对人与事的安排要留有一定余地，既带给人力资源一定的压力和紧迫感，又要保障所有员工的身心健康。

（三）人员配置的方法

在人员配置过程中配置方法的选择非常重要，一般配置的方法有以员工为标准进行配置、以岗位为标准进行配置、以双向选择为标准进行配置。

1. 以员工为标准进行配置

以员工为标准进行配置是指对员工进行岗位测试并打分，然后按员工岗位测试的每项得分选择高分任用。企业以员工为标准进行配置可以得到该岗位的优秀人才。当多人在该岗位上得分均较高，但仅能选择一人时，可能会忽略员工性格等因素，使优秀人才被拒之门外。

企业在操作中，应注意在做员工岗位测试时要有评分标准，不能凭主观判断，在选择人才时要结合性格、素质等多个方面进行判断。

2. 以岗位为标准进行配置

以岗位为标准进行配置是指通过调查岗位需求，从岗位需求出发，为每个岗位选择最合适的人才。该方法组织效率高，但只有在岗位空缺的前提下才可进行。

企业在操作中，应注意在做员工岗位测试时要以岗位胜任要求为准，具有针对性，人才选择要配合企业战略目标和组织目标。

3. 以双向选择为标准进行配置

以双向选择为标准进行配置是指不仅要调查岗位的人员需求，同时对人员进行匹配选择，在岗位和应聘人员之间进行调整，以满足各个岗位人员配置的要求。该方法考虑全面，兼顾了员工和岗位需求；但比较耗费人力、物力，在两者之间不容易协调。

企业在操作中，应注意兼顾人员和岗位需求，所选人员不但要优秀，而且要符合岗位和组织目标。

三、人员招聘的现状与发展趋势

（一）人员招聘的现状

1. 人员招聘专业化程度不够

目前国内大部分企业对人力资源管理还不够重视，很多企业行政、人事没有明显的区分，也没有对人力资源管理人员进行专业的培训，导致员工招聘团队专业程度不够。

2. 人员招聘渠道单一

目前国内大部分企业可供选择的招聘渠道比较单一，不能根据具体情况选择合适的招聘渠道，导致企业招不到合适的人，应聘者找不到合适的岗位。

（二）人员招聘的发展趋势

1. 人员招聘管理专业化

随着经济的不断发展，国内企业对人员招聘的需求也越来越高、越来越专业。

2. 人员招聘技术智能化

近些年，虚拟现实、人工智能等新技术发展迅速并逐渐成熟，这些新技术势必会给企业管理带来质的飞跃，特别是在企业人员招聘上，既能降低人员招聘的成本，也可通过人工智能进行简历的初步筛选，消除偏见，提高效率。

3. 人员招聘流程外包化

随着企业间竞争的日益激烈，越来越多的企业逐渐发现单靠自身的人力资源管理部门去完成所需要的批量招聘已经力不从心，逐渐开始采用招聘流程外包。

招聘流程外包是指将企业全部或部分招聘、甄选工作，委托给第三方的专业人力资源服务公司。专业的人力资源服务公司利用自己的人才资源、评价工具和流程管理方面的优势来完成招聘工作。招聘流程外包既可以满足企业日常的人才需求，又可让企业的人力资源管理部门从传统的事务性招聘工作转换出来，从而更加专注于更重要的人力资源长远战略。

第二节　人员招聘与配置的环境

一、人员招聘与配置的内部环境

人员招聘与配置是企业进行人力资源管理的一项重要职责，岗位性质、企业战略、企业文化、企业性质、企业形象、企业用人政策、企业薪酬政策等内部环境要素都可能会对人员招聘与配置产生重要的影响。

（一）岗位性质

企业进行人员招聘与配置，需要对拟招聘的岗位性质进行充分的了解和把握，人员招聘与配置岗位的性质主要由以下两个方面决定。

（1）人力资源规划决定需要招聘与配置岗位的种类和数量。

（2）工作分析决定需要招聘与配置岗位的工作职责、员工的任职资格等。

（二）企业战略

企业人员招聘与配置工作的质量会影响企业战略的实施，而企业战略的选择也会对人员招聘与配置工作产生很大的影响。

（1）企业战略会影响企业人员招聘与配置的数量、规模和频率，不同的企业战略对人员的需求是不同的。

（2）企业战略的选择决定了企业进行招聘与配置相关人员的素质和类型。

（3）企业战略的选择决定了选择、录用新员工的工作作风和风格。

（三）企业文化

企业文化是企业及其全体员工在长期的生产经营活动中培育形成的

经营宗旨、价值观念和行为准则。

（1）每个企业都有自己的企业文化，企业文化会影响人力资源管理者的态度、行为方式和其对人员招聘与配置方式的选用。

（2）企业会根据拟招聘人员的价值观念和行为方式是否与企业文化相吻合，来决定如何对其进行选用和配置。

（四）企业性质

企业处于不同的行业或系统，其性质与发展前景会对人员招聘与配置产生一定影响，企业自身的特点会直接影响和决定人员招聘与配置工作的差异化和特殊性。

（五）企业形象

企业形象一般会影响求职者的择业倾向，同时会间接地影响企业人员招聘与配置工作。企业应该营造良好的声誉和形象，从而提高其录用优秀员工的概率。

（六）企业用人政策

企业高层决策者的人才观和用人政策不同，对人员的素质要求也会不同，不同的观念和政策也会导致企业采取不同的方法进行人员招聘与配置。

（七）企业薪酬政策

薪酬福利不仅是个人基本的物质需求，也是个人价值的一种体现。随着人力资源市场的完善，在进行人员招聘与配置工作时企业可以采取多种不同的薪酬政策，以达到较好的人员招聘与配置效果。

二、人员招聘与配置的外部环境

人员招聘与配置活动一般会受到企业外部各种环境和因素的制约与影响，如政治、经济、文化、技术、市场、法律等。以下主要从政府管理、经济发展、技术进步、人力资源市场、国家法律法规和产品与服务市场六个方面对人员招聘与配置的外部环境进行说明。

（一）政府管理

政府对经济的宏观控制和干预在许多方面影响着企业的人员招聘与配置活动。同时，政府投资及购买已经在很大程度上决定着人力资源市场上工作岗位的数量和种类，以及人力资源的供求状况。除此之外，政府管理对企业人员招聘与配置的影响更多地、更直接地体现在对人力资源就业保障的宏观管理方面。

（二）经济发展

经济发展状况反映了行业、地区、国家甚至国际的经济水平，具体的经济环境分析主要包括以下三个方面。

（1）当宏观经济形势处于高速增长时期，市场对企业的产品或服务需求会急剧膨胀，同期企业自身发展也较为迅速，对人员招聘与配置的需求呈现出规模扩张的趋势。

（2）通货膨胀的状况对企业生产经营成本会产生重要影响，进而也会影响人员招聘与配置的成本，尤其表现在对高级管理人员和技术人员的配置方面。

（3）国家经济政策会对人员的招聘与配置产生重要影响。

（三）技术进步

生产技术的科学化和管理手段的现代化程度，会对企业人力资源素质和结构的需求产生很大影响，从而也会对企业内部的人员招聘与配置产生深刻影响。

（四）人力资源市场

人力资源市场是实现企业人员招聘与配置的主要场所，企业的人员结构、人员素质结构、人员素质水平、工作结构、现有或预期的人力资源最终都取决于人力资源市场的结构。具体来讲，主要表现在人力资源市场的供求关系和人力资源市场的地理位置两个方面。

（五）国家法律法规

国家法律法规从客观上界定了企业人员招聘与配置的对象选择和条件。在进行人员招聘与配置规划和执行人员招聘与配置时，企业应充分考虑现行法律法规和政策的有关规定，防止出现违背法律法规的行为，以避免产生法律纠纷，从而避免使企业的人力、物力、财力及形象遭受不必要的损失。

（六）产品与服务市场

产品与服务市场不仅会影响企业的支付能力，还会影响员工的数量和质量。当产品与服务市场扩张时，市场压力会迫使企业将生产能力和雇佣能力最大化。市场份额大，表示企业具有发展潜力，能够吸引更多的人才加入企业。而当市场萎缩时，市场会迫使企业减少对人员使用的数量。如果企业的市场份额和远景欠佳，人们就不愿意加入该企业，企业就难以有充足的应聘人员进行筛选。另外，市场份额同时也影响企业的工资支付能力。

本章自测题

1. 什么是人员招聘？它有什么样的意义？
2. 什么是人员配置？人员配置的基本原理有哪些？
3. 简述影响人员招聘与配置的内部环境因素。
4. 简述影响人员招聘与配置的外部环境因素。

第二章　招聘前的基础工作

学习目标

- 目标 1　了解人力资源规划的含义、内容、作用和分类
- 目标 2　掌握人才盘点的定义、意义及其误区
- 目标 3　掌握人力资源需求与供给的预测方法
- 目标 4　熟悉改善人力资源供需平衡的措施
- 目标 5　了解工作分析的含义、内容和作用

引导案例

A公司是一家从事金属加工生产的企业，创业之初员工只有20余人，经过全体员工的共同努力，公司现已发展成为产、供、销一体化的集团公司。公司目前有7个部门，拥有员工400余人。各部门经理主要是通过外部招聘引进的，员工整体知识水平较高。

随着业务的扩张，公司在经营过程中各种问题逐渐凸显出来，主要表现在以下四个方面。

1. 部门之间、岗位之间的职责与权限缺乏明确的界定，有的部门抱怨事情太多人手不够，任务不能按时完成，有的部门则

抱怨人员冗杂、人浮于事、效率低下。

2. 在人员招聘方面，招聘标准模糊。

3. 工作中，由于没有明确的工作任务要求，部分岗位员工按照自己的理解来工作。

4. 在激励机制方面，公司缺乏科学的绩效考核和薪酬制度，造成员工流失严重。

针对上述问题，公司决定实施一次全面的工作分析。

经过此次全面的工作分析，公司首先解决了各部门、各岗位的职责不清、任务不明晰、责任互相推诿的情况，同时也为公司未来的发展奠定了坚实的基础。

请结合本案例A公司开展工作分析的背景，谈谈你对工作分析的理解。

第一节　人力资源规划

一、人力资源规划概述

人力资规划是指为实施企业的发展战略，完成企业的生产经营目标，根据企业内外环境和条件的变化，运用科学的方法对企业人力资源的需求和供给进行预测，制定相适应的政策和措施，从而使企业人力资源供给和需求达到平衡，实现人力资源合理配置，有效激励员工的过程。

（一）人力资源规划的内容

人力资源规划的内容主要包括两个方面，即人力资源总体规划和人力资源各项业务规划。

1. 人力资源总体规划

人力资源总体规划是指以企业战略目标为依据，对规划期内人力资源管理的总目标、总方针、实施步骤、时间安排、总预算等做出的总体安排。从实践上看，人力资源总体规划不仅要有数量方面的规划，也应有质量方面的规划。此外，作为企业总体规划的组成部分，人力资源总体规划的内容还应是反映企业环境变化的动态规划。

2. 人力资源各项业务规划

人力资源各项业务规划是指人力资源管理业务的具体开展和人力资源总体规划的具体实施，其目的是保证企业人力资源总体规划目标的实现，内容主要包括人员补充计划、人员配置计划、培训开发计划、薪资激励计划、人员晋升计划、员工职业计划等。

（1）人员补充计划是指企业根据运行情况，通过各种选拔渠道，对企业可能产生的空缺岗位进行弥补的计划，以促进人力资源数量、质量、层次结构的改善。

（2）人员配置计划是指根据岗位素质要求和员工素质水平，遵循用人所长、注意潜能、动态平衡等原则，将人员配置到合适的岗位上，使企业人力资源的数量、层次和结构符合企业目标任务和机构设置的要求。

（3）培训开发计划的目的是使人和工作相适应，为企业准备所需要的人才。

（4）薪资激励计划，可以在预测企业未来发展的基础上，对未来的薪资总额进行预算和推测，并确定未来一段时期内的激励政策。

（5）人员晋升计划是指根据企业需要和人员分布状况来制定员工晋升的方案。这对于提高企业员工的积极性和人员利用率是十分必要的。

（6）员工职业计划是指对员工在企业内的职业发展所做出的系统性安排。

（二）人力资源规划的作用

人力资源规划的作用可以分为两大部分，一是对企业战略方面的贡献，二是从职能角度对企业人力资源开发与管理的贡献。

1. 人力资源规划对企业战略方面的贡献

（1）人力资源规划可以帮助企业识别战略目标。由于企业所处的内外部环境是不断变化的，企业的战略目标也随之调整。而人力资源规划有助于企业认清自身人力资源现状，通过分析、预测人力资源的供求变化，使企业的战略目标更具有预见性，从而提高企业对环境的适应力。

（2）人力资源规划有助于企业营造战略目标实现的环境。企业战略目标的实现需要有效的资源保障和配置，人力资源规划通过对人员的补充计划、配置计划、培训与开发计划等，把人力资源集中到与企业目标最一致的产品和服务中去，还可以通过人力资源规划内容的制定、实施、评估和反馈，保证战略目标的可实现性。

2. 人力资源规划对企业人力资源开发与管理的贡献

（1）人力资源规划是企业人力资源管理部门各项业务活动开展的基础。人力资源规划能够为企业人力资源管理部门的各项业务活动设定目标，有利于企业对人力、物力、财力等资源的合理利用，还可以提高人力资源管理部门业务活动的工作质量，提高本部门的工作绩效。

（2）人力资源规划对员工培训有很大的影响。人力资源规划对未来一段时间内人员的数量与质量提出了要求，企业可以根据目前人力资源供给状况、素质水平等来决定员工的培训范围、内容、费用等，最终达到以较小的资源成本获得较大收益的目的。

（3）人力资源规划能让员工了解企业未来的要求。企业的人力资源规划能够让员工看到企业未来各层面的人力资源需求，有利于其参照企业人力资源的供给情况来规划自身的职业发展路径。这对于提高员工的工作积极性及工作绩效都是非常有益的。

（三）人力资源规划的分类

按照人力资源规划的期限长短，可以将它划分为长期人力资源规划、中期人力资源规划、短期人力资源规划三类。长期人力资源规划是指 5 年或 5 年以上的规划，中期人力资源规划是指 1~5 年的规划，短期人力资源规划是指 1 年或 1 年以内的规划。

企业人力资源规划的期限长短，主要取决于企业环境的稳定性、确定性及其对人力资源素质高低的要求。如果经营环境不确定、不稳定，企业对人力资源的素质要求不高，可以随时从劳动力市场上补充所需的劳动力，则企业的人力资源规划以短期为主；反之，则必须制定较长期限的人力资源规划。

二、人才盘点

（一）人才盘点的定义

人才盘点是人力资源规划工作的基础，只有做好人才盘点，全面掌握企业已有的人力资源现状，才能在此基础上进行系统的人力资源规划工作。

随着经济全球化和互联网的迅猛发展，以及企业重组和各项改革的深化，企业在迎来机制创新发展的同时，也处于更趋激烈的竞争环境中。人才是企业之本，也是企业发展最重要的核心资源之一，如何更好地让企业的人才发挥最大作用，也成了管理者急需解决的问题，人才盘点这一概念应运而生。

人才盘点是通过对企业战略、组织结构、人员状况进行深入分析后，做出人才的梳理、评价、配置、发展等安排的一系列过程。

在企业快速发展、战略转型期，企业外部招聘量过大、关键人才流失比较严重及企业人才供给、分布不均衡等情况的出现，都是企业需要进行人才盘点的重大信号。

（二）人才盘点的意义

1. 战略层面

通过系统的人才盘点，对组织架构、人员配比、人才绩效、关键岗位的继任计划、关键人才发展、关键岗位的招聘以及对关键人才的晋升和激励进行深入研究分析，并制定详细的战略规划，可以帮助企业提升组织管理能力，明确人力资源管理的工作重点。

2. 人力资源工作层面

（1）为招聘决策服务。通过人才盘点明确企业的需要及现有人员情况，可以确定招聘需求，为招聘工作提供决策依据。

（2）为培训开发服务。通过人才盘点，明确现有的人才处于什么水平，未来的企业需要什么样的人才，盘点出差距，可以有针对性地制订培训计划，提高个人能力。

（3）为员工激励服务。在人才盘点的同时也开展绩效盘点，根据绩效的优劣，可以有针对性地采取激励措施，在激发员工绩效提升的同时也能够保持员工的稳定性。

3. 员工个人层面

人才是企业非常重要的资产，人才盘点的过程，也是各级管理人员统一人才标准的过程。通过人才盘点的落实，让管理者明确每一个指标的行为表现，也让管理者个人明确自身提高和发展的方向。

同时人才盘点的结果也可以引导员工个人的发展，通过评估自身的优劣，可以为工作绩效的提高提供方向，同时也是个人职业发展的落地措施，让员工能够看清前进的道路，促进其快速成长。

（三）人才盘点的误区

误区一：人才盘点是人力资源管理部门的工作

人力资源管理是“三位一体”的管理，即涉及企业三个层级：一是企业的高层管理者，如总经理或董事长；二是企业人力资源管理团队；三是企业各部门的负责人。人才盘点是为企业战略、经营、业务服务的，如果仅仅由人力资源管理部门来实施，高层管理者对此不关注或被动参与，人才盘点的效果会大打折扣。

误区二：人才盘点是一次会议

人才盘点不等同于人才盘点会议，这项工作不是企业的经营班子或者几个高层管理者凑在一起凭感觉对每个人进行一番评论，然后根据这个结果进行人事决策那么简单，没有工具和数据支撑的人才盘点注定会失败，因为它不科学、不客观。

误区三：人才盘点一劳永逸

如果不对人才盘点进行动态管理，不跟踪不调整，那么通过人才盘点所形成的结果、决议、决定就很难落到实处，也很难与企业的发展战略和实际经营紧密结合。

三、人力资源需求预测

人力资源需求预测是根据企业的发展规划和内外部条件，选择合适的预测技术，对未来所需员工的数量、质量、层次和结构进行的预测。

（一）人力资源需求预测的内容

一般而言，企业人力资源需求预测的内容包括人力资源存量与增量预测、人力资源结构预测、特种人力资源预测。

1. 人力资源存量与增量预测

人力资源存量与增量预测是对企业现有的和未来拥有的、不同层次的人员数量的推测和判断。其中，人力资源存量主要是指企业人力资源的自然消耗（如自然减员）和自然流动（如专业转移）而引起的人员变动，人力资源增量主要是指由于企业规模、行业调整的变化而引起的人力资源的新需求。

2. 人力资源结构预测

进行人力资源结构预测，可以保证企业在任何环境中都能拥有最佳的人力资源结构，能够避免不同层次人力资源在企业层面的不配套。

3. 特种人力资源预测

特种人力资源主要是指企业中的特殊人才资源，这些人才往往在提高企业科技含量和竞争力方面起重要作用。

（二）人力资源需求预测的影响参数

企业内外部环境的变化对人力资源需求预测会产生一定的影响，归纳起来，人力资源需求预测的影响参数包括外部环境变化和内部环境变化两个方面。

1. 外部环境变化

（1）市场需求的变化。市场需求直接影响企业的生产销售情况、经营规模和经营方向。

（2）技术环境的变化。技术环境的变化会影响企业的技术和设备，这就间接地影响了企业的人力资源需求。

（3）政治环境的变化。政府对工时标准、最低工资标准、社会保险等方面的方针政策，不仅会影响企业的用人制度，还会影响企业的用人战略。

（4）竞争对手间的竞争。竞争对手之间对人才的竞争会造成企业间人才的流动，流出人才的企业会产生新的人力资源需求。

（5）人力资源市场的变化。一般来说，劳动力成本高，企业会选择以机器代替人工；劳动力成本低，企业可能会更多地使用劳动力。

2. 内部环境变化

（1）企业规模的变化。企业规模的变化会对人力资源需求的数量和结构产生影响，规模扩张需要增加新的劳动力，企业的新业务更需要掌握新技能的人员。

（2）企业经营方向的变化。企业经营方向的变化并不一定会导致企业规模的变化，但会对人力资源的需求产生影响。如零售业转向生产制造业，就必须增加生产技术人员和研发人员，否则将无法适应多变的市场环境。

（3）企业中每个工种员工的移动情况。工种之间的移动会促使企业中的熟练工人向更有技术性的相关工种调整，此时，企业就需要招聘新人来适应初级简单的工种。

（4）员工出勤率的变化。员工出勤率的高低直接影响在职员工的总数量，出勤率高，则员工总量需求低；出勤率低，则员工总量需求高。

（三）人力资源需求预测的方法

人力资源需求预测的方法有很多，按其性质特征可以分为定性需求预测法和定量需求预测法。

1. 定性需求预测法

定性需求预测法是指预测者依靠熟悉业务知识、具有丰富经验和综合分析能力的人员与专家，结合已经掌握的历史信息和直观信息，运用个人经验、分析能力和判断能力等，对企业未来某一时期的人力资源需求量进行预测。

（1）经验预测法。经验预测法是指由不同等级的人员根据自己过去的工作经验和对未来变化的估计，预测企业未来人力资源需求的方法。经验预测法可分为自下而上法和自上而下法两种方法。

自下而上法是指由企业具体的职能部门根据自己部门的需要，预测将来某阶段对各种人员的需求，并向上级主管提出用人需求和建议，最后经过横向和纵向的汇总、分析而获得人力资源需求预测的总数。

自上而下法是指由企业的高层管理者拟订出总体的人力资源需求计划，然后再将高层管理者人力资源需求计划逐级下达到各职能部门，各职能部门根据本部门情况，对计划开展讨论、进行修改、提出建议，再将有关意见汇总后反馈给高层管理者，高层管理者据此对总的预测和计划做出最后的修订。

（2）德尔菲法。德尔菲法又称为专家讨论法，它是指采用匿名方式发表意见的方法，即专家之间不得相互讨论，不发生横向联系，只能与调查人员联系，专家依靠个人经验、知识和综合能力等进行预测，调查人员通过多轮收集专家对问卷所提问题的反馈意见，经过反复征询、归纳、修改，最后汇总成基本一致的看法作为企业人力资源需求预测的结果。

（3）描述法。描述法是指人力资源需求预测人员可以通过对本企业在未来某一时期的有关因素变化进行描述或假设，然后根据相关的描述或假设，对其进行分析、综合，从而提出企业未来的人力资源需求预测。

2. 定量需求预测法

定量需求预测法是指依据企业目前和预测期的相关指标及因素，运用数理统计方法，通过数学运算得出人力资源需求量。

（1）总体需求结构分析预测法。其计算公式如下：

$$N_{HR}=P+C-T$$

式中：N_{HR} 是指未来一段时间内需要的人力资源量；P 是指现有人力资源量；C 是指未来一段时间内需要增减的人力资源量；T 是指技术提高

或设备改进后节省的人力资源量。

（2）比率预算法。在运用比率预算法进行预测时，首先要计算出人均生产效率，然后再根据企业未来的业务量预测出人力资源的需求量。其计算公式如下：

$$\text{所需的人力资源量}=\frac{\text{未来的业务量}}{\text{人均生产效率}}$$

如果考虑到生产效率的变化，其计算公式为：

$$\text{所需的人力资源量}=\frac{\text{未来的业务量}}{\text{目前人均生产效率}\times(1+\text{生产效率的变化率})}$$

例如，对于一个学校来说，目前1名老师能够承担30名学生的教学工作量，如果明年学校准备使在校生达到3 000人，就需要100名老师。

（3）回归预测法。回归预测法是指通过建立人力资源需求量与其影响因素间的函数关系，根据影响因素的变化来预测人力资源需求量变化的一种预测技术。

其中，回归模型公式如下：

$$y=a+\sum b_i x_i^{n_i}$$

式中：因变量 y 表示人力资源需求量，其历史数据通过观测、查阅可以得到；自变量 x_i 表示第 i 个影响因素的值，其数据也可以通过观测、查阅来得到；a、b_i、n_i 是特定值，它们表示 y 和 x_i 的关系，通过对 y 和 x_i 现有数据进行回归分析处理可以求得其估计值。

（4）趋势预测法。趋势预测法是根据人力资源历史和现有的资料，找出人力资源量历史发展的规律性和趋势，并假定这种趋势将延伸至未来，从而预测出企业某一时期的人力资源需求量，常见的方法有移动平均法、加权移动平均法、指数平滑法等。

1）移动平均法。移动平均法是以移动平均数作为预测值的方法。其中，移动平均数是根据预测事件各时期的实际值，确定移动周期、分期平均、滚动前进所得出的平均数。该方法更着重于用近期数据进行预测。其计算公式如下：

$$\overline{N_{t+1}}=(N_t+N_{t-1}+\cdots+N_{t-n+1})/n$$

式中：$\overline{N_{t+1}}$ 表示第 t+1 期预测人力资源的需求量；N_t 代表第 t 期实际人力资源需求量。

2）加权移动平均法。加权移动平均法是在移动平均法的基础上，为每一期的人力资源实际量赋予一定的权重，用以调整各期实际数对预测数据的重要程度。其计算公式如下：

$$\overline{N_{t+1}}=\frac{N_tW_t+N_{t-1}W_{t-1}+\cdots+N_{t-n+1}W_{t-n+1}}{W_t+W_{t-1}+W_{t-n+1}}$$

式中：W_t 代表不同期的权重。

3）指数平滑法。指数平滑法是指以指数加权移动平均数作为预测值的方法，是运用本期预测值和实际值的资料，以平滑系数 α 作为加权因子来计算指数平滑平均数。其计算公式如下：

$$\overline{N_{t+1}}=\alpha N_t+（1-\alpha）\overline{N_t}$$

式中：$\overline{N_{t+1}}$ 表示第 t+1 期预测人力资源需求量；N_t 代表第 t 期实际人力资源需求量；$\overline{N_t}$ 代表第 t 期预测人力资源需求量；α 表示平滑系数，其取值范围为 $0<\alpha<1$，α 值的大小体现了不同时期数值在预测中所起的不同作用。

（四）人力资源需求预测的程序

人力资源需求预测的程序主要分为以下五个步骤。

1. 预测企业未来生产经营状态

企业未来的生产经营状态对人力资源需求量有很大的影响，对未来生产经营状态的预测可以用各种具体职能活动的水平和分类计划来表示，如市场份额的变化、目标市场的改变、生产率水平的变化、各职能领域的扩张或缩小、产量及产品结构的变化等。为了能够准确地对人力资源需求量进行预测，应尽量对上述各项指标进行定量描述。

2. 对影响人力资源需求的因素进行分析

应对影响人力资源需求的企业外部环境、企业内部环境、人力资源自身状况等因素进行全面、客观、有针对性的分析，常见的分析方法有SWOT 分析法、竞争五要素分析法等。

SWOT分析法实际上是对企业内外部条件进行综合概括，分析企业的优劣势、面临的机会和威胁的一种方法。其中，优劣势分析主要是对企业自身的实力及其与竞争对手的比较，机会和威胁分析主要着眼于外部环境的变化及对企业的可能影响。

竞争五要素分析法主要是对新加入竞争者、竞争策略、替代品、顾客群和供应商的分析。

3. 选择预测方法

可选择的人力资源需求预测方法有定量预测法和定性预测法，具体内容如前所述。在选择预测方法前，还应做好如下两项工作。

（1）在全面了解企业状况和发展方向后，选择适当的预测因子。不同企业与人力资源需求有关的预测因子是不同的。例如，对于房地产商而言，它可能是销售额，而对于饮料厂商，它可能是生产的饮料瓶数。一个良好的预测因子至少需要满足如下两个方面的要求。

1）预测因子应和企业的基本性质有直接关系，企业是按照这种预测因子做出计划的。

2）预测因子应和人力资源需求成一定的比例，它的变化能够引起人力资源需求的变化。

（2）对预测因子进行历史考察，然后再对未来状况进行预测。要先确定过去要素与人力资源状况之间的关系，然后再对企业未来人力资源的需求做出预测。例如，当企业清楚地了解过去每年的产品生产量与生产人员数量时，就可以根据新的生产指标对未来的生产人员需求量做出准确预测。

4. 实施预测

在实施预测时应做好准备工作，即测算各职能部门工作活动的总量、确定各职能部门内部不同层次类别员工的工作负荷、确定各职能部门不同层次各类人员的需求量等。在对以上工作进行统计、讨论的基础上，计算出现实人力资源需求、未来人力资源流失状况和未来人力资源需求，从而得出企业整体的人力资源需求预测。

5. 编制人力资源需求计划

编制人力资源需求计划的关键是正确确定计划期内员工的补充需求量，企业各部门对员工的补充需求量主要包括两个部分：一是由于各部门业务的需求而必须增加的人员；二是在原有的员工中，因退休、离职等原因发生了“自然减员”而需要补充的那一部分人员。

四、人力资源供给预测

人力资源供给预测是人力资源规划工作的主要内容之一，是预测在未来某一时期，企业内部所能提供的及外部人力资源市场所提供的一定数量、质量和结构的人员，以满足企业为达到目标而产生的人员需求。

（一）人力资源供给分析

人力资源供给预测与人力资源需求预测是不同的，人力资源需求预测只是针对企业内部而言的，而人力资源的供给预测不仅要研究企业内部的人力资源供给预测，还要研究企业外部的人力资源供给预测。

1. 企业内部人力资源供给预测

由于企业经营规模扩大、经营方向转变，或由于本企业员工队伍的自然减员，企业必须定期获得必要的人力资源补充。一般来说，企业内部人力资源供给是企业人力资源供给的重要组成部分（新建企业除外），企业人力资源需求的满足，应优先考虑内部人力资源供给。

在预测企业内部人力资源供给量时，应考虑到内部员工的自然流失（如退休、离职、伤残等）、内部流动（如晋升、降职、岗位轮换等）、跳槽（如辞职、解聘等）。

2. 企业外部人力资源供给预测

根据企业的人力资源需求预测和企业内部人力资源供给预测的结果，能够计算出本企业在未来一段时期内对人力资源需求的缺口，这一缺口必然需要企业从外部补充人员。企业进行外部人力资源供给预测时需要考虑以下四个因素。

（1）地域因素。地域因素主要包括企业所在地人力资源数量和质量现状、所在地对人力资源的吸引程度、企业薪酬福利对所在地人才的吸引程度、企业本身对所在地人才的吸引程度等。另外，地域因素还包括全国性因素，如企业所在行业全国范围的人才供需状况、全国相关专业高校毕业生人数及就业情况等。

（2）人口现状。人口现状主要包括人口规模、人口年龄、人口素质结构、现有劳动力的参与率等，这些因素的现状将直接影响企业现有外部人力资源供给的状况。

（3）人力资源市场的发育程度。当人力资源市场发育良好时，将有利于人力资源在市场上的自由流动，有利于实现人力资源的合理、有效配置；当人力资源市场发育不健全时，将会影响人力资源的优化配置，也会给企业的外部人力资源供给预测带来一定的困难。

（4）择业偏好。如很多应届大学毕业生存在对职业期望过高的现象，或在择业时偏向于大企业、大城市和东部发达地区，也有很多人希望从事工作清闲、环境舒适、风险小、劳动报酬高的工作等。

（二）人力资源供给预测的方法

人力资源供给预测的方法有很多，这里我们选取几种有代表性的方法进行简单介绍。

1. 技能清单

技能清单是针对一般员工的特点和企业管理的需要，集中收集企业每位员工的岗位适合度、教育经历、技术等级和潜能等方面的信息，为人力资源决策提供可靠信息。一般而言，技能清单中的内容需根据员工情况的变化而变化，一旦企业中出现岗位空缺，人力资源管理部门可以依据技能清单提供的信息来挑选合适的人选。表 2–1 是某企业的技能清单。

表 2–1　　　　某企业的技能清单

姓名		岗位		岗位编号	
所属部门		直接领导		入职时间	

续表

1. 教育背景（填写高中及以上）

时间	学校	所获学历	专业

2. 所接受的培训

培训时间	培训机构	培训课程	培训内容

3. 工作经验

工作时间	担任职务	主要工作职责	证明人

4. 所掌握的技能

5. 可能晋升的岗位及其所需接受的培训

6. 职业发展方向

7. 个人特长

8. 兴趣爱好

2. 管理人员接替模型

对于进行管理人员供给的预测，简单而又有效的方法是管理人员接替模型，该方法被认为是把人力资源规划和企业战略结合起来的一种有效的方法。

（1）管理人员接替模型图。管理人员接替模型图可以更清晰地表示出企业内部的人员流动情况（见图 2–1）。

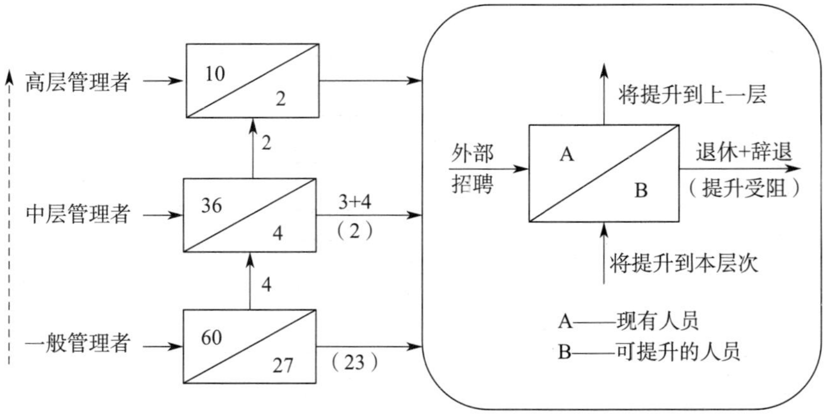

图 2–1　管理人员接替模型图

由图 2–1 可以看出，一般管理者有 23 人提升受阻，中层管理者有 2 人提升受阻。对于提升受阻的人员，企业应做好以下三个方面的工作。

1）直接领导与提升受阻人员进行“一对一”面谈，就有关晋升问题进行沟通，并鼓励提升受阻人员继续努力学习和工作，全面提升个人素质。

2）为提升受阻人员提供宽松的发展空间，提供更多培训和深造机会。

3）给提升受阻人员适当的压力，适当扩大他们的工作范围，让其承担更多重要的任务。在企业财务状况允许的情况下，即使不升职也可以提高他们的薪资等级。

（2）管理人员接替模型运用程序

1）确定人力资源计划范围，即确定需要制订管理人员接替计划的岗位。

2）确定每个关键岗位上的接替人选，需要注意的是应将所有可能的接替人选都考虑在内。

3）评价接替人选，通过绩效考核的方式判断其目前的工作情况是否达到提升的要求，可以根据评价结果将接替人选分为不同的等级，如可分为可以马上接替、尚需进一步培训、淘汰三个级别。为清楚可见，可以将上述管理人员的接替内容在管理人员接替模型图中展现。

4）将接替人员的个人目标与企业目标结合起来，实现人力资源供给与接替，根据评价结果对接替人员进行必要的培训，使之能够快速胜任将来可从事的工作。

（3）马尔可夫预测模型

马尔可夫预测模型目前广泛应用于企业人力资源供给预测上，其基本思想是找出过去人力资源变动的规律，来推测未来人力资源变动的趋势。马尔可夫预测模型通常分不同时期来收集数据，然后再得出平均值，利用每一种岗位的人员变动的频率，推测出人员的变动情况。其具体做法是将计划初期每一种工作的人数与每一种工作的人员变动概率相乘，然后再进行纵向相加，从而得到企业内部未来人力资源的净供给量。

例如，F企业有甲、乙、丙、丁四类人员，该四类人员在2017—2018年的人员转移矩阵见表2–2。

表2–2　F企业四类人员的马尔可夫矩阵（1）

岗位名称	甲	乙	丙	丁	离开企业
甲（高级管理者）	0.750	0	0	0	0.250
乙（中级管理者）	0.050	0.750	0.050	0	0.150
丙（基层管理者）	0	0.042	0.900	0	0.058
丁（技术员）	0	0	0.027	0.730	0.243

从表2–2中可以看出，该企业甲岗位到2018年年末还有75%的人在本职岗位，有25%的人离开企业；该企业乙岗位，有75%的人在本职岗位，有5%的人晋升为甲岗位，有15%的人离开企业；该企业丙岗位，有90%的人在本职岗位，有4.2%的人晋升到乙岗位，有5.8%的人离开企业；该企业丁岗位，有73%的人在本岗位，有2.7%的人晋升到丙岗位，有24.3%的人离开企业。

假如该企业2018年年末与2018年年初相比，企业的市场规模、经营方向等都没有太大的变化，根据表2–2中所列的企业人员变动率与2018年年末人员的数量，就可以预测到2019年1月的人员内部供给量及外部供给（招聘）量，见表2–3。

表 2-3　　F 企业四类人员的马尔可夫矩阵（2）

岗位名称	2019 年年初人数（人）	2019 年 1 月人数（人）				
		甲	乙	丙	丁	离开公司
甲（高级管理者）	4	3	—	—	—	1
乙（中级管理者）	20	1	15	1	—	3
丙（基层管理者）	96	—	4	86	—	6
丁（技术员）	264	—	—	7	193	64
内部人员供给量		4	19	94	193	—
外部供给（招聘）量		0	1	2	71	—

此外，表 2-2 中的马尔可夫矩阵（1）还有助于企业对计划期内人力资源管理的重要决策提供依据。例如 F 企业丁岗位上的人员每年平均离职率约为 24.2%，那么丁岗位会在将来出现人员短缺的现象，据此该企业可以提出以下三个方面的对策。

1）查明丁岗位人员离职率高的原因，根据离职原因制定相应的人员留用策略。

2）加大对丁岗位人员的培训力度，使其能尽快得到晋升机会。

3）采用多渠道进行招聘，吸引更多的专业人员来填补丁岗位的人员空缺。

五、人力资源供需平衡分析

人力资源规划就是要根据企业人力资源供需预测结果，制定相应的政策，使企业未来人力资源供需实现平衡。因此，在预测出人力资源的需求和供给之后，就要对这两者进行比较，并根据两者比较的结果采取相应的改善措施。

（一）供给小于需求

当预测企业的人力资源在未来可能发生短缺时，要根据具体情况选择不同方案避免短缺现象的发生，主要的应对措施有以下六种。

（1）结合部门机构调整，对员工结构进行相应调整，将部门内相对充足且符合条件的人调往空缺岗位。

（2）在高技术人员短缺时，应拟订培训和晋升计划；如企业内部无法满足时，应拟订外部招聘计划。

（3）如人员短缺现象不严重，且员工愿意延长工作时间，此时应根据相关法律法规，制订延长工时并适当增加报酬的计划。

（4）提高企业资本技术有机构成，提高劳动生产率，形成机器替代人力资本的格局。

（5）制订聘用非全日制临时用工计划，如聘用临时工或兼职人员。

（6）将非关键性的业务进行外包，这样可以减少对人力资源的需求。

（二）供给大于需求

人力资源供给大于需求是人力资源规划的难点问题，解决企业人力资源过剩的常用改善措施有以下五种。

（1）永久性辞退某些劳动态度差、技术水平低、劳动纪律观念差的员工。

（2）合并或关闭某些臃肿的机构。

（3）加强培训工作，使员工掌握多种技能，提高员工整体素质，并鼓励员工自谋职业、开办第三产业等。

（4）减少员工工作时间，随之降低工资水平。这样可以解决企业的一时之急，是一种解决临时性人力资源过剩问题的有效方式。

（5）改变计薪方式，如当多个员工分担以前只需一人或少数人完成的工作时，可按工作任务完成量计发工资。

（三）供需总量平衡，结构不平衡

当供需总量平衡，结构不平衡时，一般要采取以下两种改善措施实现平衡。

（1）员工内部流动，通过对员工进行工作调动或晋升等来平衡企业内部人力资源供需。

（2）对现有员工进行有针对性的培训，提高其知识技能，让他们成为企业需要的人才，并将其安排到空缺的岗位上。

（四）供需平衡改善措施的比较

企业为达到人力资源供需平衡，可采取不同的改善措施，不同改善措施的见效速度和员工受影响的程度是不同的，具体内容见表 2-4。

表 2-4 各种供需平衡改善措施的比较

类型	措施	速度	员工受影响的程度	类型	措施	速度	员工受影响的程度
减少预期人力资源过剩的方法	裁员	快	高	避免预期人力资源短缺的方法	加班加点	快	高
	降薪	快	高		雇用非全日制工	快	高
	降级	快	高		外包	快	高
	职位调动	快	中等		再培训后换岗	慢	高
	临时解雇	快	中等		降低流动率	慢	中等
	冻结雇用	慢	低		从外部雇用新人	慢	低
	自然减员	慢	低		技术创新	慢	低
	重新培训	慢	低				

资料来源：诺伊．人力资源管理：赢得竞争优势（第 7 版）[M]．北京：中国人民大学出版社，2005.

第二节 工作分析

一、工作分析概述

工作分析也称职位分析、岗位分析，它是现代人力资源管理所有职能工作的基础和前提。工作分析就是对企业中某个特定工作职务的目的、任务或者职责、权力、隶属关系、工作条件、任职资格等相关信息进行收集与分析，以便对该工作职务做出明确的规定，并确定完成该工作所需要的行为、条件、人员的过程。

（一）工作分析的相关术语

微动作：微动作是工作最简单的单位，是指触及、抓起、安置或放下一个物体等一些非常基本的动作。

要素：要素是两个或两个以上微动作形成的集合，它是一个整体。它是形成职责的基本单位和进行工作分析的基础，往往不直接体现在工作说明书中。

任务：任务是为了达到某个目的而结合在一起的工作要素集合，是工作分析的基本单位。

职责：职责是为取得关键成果而完成的一系列相关联的任务集合。

职位：当任务与职责相结合时就界定了一个职位，它是企业的基本构成单位。

工作：工作是主要任务和职责相同的一组岗位的集合。

职业：一组相似的工作形成一种职业。

工作族：一组相似的职业构成了工作族。

（二）工作分析的内容

工作分析的内容取决于其用途和目的，主要包括工作描述和任职资格要求。

1. 工作描述

工作描述是对具体某项工作基本信息的确定和描述，通常包括以下六个方面。

（1）工作岗位名称。工作岗位名称是指从事工作岗位的具体名称，通常用简洁准确的文字来说明本工作岗位的具体用途。

（2）工作岗位任务和工作内容。工作岗位任务和工作内容是指为完成工作岗位职责而开展的一系列活动和工作，主要包括岗位职责、工作标准、工作活动、岗位目标等。

（3）岗位工作程序。岗位工作程序是指如何从事或要求如何从事该岗位工作，主要包括工作流程，规范和开展该工作所必备的硬件、软件等。

（4）时间安排。工作岗位的时间安排主要包括一般工作时间的安排和该项工作每日、每周、每月的进程安排。

（5）工作环境。工作描述要全面地描述工作环境，工作环境包括自然环境和社会人文环境。其中，自然环境包括地理位置、室内的温度、采光度、通风设备、安全措施等内容；社会人文环境包括当地的社会经济状况、文化氛围、企业内部各部门之间的关系等内容。

（6）岗位工作关系。岗位工作关系是指该岗位与企业内外的其他部门、组织、岗位之间的相互关系。岗位工作关系主要包括纵向关系和横向关系，纵向关系是指负责该岗位工作的直接上下级，横向关系是指需要与企业内外部的哪些部门、哪些人员取得联系。

2. 任职资格要求

任职资格要求是指胜任某项具体工作的人员必备的资格与条件，主要包括以下三个方面。

（1）一般要求，主要包括年龄、学历、工作经验等。

（2）能力要求，主要包括领导能力、组织沟通能力、计划能力、创新能力等。

（3）身体素质，主要包括身高、力量大小等。

（三）工作分析的作用

工作分析是建立人力资源管理制度的基础，是各项人力资源管理工作的依据。工作分析的作用主要包括以下五个方面。

1. 工作分析是进行人力资源规划的重要依据

在市场和企业面临不断变化的动态环境下，人力资源也需要适应这种变化，实现动态平衡。科学的人力资源规划对于企业适应这种变化，更好地生存和发展尤其重要，而工作分析正是企业人力资源需求预测的基础，也是人员调任、晋升等活动的基础。

2. 工作分析为企业人员招聘与配置提供重要依据

企业实施招聘，就是要找到合适的应聘人员并将其放在合适的岗位上，从而达到人与岗位的最佳配置。工作分析的结果能够提供具体岗位的工作内容、主要职责及任职资格条件等方面的信息，为企业的人员招聘与配置提供重要依据，进而帮助招聘人员在对应聘人员进行面试和考核时，能有针对性地进行提问和测试，避免面试和评估的盲目性。

3. 工作分析有助于明确培训的内容和目标

企业实施培训主要应围绕员工在工作中所需要的知识、技能、能力等方面展开，培训的主要目的是提高员工的工作技能，进而提高其工作效率和企业的绩效。企业可根据岗位说明书并结合员工自身特点，对其进行的阶段性考评结果等设计出有效的人员培训和开发方案。

4. 工作分析是薪酬体系的设计基础

工作分析是企业核定薪酬、设计薪酬体系的主要依据，通过了解具体岗位的工作内容，工作所需的知识、技巧与能力等因素，可以确定该项工作对企业的价值或重要性，进而设计企业的薪酬体系。

5. 工作分析为绩效考核和管理提供依据

绩效考核的依据来源于工作分析中得出的岗位职责、工作内容或工作行为规范等，若没有工作分析，绩效考核就缺少了必要的依据。

二、工作分析程序

工作分析程序主要包括工作分析的准备、实施、完成和反馈应用四个阶段。

（一）准备阶段

1. 确定工作分析的目标和侧重点

工作分析的目标直接决定了工作分析的侧重点，决定了工作分析过程中需获取哪些信息，以及用什么方法获取这些信息。由于在进行工作分析时还要考虑精准程度，要选取具有代表性、典型性的岗位进行分析。

2. 制定总体实施方案

总体实施方案包括工作分析的目的和意义、所收集的信息内容、项目的组织形式与实施者、实施的步骤、实施的时间和活动安排、方法的选择、界定待分析的工作样本、所需的背景资料和配合工作以及所提供的结果。

3. 收集和分析有关背景资料

对工作分析有参考价值的背景资料主要包括国家职业分类标准或国际职业分类标准，有关整个企业的信息，包括企业结构图、工作流程图、部门职能说明、现有的岗位说明和有关岗位描述的信息等。

4. 确定所要收集的信息及收集信息的方法

确定要收集的信息可从两个方面考虑：一方面，可以根据工作分析的目标和侧重点来确定；另一方面，根据对现有资料的研究，找出一些需要重点调研的信息或需要进一步澄清的信息。收集信息的方法选择要考虑工作分析的目标、所分析岗位的不同特点以及实际条件的限制。

5. 成立专门的工作分析小组

工作分析小组的成员一般由以下四类人员组成：一是企业的高层管理者，主要负责战略指导、总体领导、扫除障碍；二是人力资源部经理，主要负责实施方案的具体落实，获取高层管理者和其他部门经理的支持；三是专业咨询顾问，主要负责设计相关工具并实施培训，提供技术支持；四是主要部门的经理，主要负责动员本部门人员，并提供工作有关的信息和反馈意见。

（二）实施阶段

1. 与有关人员进行沟通

与参与工作分析的有关人员进行沟通主要达到以下三个目的。

（1）让参与工作分析的有关人员了解工作分析的目的和意义。

（2）让参与工作分析的有关人员了解工作分析的大致时间和进度安排。

（3）让参与工作分析的有关人员初步了解工作分析可能会使用到的方法。

2. 制订具体的实施计划

在实施计划中，应该列出具体的、精确的时间表，具体到每个时间段、每个工作岗位具体的职责和任务是什么。

3. 实际收集与分析工作信息

实际收集与分析工作信息主要包括岗位名称分析、工作内容分析、工作环境分析、工作任职人员的必备条件分析。

（三）完成阶段

1. 与有关工作人员共同审查和确认工作信息

通过各种方法收集来的有关工作信息，必须同工作的任职人员及其上级主管进行审查、核对和确认，才能避免误差。

2. 形成岗位说明书

形成岗位说明书应按照步骤完成：首先根据工作分析规范和经过分析处理的信息草拟岗位说明书；其次将草拟的岗位说明书与实际工作进行对比；再次根据对比的结果决定是否需要进行再次调查研究，若需要，则对草拟的岗位说明书进行修改；最后形成岗位说明书。

（四）反馈应用阶段

工作分析的结果可以应用于岗位分类、岗位说明书编写、人力资源规划、人员招聘与配置等各项人力资源工作中。在工作分析的应用过程中，工作分析人员应及时收集反馈信息，通过分析和检查，对岗位说明书做出必要的调整。

三、工作分析方法

（一）关键事件法

关键事件法（Critical Incidents Technique，CIT）是由美国学者福莱·诺格和伯恩斯在 1954 年提出的，是一种由工作分析专家、管理者或工作人员在大量收集与工作相关信息的基础上详细记录其中的关键事件，并具体分析其岗位特征、要求的方法。本方法一般适用于对员工较多的或者岗位工作内容过于繁杂的岗位进行调查。

1. 关键事件法的优缺点

关键事件法的主要优点是将分析的焦点集中在工作行为上，而这些行为是可观察、可测量的。它为解释绩效评估结果提供了确切的事实证据，可以克服评价近因效应的影响，并能够记录员工如何消除不良绩效。

但这个方法也存在着两个主要缺点：第一，费时，需要花大量的时间去收集关键事件，并加以概括和分类；第二，关键事件是显著的、对工作绩效有效或无效的事件，但遗漏了平均绩效水平，而对工作来说，最重要的一点就是要描述平均的职务绩效。

2. 关键事件法的操作程序

运用关键事件法进行工作分析，通常操作程序有以下三个步骤。

（1）识别关键事件。通过访谈和工作会议的形式从管理人员、部门主管、岗位任职者和其他相关人员那里获取关键事件。一般关键事件都具有两个特征：一是事件所产生的个人绩效和企业绩效具有内在的必然联系；二是事件关注的是绩效和企业目标实现过程中的行为及结果。

（2）记录信息。需要记录的信息有：导致该关键事件发生的前提条件，导致该关键事件发生的直接原因和间接原因，关键事件的发生过程和背景，员工在关键事件中的行为表现，关键事件发生后的结果，员工控制和把握关键事件的能力。

（3）形成研究分析报告。对获得的信息进行分析汇总，进而达到工作分析的目的。

3. 关键事件法的注意事项

在运用关键事件法进行工作分析时，通常需要注意：调查期限不宜过短；关键事件的数量不应太少且应足够说明问题；正反两方面的事件都要兼顾，不得有偏颇。

（二）观察法

观察法是指工作分析人员到现场去观察岗位任职人员的实际工作情

况，通过观察，将有关工作的内容、方法、程序、设备、工作环境等信息记录下来，最后将取得的信息归纳整理为适合使用的结果的过程。

观察法是最早的工作分析方法之一，一般适用于外表特征较明显的工作岗位，如生产线上工人的工作；不适用于具有实践创新性质的工作岗位，如软件开发工程师的工作。

1. 观察法的类别

根据不同观察对象的工作周期和工作突发性的不同，观察法可分为直接观察法、阶段观察法和工作表演法。

（1）直接观察法。直接观察法是指工作分析人员直接对员工工作的全过程进行观察。它适用于工作周期很短的岗位，如保洁员的工作基本上是以一天为一个周期，工作分析人员可以一整天跟随保洁员进行直接的工作观察。

（2）阶段观察法。有些员工的工作具有较长的周期性，为了能完整地观察到员工的所有工作，必须分阶段进行观察，如观察行政部门员工年底筹备年终总结大会的工作情况。

（3）工作表演法。工作表演法对于工作周期很长和突发性事件较多的工作比较适合，如保安员表演来访登记的过程。有时由于时间阶段跨度太长，分析工作无法拖延很长时间，这时采用工作表演法更为合适。

2. 观察法的实施程序

（1）观察准备。首先检查现有文件，形成工作的总体概念，包括工作的主要职责、任务以及工作流程；然后再准备一个初步的观察任务清单，作为观察的框架；最后为数据收集过程中涉及的还不清楚的主要项目做注释。

（2）进行观察。在部门主管的协助下，对员工的工作进行观察，并要适时地做记录。

（3）进行面谈。根据观察情况，选择一个主管或有经验的员工进行面谈，因为他们了解工作的整体情况，以及各项任务是如何分配的，但要确保所选择的面谈对象具有代表性。

（4）合并工作信息。首先检查最初的任务或问题清单，确保每一个问题都已经被回答或确认；然后再进行信息的合并，即把所收集到的各种信息合并为一个综合的工作描述；最后在合并阶段，工作分析人员应该随时收集补充材料。

（5）核实工作描述。首先把工作描述分发给主管和工作的承担者，并附上反馈意见表；然后再根据反馈意见表，检查整个工作描述，并对模糊或错误的地方做出标记；最后召集所有观察对象进行面谈，补充工作描述的遗漏，形成完整和精确的工作描述。

3. 观察法的注意事项

（1）在运用观察法进行工作分析时，需注意所观察的工作行为应具有代表性，稳定性强。

（2）观察人员在观察时应尽量不引起被观察者的注意。

（3）观察前要确定观察位置和提纲。

（4）观察时记录的信息应反映与工作有关的内容，避免机械记录。

（5）在使用观察法时，可以事先将工作分析人员介绍给员工，使之能够被员工接纳。

（三）访谈法

访谈法又称面谈法，是应用最广泛的一种工作分析方法，是指工作分析人员就某一岗位与访谈对象按事先拟订好的访谈提纲进行面对面交流和讨论来收集岗位信息的一种方法。此方法一般不单独用于收集信息，而是常和其他方法一起使用。

1. 访谈法的形式

根据不同的划分标准，访谈法的形式也不同。

（1）根据访谈对象的数量和层次不同，访谈法可分为个别员工访谈法、集体访谈法和主管人员访谈法。个别员工访谈法是指对访谈对象进行单独访谈，主要适用于工作差异较大的岗位且分析时间较为充足的情况；集体访谈法是指通过集体座谈或集体回答问题的方式收集资料的一种访谈法，主要适用于集体成员的工作性质比较相近的情况；主管人员访谈法是指工作分析人员同某一岗位任职者的直接上级领导进行面谈而收集工作岗位信息的一种访谈法。

（2）根据访谈结构化程度的不同，访谈法可分为结构化访谈、非结构化访谈和半结构化访谈。结构化访谈又称标准化访谈，指的是工作分析人员按照固定化的程序，对特定岗位采用相同的问卷所进行的访谈；非结构化访谈也称非引导性访谈，指的是工作分析人员根据工作岗位的基本情况与访谈对象进行自由交谈的过程；半结构化访谈是介于结构化访谈和非结构化访谈之间的一种形式，指的是对有的访谈内容做出了统一的要求，对有的内容则不做统一的要求，也就是在结构化访谈的基础上，工作分析人员向访谈对象又提出一些随机性的问题。

2. 访谈法的优缺点

（1）访谈法的优点主要有：可对工作态度与工作动机等较深层次的内容进行比较详细的了解；运用面广，能够简单而迅速地收集多方面的工作分析资料；由任职人员亲自讲述工作内容，所收集的信息具体、准确，有助于管理者发现问题。

（2）访谈法的缺点主要有：访谈法有专门的技巧，需要对工作分析人员进行培训，对其能力要求较高；访谈法容易被员工认为是对其工作业绩的考核，所以会夸大或弱化某些职责；比较费时间，工作成本较高；易受个人主观因素的影响，使收集到的信息存在偏差。

（四）工作日志法

工作日志法也称工作写实法，是指任职人员按照时间顺序详细记录本职工作的内容，工作分析人员根据其记录的内容加以归纳总结，从而得到工作分析的相关信息的方法。工作日志法适用于工作循环周期较短、工作状态稳定、无大起伏的工作。

1. 工作日志法的优缺点

工作日志法的优点比较突出，主要有：信息可靠性高，能够很好地确定有关工作关系、劳动强度等方面的内容；对于高技术难度或较为复杂的工作分析显得经济、有效。但也存在缺点，主要表现在工作日志内容的真实性很难保证，而且整理信息工作量大，归纳总结工作烦琐。

2. 工作日志法的实施程序

运用工作日志法进行工作分析，实施程序通常包括以下三个阶段。

（1）准备阶段。准备阶段的工作包括表单设计、目标定位、培训相关人员和确定填写周期四个环节。其中目标定位是指根据目标任职者的多少决定选择哪些任职者作为考察对象。

（2）日志填写阶段。任职者按照填写要求，在规定的时间内填写工作日志表。企业通过中期讲解、阶段成果分析、工作分析交流会等方法进行过程监控，督促调查对象保质保量地填写好工作日志表。

（3）信息分析整理阶段。工作分析人员在规定的时间收回工作日志表后对信息进行分析与整理，包括提炼工作活动、工作职责描述、工作任务性质描述、工作联系、工作地点描述及工作时间描述等内容。

（五）问卷调查法

问卷调查法是指根据工作分析的目的、内容等，事先设计出一套关于工作岗位的问卷，由调查对象填写，再将问卷加以汇总，从中找出有代表性的回答，进而对工作岗位相关信息进行描述的一种方法。

利用问卷调查法进行工作分析，其关键环节是设计问卷。设计问卷是一项非常专业的工作，必须将需要获得的信息转化为简单明确的问题。

1. 确定问卷的形式

根据调查问卷的题目，问卷可分为开放型问卷、封闭型问卷和混合型问卷。开放型问卷是指设计的问卷只有问题而没有给出备选的答案，由调查对象根据自己的判断，自由地回答所提出的问题；封闭型问卷是指调查人员先设计好所要调查问题的备选答案，调查对象在其中选择合适的答案即可；混合型问卷是指将封闭型问卷与开放型问卷有机结合，其问题既包括开放型问题也包括封闭型问题。

2. 问题描述与排序

问题描述是问卷设计的关键，问题描述清晰能让调查对象理解问卷调查的意图，进而提供更准确的工作岗位信息。

（1）提问要准确，语言应通俗易懂。问题、备选答案的设计要准确，避免晦涩难懂的文字或词语。

（2）问题不可模棱两可。问题的设计除了要准确外，还须注意文字表达清晰、简洁，让调查对象很容易明白所要回答的问题。

（3）避免诱导性的问题。设计问卷时，要避免设计带有倾向性、诱导性的问题，如“大多数员工认为，该岗位需要1~2年的工作经验，您是这样认为的吗?”即是明显带有诱导性的问题。

另外，问题排序涉及整个调查问卷的结构，是调查问卷设计的重要环节。对各种类型和性质的问题予以恰当的排列组合，既便于调查对象填写问卷，又便于调查人员整理分析资料。一般来说，问题排序遵循先熟后生、先易后难、先松后紧、先客后主的原则。

（六）职务分析问卷法

职位分析问卷法（Position Analysis Questionnaire，PAQ）是一种结构严谨的工作分析问卷，它是1972年由普渡大学教授麦考密克（McCormick）等设计开发的。

1. 职务分析问卷的功能

职务分析问卷是一套结构化工作分析问卷，是19世纪50年代末期为分析一系列最普遍的职位而开发出来的工作分析系统，通过对问卷中所列的工作元素进行评价，可以反映目标职位在各个维度上的特征。职位分析问卷可以分析商业、工业企业以及公共服务部门中的各种岗位。

2. 职务分析问卷的结构

职务分析问卷是通过标准化、结构化的问卷形式来收集工作信息的，包括如下六个方面。

（1）信息来源。员工从哪里以及如何获得执行工作所需的信息。

（2）智力过程。执行工作所涉及的推理、决策、计划和信息处理活动。

（3）工作产出。员工执行工作时所使用的身体活动、工具以及方法。

（4）人际关系。执行工作所需要的与他人之间的关系。

（5）工作背景。执行工作的物理和社会背景。

（6）其他职位特征。除了前面提到的五个方面之外与工作相关的活动、条件和特征。

3. 职务分析问卷法的操作步骤

职务分析问卷法主要包括以下七个操作步骤。

（1）确定工作分析的目的。工作分析本身并不是目的，即实施职务分析问卷方法或者完成若干份职务分析问卷都不是企业进行工作分析的目的所在，而将工作分析的结果应用于实现某些人力资源管理的职能才是其最终目的，如进行工作评价、建立甄选或晋升标准、确定培训需求、建立绩效评价系统或设计职业生涯发展规划等。

（2）赢得企业管理层的支持。赢得企业管理层的支持是使用任何工作分析方法都必不可少的。获得企业管理层的支持非常重要，因为只有获得管理层的重视与支持，才有可能得到全体员工的关注与配合，才能更好地和员工沟通，得到相对全面的、准确的信息。而且，需要向企业管理层强调的是，用职务分析问卷进行工作分析是从行为的角度，而不是从任职人员的实际绩效角度对工作进行研究分析。

（3）确定信息收集方式。一般来讲，工作分析信息收集的典型方式包括由工作分析专业人员填写职务分析问卷、任职人员和直接主管提供工作信息，或由任职人员和主管直接填写职务分析问卷。

经验表明，最有效的数据收集方式是由工作分析专业人员对任职人员和直接主管进行工作内容方面的访谈，然后由这些专业人员填写职务分析问卷。这种方式不仅能通过访谈的形式收集充足的信息，而且在对职务分析问卷各项目及评价尺度的理解和运用上能保持一致性。

（4）培训职务分析问卷分析人员。培训内容首先是熟悉工作分析本身，即职务分析问卷的内容与操作步骤，然后是培训分析人员收集数据的技巧，尤其是如何倾听任职人员的工作描述等。熟悉理论知识后，培训人员会带领职务分析问卷分析人员尝试利用职务分析问卷分析一份工作，然后就实际操作过程遇到的问题进行讨论，以加深职务分析问卷分析人员的理解，提高他的操作能力。

（5）与员工沟通整个项目。通过企业常用的沟通渠道向员工传递要进行工作分析的信息，信息内容包括工作分析的目的、时间规划以及数据收集过程的注意事项等。要向员工说明运用职务分析问卷分析的内容是工作内容，而不是员工的工作绩效，以便消除员工的顾虑。

（6）选择收集信息的方法。一般来讲，职务分析问卷的信息收集方法包括访谈法、观察法和直接填写问卷法等，根据收集信息的方式，可以分别或结合采用这几种方法。

（7）对职务分析问卷结果的分析。所有被分析岗位的职务分析问卷填写完毕后，不但可以明确各岗位对人员的任职资格要求，而且可以根据需要进行其他分析。由于职务分析问卷所收集的是经验性资料，所以一系列广泛的分析都是可以利用的，包括从简单的指标到更复杂的分析，并且，职务分析问卷通过应用工作维度评分使得定量描述某一岗位成为可能。

第三节　岗位说明书

一、岗位说明书概述

（一）岗位说明书的含义

岗位说明书是对企业中各类岗位的性质和特征、工作任务、职责权限、岗位关系、劳动条件和环境，以及承担本岗位工作人员的任职资格条件等事项所做的统一规定。作为一种书面文件，岗位说明书上面记载着任职者实际上做什么、如何去做以及在什么条件下完成其工作等内容，它并没有固定的格式，内容通常包括以下三个方面。

1. 岗位定义

岗位定义包括岗位名称、归属部门、岗位分析的时间等。

2. 定义岗位的目的

定义岗位的目的是确定这项工作存在的理由、与其他岗位的关系、绩效标准等。

3. **岗位说明**

岗位说明包括明确工作的主要职责、工作任务、受监督程度、员工行为的界限和工作条件等内容。

（二）岗位说明书的作用

科学、合理的岗位说明书不但有利于企业明确各部门、各岗位的职责，有利于员工清楚地知道自己需要做什么，应该做什么，有效地解决任务重叠、相互推诿、责任不清等问题，而且有利于人力资源管理部门的人员招聘和培训工作，并且有利于管理者决策的制定。岗位说明书主要有以下四个方面的作用。

（1）让员工清楚地了解工作概要。

（2）建立工作程序和工作标准。

（3）阐明工作任务、责任与职权。

（4）为员工聘用、考核、培训等提供依据。

（三）岗位说明书的内容

岗位说明书包括工作描述和工作规范两部分内容。

1. **工作描述**

工作描述又称职务描述，是对企业各类岗位的工作性质、岗位职责、工作任务与工作环境等所做出的规定，用来说明任职者应该做什么、怎么做以及在什么条件下去做的一种书面文件，主要包括如下两个方面的内容。

（1）岗位基本信息。岗位基本信息包括岗位名称、所属部门、汇报关系、岗位编号、职务等级等。

（2）工作说明。工作说明主要包括以下六个方面的内容。

1）职务概述。职务概述又称岗位综述，用于描述岗位的整体性质。

2）岗位职责和权限。说明任职人员须完成的工作任务、承担的责任及其岗位权限范围等。

3）岗位绩效标准。说明企业期望此岗位的员工完成工作任务时须达到的标准。

4）工作联系。工作联系用于说明任职人员与企业内部或外部人员之间因工作关系所发生的联系。

5）机器设备及其他。指岗位任职人员在工作过程中需要用到的必备办公用品及设备。

6）工作条件和环境。工作条件和环境包括工作地点、光照度、有无噪声干扰、工作中有无危险作业等。

2. 工作规范

工作规范也称岗位规范或任职资格，是指该职务的人员在教育水平、工作经验等方面应具备的资格和条件，主要包括以下五个方面的内容。

（1）受教育程度。受教育程度是指本岗位的任职人员应具备的知识和学历水平，具体包括三个方面：一是学历水平，明确任职人员必须具备的最低学历；二是所学专业，明确任职人员的专业范畴和方向；三是资格证书，明确任职人员必须拥有的与专业工作相关的资格证书。

（2）工作经验。工作经验包括行业工作经验和岗位工作经验。行业工作经验是指任职人员在该行业的工作年限；岗位工作经验是指任职人员必须具备的同岗位的工作年限。

（3）必备知识与技能。必备知识与技能包括任职于某岗位所需要的专业知识与技能水平。专业知识是指任职人员必须具备的、胜任岗位所需要的专业知识；技能水平是指从事该岗位应具备的基本技术和能力。

（4）身体状况。身体状况包括身体素质和心理素质两方面。身体素质包括身高、体重、身体健康状况等；心理素质包括观察能力、记忆能力、理解能力、学习能力、解决问题能力、语言表达能力、逻辑思维能力、兴趣、爱好等。

（5）个性特质要求。个性特质是指从事该岗位通常需要从业人员具备的性格特征。

二、岗位说明书编制

（一）岗位说明书编制步骤

编制岗位说明书是岗位分析的直接结果，由起草、修改到形成主要有以下六个步骤。

1. 做好前期的宣传动员工作

在开展岗位说明书的编写工作之前，企业人力资源部应和企业高层管理者进行沟通，让他们产生建立岗位责任制的意识。在编写过程中，各部门应积极配合人力资源部，以便共同完成岗位说明书的编写工作。

2. 明确岗位说明书的内容

如前所述，岗位说明书由工作描述和工作规范两部分组成。

3. 明确岗位说明书的编写要求

岗位说明书的编写需符合以下三个方面的要求。

（1）逻辑性。岗位说明书中包含多项内容，应注意它们之间的先后顺序、重要程度等。

（2）准确性。应能够清楚说明该岗位的工作情况，描述用语准确，避免使用笼统或含糊不清的语言。

（3）实用性。岗位说明书必须客观、真实地反映岗位职责和任职条件。

4. 收集工作岗位的相关信息

一般来说，获取工作岗位信息的渠道主要包括了解企业已有的管理制度、与企业内部工作人员沟通和有选择地参考同行业其他企业的岗位说明书。

5. 处理工作岗位信息

在这一步骤中，工作分析人员对收集的信息进行处理，筛选出岗位说明书编制所需内容。针对遇到的问题，与相应岗位的工作人员或其上级进行沟通，以保证内容的准确性。

6. 编写岗位说明书

工作分析人员根据所收集整理的信息，从工作职责、工作权限、工作关系及岗位任职资格等方面来完成岗位说明书的编写工作。

（二）岗位说明书的编写

1. 岗位名称和上下级关系的编写

岗位名称要统一，要确保其与前一部分“岗位设置”中的名称一致。每个岗位只能有唯一的一个上级，不能有多个上级，但可以有多个下级，在填写下属人员一栏的内容时，还要注明是直接领导还是间接领导。

2. 职务概述

职务概述是对某一岗位的总体工作职责和工作性质进行的简要说明，表明该岗位的特点和工作概况。

3. 岗位目的

岗位目的主要是说明设置这个岗位的目的及完成该岗位的工作对实现企业战略和目标的意义。

4. 岗位职责

每个岗位的工作责任范围应根据本岗位所在的部门或单位的职能分解来确定，按照负责程度的大小可分为全责、部分、支持三种。全责是指本岗位对该项任务负全部责任，部分是指本岗位对该项任务只负一部分责任，支持是指本岗位对该项任务负支持或保障的责任。

5. 企业内外部沟通关系

在岗位说明书中，要明确本岗位在企业内外部的沟通关系。在企业内部要明确本岗位与企业内部其他岗位的沟通关系，如与上级、平级之间的沟通关系；在企业外部要明确它与社会上其他单位的沟通关系，如与相关政府主管部门，上下游或关联企业、客户企业、社会团体、学术单位等的关系。

6. 建议考核内容

除要明确本岗位的责任范围和责任程度外，还要明确某一项责任的建议考核内容。针对某项责任的考核内容一般规定为 2～3 项指标，而且尽量选择较容易量化的指标。

7. **任职资格和条件**

任职资格和条件主要从受教育程度、知识水平、工作能力和专业技能、工作经验等方面来编写。例如，在“所受教育程度”一栏，应注明最低学历要求与最佳学历要求。

（三）岗位说明书编写常出现的问题

岗位说明书在编写时，通常会出现以下问题，应尽量避免。

1. **单纯地为编写而编写**

企业只关注岗位说明书的有无，使得岗位说明书的编写流程不清，员工操作起来困难。

2. **未开展专业培训**

企业未对编写人员进行专业的技术培训，造成编写出来的岗位说明书存在大量表述不清的情况，如笼统地使用“负责、协助、提高”等模糊概念的词语。

3. **对编写工作认识不到位**

编写人员在编写岗位说明书前未与各岗位人员进行沟通，也未让其参与，各岗位人员对编写工作的支持程度较弱。

4. **定位不准确**

岗位说明书只定位于岗位职责，不能全面地反映工作经验要求、能力要求、技能要求等相关信息。

5. **职责与任务交叉**

未明确或不清楚职责与任务交叉的具体工作，造成岗位说明书中工作岗位职责不清，上级较多。

6. **脱离实际**

对企业当前的运营状况等未进行详细分析，脱离企业实际情况，造成岗位说明书无法得到具体应用。

（四）岗位说明书范例

在编写岗位说明书时，一般都要按照一定的内容模块进行，以下我们提供了具体的范例供参考（见表 2–5）。

表 2–5　　岗位说明书范例

<table>
<tr><td colspan="2">单位</td><td></td><td>岗位名称</td><td></td><td>编制日期</td><td></td></tr>
<tr><td colspan="2" rowspan="2">所属部门</td><td rowspan="2"></td><td>任职人</td><td></td><td>任职人签字</td><td></td></tr>
<tr><td>直接主管</td><td></td><td>直接主管签字</td><td></td></tr>
<tr><td rowspan="5">任职条件</td><td>学历</td><td colspan="5"></td></tr>
<tr><td>工作经验</td><td colspan="5"></td></tr>
<tr><td>专业知识</td><td colspan="5"></td></tr>
<tr><td>业务了解范围</td><td colspan="5"></td></tr>
<tr><td>外部关系</td><td colspan="5"></td></tr>
<tr><td colspan="2">岗位目的</td><td colspan="5"></td></tr>
<tr><td colspan="2">沟通关系</td><td colspan="5">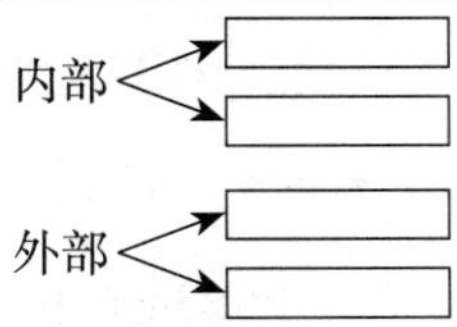
</td></tr>
<tr><td colspan="2">下属人员</td><td colspan="2"></td><td>人员类型</td><td colspan="2"></td></tr>
<tr><td colspan="2">人数</td><td colspan="2"></td><td>经理</td><td colspan="2"></td></tr>
<tr><td colspan="2">直接</td><td colspan="2"></td><td>专业人员</td><td colspan="2"></td></tr>
<tr><td colspan="2">间接</td><td colspan="2"></td><td>其他</td><td colspan="2"></td></tr>
<tr><td colspan="4">工作范围</td><td>负责程度</td><td>建议考核内容</td><td>占用时间比例 /%</td></tr>
<tr><td colspan="4">按重要程度依次列出每项职责及其目标</td><td>全部 / 部分 / 支持</td><td>考核指标</td><td>100</td></tr>
<tr><td colspan="4">1.</td><td></td><td></td><td></td></tr>
<tr><td colspan="4">2.</td><td></td><td></td><td></td></tr>
<tr><td colspan="4">3.</td><td></td><td></td><td></td></tr>
<tr><td colspan="4">……</td><td>……</td><td>……</td><td>……</td></tr>
</table>

课程实训

结合本节内容的学习，查询财务部经理的职责，尝试编制财务部经理的岗位说明书。

实训指导

岗位说明书包括工作描述和工作规范两部分内容。工作描述主要包括岗位基本信息，如岗位名称、部门、汇报关系、岗位编号、职务等级和职务概述、岗位职责和权限、岗位绩效标准、工作联系、机器设备及其他、工作条件和环境等内容。工作规范主要内容包括任职人员的受教育程度、工作经验、必备知识与技能、身体状况和个性特质要求。

财务部经理主要负责全面主持企业财务部的各项工作，包括会计核算、财务管理、资金管理工作，组织协调、指导监督财务部的日常管理工作，监督执行财务计划，完成企业财务目标。

表 2–6 是针对财务部经理的岗位说明书范例，供读者参考。

表 2–6　　财务部经理岗位说明书范例

编号：

<table>
<tr><td>岗位名称</td><td colspan="2">财务部经理</td><td>所属部门</td><td>财务部</td></tr>
<tr><td>所处管理位置</td><td colspan="4">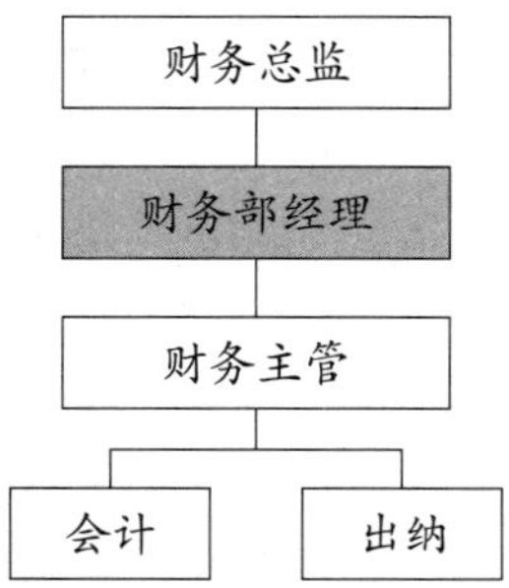
</td></tr>
<tr><td rowspan="2">沟通关系</td><td>内部</td><td colspan="3">总裁、财务总监、财务部职员及各职能部门有关人员</td></tr>
<tr><td>外部</td><td colspan="3">市场监督、税务行政主管部门，业务往来银行及其他金融机构、业务往来其他企业</td></tr>
</table>

续表

<table>
<tr><td rowspan="2" colspan="2">任职资格</td><td colspan="2">1. 学历、专业知识
大学本科以上，财务会计专业或金融专业，掌握财务管理、行政管理、金融、法律等各专业知识，熟练使用各种财务办公软件，具有基本的网络知识</td></tr>
<tr><td colspan="2">2. 工作经验
5年以上财务管理经验，具有高级会计师资格，有国内大中型企业或外资企业相应岗位工作经历者优先</td></tr>
<tr><td colspan="2">岗位目标</td><td colspan="2">全面主持企业财务部门的各项工作，包括会计核算、财务管理、资金管理工作，组织协调、指导监督财务部的日常管理工作，监督执行财务计划，完成企业财务目标</td></tr>
<tr><td rowspan="5">职责一</td><td colspan="3">职责表述：规章制度管理</td></tr>
<tr><td rowspan="3">工作任务</td><td>1. 协助财务总监组织制定各项财务管理制度、内部控制管理和考核办法</td><td>支持</td></tr>
<tr><td>2. 各项制度经审批后负责组织实施、监督，确保公司资产安全、有效地运作</td><td>部分</td></tr>
<tr><td>3. 规章制度交企业管理部备案</td><td>部分</td></tr>
<tr><td colspan="3">考核重点：制度完善与有效实施程度</td></tr>
<tr><td rowspan="4">职责二</td><td colspan="3">职责表述：财务预算管理</td></tr>
<tr><td rowspan="2">工作任务</td><td>1. 根据公司有关制度，组织有关部门编制财务预算并汇总，上报财务总监、总经理审批后组织实施</td><td>全责</td></tr>
<tr><td>2. 监督各部门预算的执行情况</td><td>部分</td></tr>
<tr><td colspan="3">考核重点：预算科学、合理</td></tr>
<tr><td rowspan="4">职责三</td><td colspan="3">职责表述：财务计划管理</td></tr>
<tr><td rowspan="2">工作任务</td><td>1. 组织编制各项财务收支及资金计划，落实和检查计划的执行情况，确保资金供应</td><td>全责</td></tr>
<tr><td>2. 定期将计划的执行情况进行分析并上报财务总监、总经理</td><td>全责</td></tr>
<tr><td colspan="3">考核重点：各项计划的执行情况</td></tr>
<tr><td rowspan="4">职责四</td><td colspan="3">职责表述：会计核算</td></tr>
<tr><td rowspan="2">工作任务</td><td>1. 组织进行会计核算和账务处理</td><td>全责</td></tr>
<tr><td>2. 编制、汇总公司会计报表并及时上报有关单位</td><td>全责</td></tr>
<tr><td colspan="3">考核重点：会计核算出错率</td></tr>
</table>

续表

<table>
<tr><td rowspan="5">职责五</td><td colspan="3">职责表述：成本控制</td></tr>
<tr><td rowspan="3">工作任务</td><td>1. 负责组织企业的成本管理工作</td><td>部分</td></tr>
<tr><td>2. 进行成本预测、控制、核算、分析和考核，降低成本消耗，节约费用</td><td>全责</td></tr>
<tr><td>3. 根据企业运营的实际，适时提出成本控制方案并监督实施</td><td>全责</td></tr>
<tr><td colspan="3">考核重点：成本控制的有效性，费用支出降低程度</td></tr>
<tr><td rowspan="5">职责六</td><td colspan="3">职责表述：财务分析</td></tr>
<tr><td rowspan="3">工作任务</td><td>1. 定期或不定期地组织财务分析，提交财务分析报告，为公司决策提供依据</td><td>全责</td></tr>
<tr><td>2. 对新投资项目做好财务预测与风险分析</td><td>部分</td></tr>
<tr><td>3. 参与公司重大财务问题的决策，提出意见或建议</td><td>支持</td></tr>
<tr><td colspan="3">考核重点：每半年一次向董事会提交财务分析与预测报告，领导对报告的满意度</td></tr>
<tr><td rowspan="4">职责七</td><td colspan="3">职责表述：财务稽核和审计工作</td></tr>
<tr><td rowspan="2">工作任务</td><td>1. 依据内部控制制度，组织实施财务监督，确保公司各项业务在受控的情况下运行</td><td>全责</td></tr>
<tr><td>2. 组织设定财务工作考核标准，严格监督各项业务收支情况，并根据考核标准对各子公司（工厂）财务工作定期进行考核</td><td>全责</td></tr>
<tr><td colspan="3">考核重点：年度财务效益指标完成程度</td></tr>
<tr><td rowspan="5">职责八</td><td colspan="3">职责表述：疏通融资渠道</td></tr>
<tr><td rowspan="3">工作任务</td><td>1. 根据董事会的指示，做好资金筹集、供应和使用管理工作</td><td>全责</td></tr>
<tr><td>2. 依据公司对日常资金的需求量，协助财务总监寻找融资渠道，疏通融资渠道</td><td>支持</td></tr>
<tr><td>3. 与银行建立正常的信贷、结算关系，满足公司经营中的资金需求</td><td>全责</td></tr>
<tr><td colspan="3">考核重点：确保渠道畅通，领导交办的融资任务完成情况</td></tr>
</table>

续表

<table>
<tr><td rowspan="5">职责九</td><td colspan="3">职责表述：部门内部管理</td></tr>
<tr><td rowspan="3">工作任务</td><td>1. 负责财务人员队伍的建设、选拔、配备</td><td>全责</td></tr>
<tr><td>2. 组织对部门员工进行财务知识培训</td><td>全责</td></tr>
<tr><td>3. 指导、监督员工工作状况，并对其进行业绩考核</td><td>全责</td></tr>
<tr><td colspan="3">考核重点：员工绩效考核结果</td></tr>
<tr><td colspan="4">……</td></tr>
</table>

第四节　胜任素质模型构建

一、胜任素质模型概述

（一）胜任素质模型的定义

素质在心理学意义上为人的先天的解剖生理特点，主要是感觉器官、运动器官、神经系统等方面的特点。在本教材中，素质是指个体在先天基础上，通过后天的环境影响和教育训练而形成的、顺利从事某种活动的基本品质或基础条件，是个体完成各项活动、形成绩效及继续发展的前提，包括生理素质和心理素质两个方面。

胜任素质又称为能力素质，在企业管理中是指驱动员工做出卓越绩效的一系列综合素质，是员工通过不同方式表现出来的知识、技术、能力、职业素养、自我认知、特质和动机等的素质集合。

胜任素质模型是指为了完成某项工作或实现某一绩效目标，要求任职人员具备的一系列不同素质要素的组合，其中包含个性与品质要求、知识与技能水平、不同的动机表现等。

（二）胜任素质模型的内容

胜任素质模型包括三个层面的内容，即胜任素质要素、对胜任素质要素的级别定义、胜任素质要素的权重。

1. 胜任素质要素

一个模型中究竟应该有多少胜任素质呢？这与企业文化、岗位特征、模型使用者对胜任素质本身的定义等相关联，当企业推崇“精细化”管理、岗位工作复杂时，模型中可能会包括很多胜任素质要素。

2. 对胜任素质要素的级别定义

胜任素质模型中的素质要素有很多，企业的不同发展阶段所需的要素水平是不同的，所以应对胜任素质要素的级别进行详细说明。胜任素质词典将胜任素质级别定义的维度确定为三项，即行动的强度与完整性、影响范围的大小、努力的程度。

（1）行动的强度与完整性。行动的强度与完整性是描述胜任素质定义和级别的最核心的维度，它展现了胜任素质对于驱动绩效目标实现的强度，以及为实现绩效目标而采取行动的完整性。

（2）影响范围的大小。影响范围表示受该胜任素质影响的人员数量、岗位层级以及规模的大小。

（3）努力的程度。努力的程度包括行动的复杂程度与行为人在主观上努力的程度，即为达到某项目标而付出的人力、物力、财力、投入额外的精力或时间的多少等。

3. 胜任素质要素的权重

权重表现了该胜任要素在胜任素质模型所有素质中的重要程度，它通常以百分比的形式呈现，这有利于对胜任素质模型有针对性的运用。在完成胜任要素的制定、胜任要素权重的分配和胜任要素等级的描述后，胜任素质模型就得以完整呈现。

二、胜任素质模型构建的程序

胜任素质模型在构建时应以企业战略为导向，以职位要求为依据，考虑企业的业务特点和企业的文化等。胜任素质模型构建的程序，一般需要经过前期准备工作、胜任素质模型开发、胜任素质模型验证和修正三个步骤。

（一）前期准备工作

1. 成立胜任素质模型开发小组

要顺利开发基于岗位的胜任素质模型，首先要成立胜任素质模型开发小组，小组成员一般包括企业中高层管理人员、人力资源部相关工作人员、胜任素质模型开发方面的专家等。

2. 工作分析和岗位分类

工作分析是胜任素质模型构建的基础。岗位分类需要对企业现有的岗位体系和序列进行明确的划分，明确需要开发胜任素质模型的岗位。

（二）胜任素质模型开发

胜任素质模型开发阶段是构建胜任素质模型的核心阶段，开发流程主要包括以下五个步骤。

1. 明确战略目标

企业发展战略目标是建立胜任素质模型的总方针，应对影响战略目标实现的因素进行详细分析。

2. 确定绩效有效标准

对目标岗位的各要素进行全面评估，区分员工在目标岗位绩效优秀、一般和较差的行为表现，从而界定绩效有效的标准。

3. 选取样本组

根据目标岗位胜任特征，在从事该岗位的员工中随机抽取一定数量的绩效优秀员工和绩效一般员工作为样本组。

4. 收集整理数据信息

通过行为事件访谈法、问卷调查法等对样本组中有关胜任特征的数据资料进行归类、整理。

5. 建立胜任素质模型

通过对所得到的数据进行分析，挑选出能区分优秀者和普通者的胜任素质要素，对其进行定义，并完成各个素质要素的等级划分，初步建立胜任素质模型。

（三）胜任素质模型验证和修正

胜任素质模型初步建立后，还要通过管理实践对其进行验证和修正。验证主要是利用胜任素质模型对具体岗位上的员工进行评价，以检查其效度。同时在胜任素质模型确定之后，还需要根据企业发展战略、经营环境的变化等，平衡胜任素质模型与企业、岗位、员工三者之间的关系，根据实际情况对胜任素质模型进行相应的修正。

三、胜任素质模型与招聘

胜任素质模型在人员招聘工作中发挥着基础性作用，为人员招聘提供了一个更为深层次的标准依据。当运用胜任素质模型进行招聘时，需完成六项工作，即确定招聘需求、明确招聘岗位胜任特征、测试应聘人员胜任素质、比较分析吻合程度、做出录用决策并考核、胜任素质模型的检验。

（一）确定招聘需求

当企业中出现了新的岗位或岗位空缺后，就有了招聘的需求。在企业中，一般会通过正式的战略性的人力资源规划完成招聘需求分析。当企业内职能部门、业务部门确定有新员工需求时，需要向人力资源部提出正式的人员需求表，人员需求表示例见表 2–7。

表 2–7　人员需求表示例

<table>
<tr><td colspan="3">××公司人员需求表</td></tr>
<tr><td>部门：</td><td>填表人：</td><td>填表时间：</td></tr>
<tr><td colspan="2">人员需求岗位：</td><td>是否属于新增加的岗位：□是　□否</td></tr>
<tr><td colspan="3">需求性质：□永久需求　□临时需求（时间期限：　）□合同约定（时间长度：　）</td></tr>
<tr><td colspan="3">何时需要：</td></tr>
<tr><td colspan="3">需求原因：</td></tr>
</table>

续表

岗位名称：	薪资等级：
岗位职责：	
任职资格要求：	

（二）明确招聘岗位胜任特征

通过行为事件访谈法、问卷调查法等多种途径确定适合企业招聘岗位的胜任特征，从而构建胜任素质模型。在构建胜任素质模型的过程中，要确保其准确性和效度，这是将胜任素质模型应用于招聘环节的根基。

根据已构建的胜任素质模型，完善或修改岗位说明书，使岗位说明书的内容与具体的胜任素质模型相匹配，以保证在招聘过程中做到有的放矢。此外，还应制作基于胜任素质模型的“应聘人员申请表”，该申请表除了包括应聘人员个人基本信息外，还应包括与胜任素质特征相关的一些问题。同时还应制定出详细的人员甄选标准。

（三）测试应聘人员胜任素质

测试应聘人员胜任素质时有很多的测试方法可以选择，到底选择何种类型的测试方法取决于企业招聘的预算限制、目标岗位工作的复杂性和难度、应聘人员的数量和质量、目标岗位要求的素质特征等。下面主要对两种常用的应聘人员胜任素质测试方法进行描述。

1. 工作样本测试

工作样本测试要求应聘人员在给定的条件下完成实际工作中所涉及的样本工作，以此对应聘人员工作的数量和质量进行打分，并和其他应聘人员的工作业绩进行比较，如对计算机程序员进行编程测试、对经理人员进行文本框模拟测试等。工作样本测试具有直观性，并且和工作业绩有明显的联系。在很多甄选情境中，工作样本测试被证明是所有甄选测试中最有效的。

2. 认知能力测试

经常采用的认知能力测试有韦克斯勒成人智力测试、加利福尼亚心理调查表、明尼苏达书面形状图版测试、明尼苏达文书测试等。

另外应聘人员胜任素质测试还有思维运动能力的模拟测试、个性和性格测试、测谎仪和诚实测试等。

（四）比较分析吻合程度

在完成应聘人员胜任素质测试后，应运用比率分析法、趋势分析法、结构分析法、相互对比法等对胜任素质测评结果进行分析，从而使测评结果数据化。在此阶段，招聘工作人员应能够用定量评价和定性评价相结合的方式展现测试结果，并运用文字描述、数字、表格与图形的表现手段对应聘人员进行总体评价。

在完成以上工作后，招聘工作人员应将测试结果、对应聘人员的总体评价与招聘岗位胜任特征进行比对，分析其吻合程度。

（五）做出录用决策并考核

做出录用决策主要有两种结果：一是应聘人员不具备招聘岗位所需的胜任素质，需要重新进行招聘；二是应聘人员的胜任素质与招聘岗位胜任特征相吻合，此时可以向应聘人员发放录用通知，并签订录用合同。当员工正式上岗后，需要通过以胜任素质模型为基础的考核体系，对员工履行岗位职责和执行岗位任务所获得的成果进行客观的评价，这有利于真实地反映员工的综合素质。

（六）胜任素质模型的检验

胜任素质模型的检验方法主要有三种。

第一种方法是利用行为事件访谈法对随机抽取的绩效优秀员工和绩效一般员工的样本组进行数据收集，分析建立的胜任素质模型是否能够区分绩效优秀员工和绩效一般员工。

第二种方法是根据胜任素质模型编制评价工具，评价绩效优秀员工和绩效一般员工在上述胜任素质模型中的关键要素，考查两者在评价结果上是否有显著差异。

第三种方法是使用行为事件访谈法或其他测试进行人员招聘与配置，或运用胜任素质模型进行培训，然后跟踪相关的参与人员，考查他们在以后的工作中是否表现得更加出色。

本章自测题

1. 什么是人力资源规划？它包括哪些内容？
2. 人力资源需求预测和供给预测的方法各有哪些？
3. 什么是工作分析？它有什么作用？
4. 工作分析程序包括哪几个阶段？每一阶段需要完成什么任务？
5. 什么是胜任素质模型？它包括哪些内容？
6. 如何构建胜任素质模型？

第三章　招聘计划与策略

学习目标

➢ 目标 1　了解招聘计划的定义、类型和内容
➢ 目标 2　掌握招聘计划的编制要求和编制程序
➢ 目标 3　掌握各种招聘策略

引导案例

Y 网站成立于 2020 年，是北京某大学计算机专业吴某毕业后创建的电子商务网站，网站主要销售女性潮流服饰与饰品，主要浏览群体为年轻人。后基于网站成立公司，公司现有管理人员 5 人，基层员工 100 人。

电子商务属于以高科技为支撑的现代商务模式，其市场竞争十分激烈。Y 公司为壮大规模，一直在寻找优秀人才加入团队。除了常规的社会招聘，Y 公司决定开展校园招聘，为使招聘工作更有效率，提高招聘质量，Y 公司人力资源部统计了各部门的人员需求，确定了招聘人员数量、时间、目标学校、费用等细节，成立了招聘工作小组，开始撰写招聘计划书。

在校园招聘开始一个月前，公司人力资源部就与有参与招聘意向的各高校就业指导中心取得了联系，确定了举办校园招聘会的各类事宜，在各高校就业指导中心官网发布了招聘信息。

2021 年 10 月，招聘小组在计划招聘的各高校共进行了 6 场校园宣讲会与 4 场双选会，累计收到 300 多份求职简历。经过筛选、面试、笔试等环节，与 20 名优秀毕业生签订了就业协议，最终共有 16 名毕业生确定入职。

截至次年 10 月，除 2 位员工因身体原因离职外，其余员工仍在工作岗位认真工作，并有 5 名员工快速晋升为基层管理人员。

案例思考：

1. Y 公司为这次招聘做了哪些准备？

2. 你觉得招聘计划书应该包括哪些内容？

第一节　招聘计划

一、招聘计划概述

招聘计划是指企业人力资源管理部门在企业业务发展需要增员时，结合企业人力资源规划和岗位说明书，明确一段时期内与招聘有关的岗位、人员数量、任职条件、招聘方式、招聘时间和地点、招聘预算费用等内容后制定的具体的执行方案。

（一）招聘计划的类型

招聘计划按照时间和途径划分，可分为不同的类型。

1. 按照招聘的时间划分

按照招聘的时间划分，招聘计划可分为年度招聘计划、季度招聘计划和月度招聘计划。

年度招聘计划是企业人力资源管理部门根据各用人部门的增员申请，结合企业本年度的人力资源规划，确定企业本年度需招聘的职位、人员数量、资质要求等因素，并制定具体招聘活动的执行方案。季度招聘计划和月度招聘计划是根据年度招聘计划对季度和月度的招聘工作进行计划和安排。

2. 按照招聘的途径划分

按照招聘的途径划分，招聘计划可分为内部竞聘计划、校园招聘计划、现场招聘计划和网络招聘计划。

内部竞聘计划是指在企业出现岗位空缺时，从企业内部选择合适的人选来填补空位而制订的计划；校园招聘计划是企业进入高校寻找优秀毕业生所拟订的招聘计划；现场招聘计划是通过参加现场的招聘会进行招聘而制订的计划；网络招聘计划是通过网站进行招聘而制订的计划。

（二）招聘计划的内容

一般来说，一份完整的企业招聘计划应包括以下内容。

1. 招聘目的

招聘目的主要是说明为什么要进行招聘。无论何种类型的招聘，都需要在招聘计划里说明招聘的目的，只有确定了招聘目的，才能确定招聘的目标、对象，从根本上确定招聘计划所涉及的规模和程度。

2. 招聘目标

招聘目标主要是解决招聘应达到什么样的标准。它是根据招聘的目的，结合招聘资源配置的情况，将招聘目的具体化、指标化、标准化。科学合理的招聘目标可以有效地指导招聘人员掌握衡量招聘效果的尺度和标准，找到解决招聘过程中出现的各类问题的答案，为招聘计划的落实奠定基础。

3. 招聘对象

确定招聘对象，即明确招聘的岗位、岗位要求、人员需求量等。这项内容一般在招聘需求分析中通过一系列的调查和综合分析来确定。

4. 招聘信息

招聘负责人员应根据企业拟招聘岗位的工作分析及企业实际情况，编制与招聘岗位相关的信息，编制的信息应包括企业简介、行政部门的审批情况，招聘的岗位、数量，对应聘人员的基本要求、招聘的范围，薪资与待遇，报名的时间、地点、方式及所需资料，其他有关注意事项等内容。

另外，还需确定招聘信息的发布时间和渠道，其中招聘信息可选择的发布渠道有很多，如电视、广播电台、报纸、期刊、网站、移动通信等，负责招聘的人员在选择发布渠道时，要综合考虑空缺岗位、广告价格、潜在应聘者所在的地域、工作特性等因素。

5. 招聘方法

为更好地达到招聘的目的，完成招聘计划预定的目标，招聘计划必须根据招聘资源配置的状况，正确地选择适用的招聘方法。如是采用内部招聘还是外部招聘、校园招聘还是社会招聘、网络招聘还是外包招聘等。

6. 招聘规模

招聘规模受很多因素的影响，如招聘人数、招聘地点、招聘性质及费用等。如果招聘需求人数较少，则不需要组织专门的招聘队伍，只需确定招聘方法、程序、招聘专员等；如果招聘需求人数比较多，且招聘持续时间很长，则需要考虑招聘场所、招聘队伍、招聘食宿等，并为招聘队伍制定出相应的招聘工作指南、组建临时管理机构等。

7. 招聘时间

招聘时间的安排一般受招聘对象、规模、方法和费用等因素影响。如人力资源市场现场招聘会一般安排半天到一天即可，而在全国高校进行校园招聘时，招聘持续时间较长，一般需要制定具体的招聘时间表。

8. 招聘地点

招聘地点一般是指应聘者参加招聘的所在地区和招聘场所，招聘地点应该根据招聘对象、规模、方法和费用等进行确定。

9. 招聘费用

招聘费用即招聘成本，是指企业在人员招聘的过程中所发生的一切费用，包括招聘之前的准备工作、招聘的实施过程及招聘结束之后的效果评估等各种与之相关活动的费用总和。招聘费用的预算必须采用科学的方法，依据充分的资料得出，不得任意编造。

10. 招聘测试

招聘测试是指在招聘过程中，运用科学方法对应聘者进行客观鉴定的各种方法的总称，它是招聘过程中的重要环节。在招聘规划中应明确招聘测试的实施部门、方式方法、评分标准、注意事项等。

11. 招聘实施程序

为了保证招聘计划的顺利实施，在招聘计划中还应当提出具体的实施程序、步骤和组织措施，包括选择招聘负责人、做好相关部门的协调、定期进行招聘工作考核、改进招聘工作方法等。

二、招聘计划的编制与调整

（一）招聘计划的编制要求

1. 系统性

系统性就是要求招聘计划在内容上从招聘目的的确立到招聘实施程序，在工作中从招聘对象的确定到招聘方法的选择、招聘规模的确定、招聘费用的预算、招聘测试标准的制定等，都应保持系统性和一致性。

2. 标准化

当招聘计划仅凭个人经验或依赖少数人的决断时，就容易受到个人经验、知识水平、专业技术等方面局限性的影响，导致其目标出现偏差。

标准化就是要求整个招聘计划的设计、确立及执行等，应有正确的招聘规则和规范，这些招聘规则和规范体现了人员招聘工作过程的科学性，它对招聘对象、招聘标准、招聘时间、招聘方法、招聘目标等都有明确的规定。

3. 有效性

有效性就是要求招聘计划的制订必须体现可靠性、针对性和高效性三个方面的特点。

（1）可靠性。所有的招聘计划制订所采用的数据、指标等，都必须真实可靠。

（2）针对性。招聘计划的制订必须从企业战略和工作岗位应具备的知识、技能等胜任素质出发，根据拟招聘岗位的实际需要确定招聘人数、招聘对象、招聘方法等。

（3）高效性。招聘计划应能够经受招聘实践活动的检验，能以较少的投入获得最大限度的效果。

4. 普遍性

普遍性就是要求招聘计划的制订必须适应不同的招聘任务，使企业针对不同的招聘对象、规模等，都能使用一套招聘计划。

（二）招聘计划的编制程序

1. 确定招聘需求

招聘需求的确定可通过两种渠道进行，一种渠道是通过企业年度人员配置计划来确定所需要招聘的人员数量及岗位，另一种渠道则是通过企业各部门根据业务变动情况确定招聘需求。

（1）通过人员配置计划确定招聘需求。根据企业人力资源规划及工作分析，制订企业每年度的人员配置计划，从而确定企业每个岗位所需人员数量、职位空缺数量及相应的人员填补方式。此种方法所确定的招聘需求，主要是人力资源管理部门基于企业整体发展战略及人力资源规划而做出的有计划性的人员需求分析。

（2）根据业务变动确定招聘需求。企业各部门的业务不断地发展，也会产生临时的用人需求（业务范围扩大，部门人员突然离职、调动等情况），这也是构成招聘需求的重要来源。业务变动导致的招聘需求，需要各部门负责人先提出用人申请，再由企业人力资源管理部门统一协调实施招聘活动。此种方法所确定的招聘需求，主要是企业各部门根据自身业务情况临时向人力资源管理部门提出的用人需求。

2. **编制招聘预算**

招聘活动的实施必然要发生一定的成本，这就需要在实施招聘之前编制好招聘预算。招聘费用根据招聘对象、招聘渠道的不同而有所不同，一般来说，招聘费用预算不仅包括招聘人员的工资、福利成本，还包括企业宣传的广告费、招聘人员的差旅费、招聘过程的材料费等。

3. **成立招聘小组**

招聘活动的实施依赖于企业用人部门和人力资源管理部门的配合、协作，尤其是在招聘企业某些部门人员或专业性较强的岗位人员时，单单依靠人力资源管理部门是无法招聘到合适的人选的。所以，企业在进行招聘时，有必要成立专门的招聘小组。

招聘小组的成员构成视不同的招聘对象而定，一般来讲，招聘小组组成人员包括人力资源管理部门工作人员、用人部门负责人及企业中高层管理者等。

4. **安排招聘日程**

根据企业的年度招聘计划而实施的招聘活动，应选择适宜的招聘时间。一般情况下，人力资源市场上的人才供应都有高峰期和低谷期。每年的春节前后和大学生毕业季是比较适合企业实施招聘活动的两个时期，前者以准备跳槽的社会人士居多，后者以应届高校毕业生为主。

在高峰期，人才供应在数量上和质量上都有一定的保证，所以企业如果选择在高峰期实施招聘活动，将会在很大程度上提升招聘的效率和质量。

5. **选择招聘地点**

在选择招聘地点时，应考虑人才分布规律、应聘者的活动范围、企业的位置、人力资源市场状况及招聘成本等因素。

一般来说，企业可以在全国乃至世界范围内招聘企业的高级管理人才或专家，可以跨地区招聘中级管理人才和专业技术人才，可以在招聘单位所在地区招聘一般工作人员和技术工人。企业之所以在这样的地理范围内进行选择，是因为不同的范围提供的人才供给是不同的。另外，企业应根据招聘员工的类型、数量和本企业的发展战略，选择合适的招聘地点。

6. 确定招聘渠道

招聘工作的效果在很大程度上取决于有多少合格的应聘者前来应聘，来应聘的人越多，企业招聘到合适人才的可能性就越大，因此招聘渠道的合理选择非常重要。招聘渠道的选择决定了招聘对象的来源、范围、整体质量、数量等。

从人员的来源分，招聘渠道分为内部招聘和外部招聘。企业应根据招聘的职位不同、人员素质要求不同、到岗时间不同等特点，选择合适的招聘渠道。

7. 编制招聘计划

根据上述资料编制招聘计划，并交企业高层管理者审核，审核通过后的招聘计划与相关用人部门确认，最后形成正式的招聘计划。

（三）编制招聘计划的注意事项

编制招聘计划是一项既复杂又细致的工作，制订招聘计划时应注意做好以下四个方面的工作。

1. 制订招聘计划的总目标

依据企业总体战略目标、企业人力资源总体规划、企业招聘需求分析等制订招聘计划的总目标。

2. 确定具体项目的子目标

具体项目子目标的确定，是在招聘计划的总目标确定后，根据具体招聘项目及招聘阶段来制订子项目或阶段性的招聘计划，包括招聘实施的过程、时间跨度、阶段、措施、要求、评估方法等。

3. 分配相关招聘资源

企业招聘工作是受人力、物力、财力等条件限制的，为减少资源浪费，提高招聘效率，必须对招聘的各子项目或阶段性目标，按轻重缓急来分配招聘资源，以确保各招聘任务都能有相应人、财、物的支持。

4. 进行综合平衡

招聘过程中，应考虑招聘投资与人力资源规划之间的平衡、企业正常生产与招聘项目之间的平衡、招聘项目与招聘完成期限之间的平衡等。

（四）招聘计划的调整

招聘计划是企业人力资源管理的重要组成部分，为人员招聘选拔工作提供了客观的依据、科学的规范和有效的方法，有效地避免了招聘负责人员在招聘中的盲目性和随意性。但招聘计划也不是一成不变的，当出现以下情形时，招聘计划需要进行相应的调整。

（1）随着企业战略定位、战略方向、战略目标的调整，招聘计划需要进行相应的调整。

（2）在劳动法规或政府的劳动政策发生重大调整时，招聘计划需要进行相应的调整。

（3）技术进步和管理模式改变导致企业内部某些岗位的供需关系发生重大变化时，人力资源招聘计划需要进行相应的调整。

（4）当人力资源市场供求关系与制订人力资源计划时预期的情况发生较大变化时，招聘计划需要进行相应的调整。

（5）在招聘计划执行过程中，发生严重问题或存在重大风险时，招聘计划执行者需要发挥主观能动性，在上级管理者的批示下灵活地调整招聘计划。

（6）根据招聘计划前期的执行效果，也可以对招聘计划做适当的调整或修改。

课程实训

结合本节内容的学习，制订一份企业招聘计划书。

实训指导

招聘计划书应包括招聘目的、招聘目标、招聘对象、招聘信息、招聘方法、招聘规模、招聘时间、招聘地点、招聘费用、招聘测试、招聘实施程序等相关内容。

下面是一份招聘计划书示例，供读者参考。

×× 企业招聘计划书

一、计划背景

×× 企业因发展需要，现面向社会诚聘英才，为保证招聘工作的顺利开展，企业人力资源部特制订此招聘计划。

二、工作目标

人员到岗率达到 98% 以上，部门满意度评价达到 95% 以上。

三、人员需求

经全面调查已确定本次招聘人数、岗位及录用标准，具体见表 3–1。

表 3–1　招聘人数、岗位及录用标准

岗位名称	所属部门	招聘人数（人）	专业要求	学历要求	工作经验
软件工程师	开发部	______	精通 JAVA	本科及以上学历	______年以上软件开发工作经验
销售代表	营销部	______	不限	专科及以上学历	______年以上销售工作经验
行政专员	行政部	______	不限	本科及以上学历	英语听、说、读、写良好

四、招聘小组成员

招聘小组成员及其职责见表 3–2。

表 3–2　招聘小组成员及其职责

组内职务	组员姓名	职责
组长		
组员		
组员		

五、招聘渠道

本次招聘采取参加人才招聘会与网络招聘相结合的方式进行。

六、招聘预算

招聘预算见表 3–3。

表 3–3　　招聘预算表

招聘渠道	支出项目	费用预算（元）
人才招聘会	招聘会参展费、印刷广告费等	______
网络招聘	网络广告费等	______
	其他费用（参加招聘会费用、人力成本等）	______
合计		______

七、招聘工作时间安排

招聘工作时间安排见表 3–4。

表 3–4　　招聘工作时间表

招聘工作事项		时间安排	负责人或部门
招聘前期	起草招聘广告	____月____日	人力资源部
	网上发布招聘信息	____月____日	人力资源部
	参加招聘会	____月____日	人力资源部
人员选拔期	筛选简历	____月____日至____月____日	人力资源部
	面试	____月____日至____月____日	人力资源部、用人部门、总经理
	寄发聘用通知	____月____日	人力资源部
拟到岗时间	软件工程师	____月____日	人力资源部、用人部门
	销售代表	____月____日	人力资源部、用人部门
	行政专员	____月____日	人力资源部、用人部门

第二节　招聘策略

一、人员策略

招聘人员进行招聘工作时，代表的是企业，从他们身上能反映出企业的特质，应聘者往往会通过招聘人员素质的高低来判断该企业有无发展前景。因此招聘人员的选择对整个招聘工作至关重要。

（一）招聘人员的素质要求

1. 良好的形象与气质

招聘人员良好的形象与气质包括热情、积极、举止优雅、有耐心、诚恳等。

2. 专业的知识储备

招聘人员的专业知识需根据所招聘的岗位而定，如物流企业招聘配送人员，需要储备配送相关的知识。

3. 掌握相应的招聘技术

招聘人员需要掌握的招聘技术包括人员测评技术、面谈技术、观察技术、测试题设计技术等。

4. 具有全面的能力

招聘人员全面的能力主要包括组织能力、沟通与协调能力、表达能力、自我认知能力、不断完善自我的能力等。

（二）招聘团队组建的原则

招聘团队组建时应考虑以下四个方面的原则，以保证招聘人员的质量，避免招聘成本高、效果差等现象的出现。

1. 能力互补原则

招聘团队应包括具有不同能力的人员，如擅长管理的人员、擅长技术的人员、擅长行政工作的人员等，以便应对不同招聘岗位的需求。

2. 知识互补原则

招聘团队应包括具有不同知识结构的人员，如具有企业管理知识、产品知识、法律知识等通用知识的人员和具有营销知识、客服知识、生产管理知识、仓储管理知识、质量管理知识等专业知识的人员，这样不仅能够提高招聘团队成员的整体知识水平，还可以从多角度对应聘人员进行测评。

3. 年龄互补原则

招聘团队应包括具有不同年龄的人员。年龄偏大的人员在接受新事物等方面不如年龄偏小者，年龄偏小的人员在招聘经验方面不如年龄偏大者，将二者有机结合，可以进一步提升招聘工作质量。

4. 性别互补原则

男性易于从宏观上对应聘人员进行考量，女性易于从细微处对应聘人员进行考量，采用性别互补可以更准确地对应聘人员进行评价，提高应聘人员和应聘岗位间的匹配度。

（三）招聘团队组建的注意事项

招聘团队成员可以依据招聘岗位的不同进行灵活组合，一般应该由企业人力资源管理部门的工作人员、拟招聘岗位所在部门负责人、外部人力资源专家等共同组成。此外，组建招聘团队时还应该重视以下三个方面事项。

（1）招聘岗位属于“双线”管理类岗位，即该岗位隶属于两个不同部门管理，则需要“双线”主管参加。例如，仓库管理岗位招聘时，需仓库管理部经理、财务部经理共同参加。

（2）招聘技术人员，需相关领域的专家参与评定工作。

（3）招聘中层管理人员，需企业高层管理人员参与评定工作。

二、时间策略

（一）遵循人力资源市场上的客观规律

人力资源市场与其他资源市场一样，也有自己的淡旺季，在人才供应高峰期到人力资源市场上招聘，既可以节约成本，又可以提高招聘效率和质量。一般来说，每年的年初年末以及高校毕业生毕业季是人才寻找就业机会的高峰期，在这段时间进行招聘工作，既可节约招聘成本，也可招聘到理想的员工。

（二）做好招聘时间计划

在出现岗位空缺之前，仔细确定每一个招聘步骤可能占用的时间，以便确定填补空缺职位需要花费的全部时间，设置一个实际的时间线，从希望员工到岗那一天开始进行倒推，从而做好时间计划。

（三）及时进行招聘

尽量选择最近的适当的时间进行招聘，招聘计划时间拖得太久，用人需求可能会发生变化，届时招聘结果将不能满足实际需要。

三、地点策略

选择招聘地点，应考虑人才分布规律、应聘者活动范围、企业的位置、人力资源市场状况及招聘成本等因素。例如，拟招聘企业的高级管理人才或专家，在企业实力允许的情况下，其范围应该确定在全国乃至全世界。

四、渠道策略

企业在开始招聘工作前，除了根据人力资源规划和工作分析的结果确定招聘人数、录用标准外，还要决定招聘的渠道，因为通过不同的招聘渠道达到的效果是不一样的。

企业招聘的渠道包括内部招聘和外部招聘，内部渠道包括内部竞聘、调岗等，外部招聘包括使用网络、中介、猎头、招聘会等方式。根据岗位特点选择适合的招聘渠道能够有效地提高招聘工作的质量和效率，节约招聘成本。

五、其他策略

企业在进行招聘之前除前述常见策略之外，还可充分考虑其他策略。

（一）加班加点

加班加点是解决短时间内工作量增加问题的最常用做法。加班是指劳动者在法定节假日或公休日从事生产或工作，加点则是指劳动者在标准工作日之外继续从事生产或工作。

加班加点可能给企业和员工带来很多利益，也可能产生不利的影响。就带来的利益而言，企业可以节省招聘和培训方面的开支，员工也可以获得额外的报酬。

（二）非全日制用工

非全日制用工，是指以小时计酬为主，劳动者在同一用人单位一般平均每日工作时间不超过 4 小时，每周工作时间累计不超过 24 小时的用工形式。

非全日制用工是灵活就业的一种重要形式。近年来，我国非全日制用工形式呈现迅速发展的趋势，特别是在餐饮、超市、社区服务等领域，用人单位使用的非全日制用工越来越多。在我国促进非全日制用工的重要意义，主要表现在以下三个方面。

首先，它适应企业降低人工成本、推进灵活用工的客观需要。在市场经济条件下，企业用工需求取决于生产经营的客观需要，同时，企业为追求利润最大化，也要尽可能降低人工成本。实际上，非全日制用工的人工成本明显低于全日制用工。因此，越来越多的企业根据生产经营的需要，采用包括非全日制用工在内的一些灵活用工形式。

其次，促进下岗职工和失业人员再就业。在存在人力资源市场供过于求的矛盾、下岗职工和失业人员的就业竞争压力较大的情况下，非全日制用工在促进下岗职工和失业人员再就业方面发挥着越来越重要的作用。

最后，有利于缓解人力资源市场供求失衡的矛盾，减少失业现象。在劳动力大量过剩、劳动力供求关系严重失衡、就业机会短缺的背景下，企业实行非全日制用工制度，可以使企业在对人力资源的客观需求总量不变的条件下，招用非全日制职工，从而给广大劳动者提供更多的就业机会。

（三）劳务派遣

劳务派遣是指劳务派遣单位与被派遣劳动者建立劳动关系，并将劳动者派遣到用工单位，被派遣劳动者在用工单位的指挥、监督下从事劳动的新型用工形式。

被派遣劳动者享有与用工单位的劳动者同工同酬的权利。用工单位应当按照同工同酬原则，对被派遣劳动者与本单位同类岗位的劳动者实行相同的劳动报酬分配办法。用工单位无同类岗位劳动者的，参照用工单位所在地相同或者相近岗位劳动者的劳动报酬确定。劳务派遣单位与被派遣劳动者订立的劳动合同和与用工单位订立的劳务派遣协议，载明或者约定的向被派遣劳动者支付的劳动报酬应当符合规定。

本章自测题

1. 简述招聘计划的主要内容。
2. 哪些情形下，招聘计划可能需要调整？
3. 招聘计划的编制要求有哪些？
4. 谈谈你对招聘策略的理解。

第四章　内部招聘和外部招聘

学习目标

➢ 目标 1　了解内部招聘的定义、影响因素、优缺点、适用的条件和注意事项

➢ 目标 2　掌握内部招聘的方法和渠道

➢ 目标 3　了解外部招聘的定义、影响因素、优缺点和适用的条件

➢ 目标 4　掌握外部招聘的渠道

引导案例

G 集团是一家集经营五星级酒店、高尔夫球场、购物中心等为一体的现代化企业，Ax 酒店是该集团在中国的子公司，主要承接住宿、宴会和各种大型会议等。Ax 酒店自成立之初，一直没有成立人力资源部，酒店人才的招聘、培训考核、调动等都是由 G 集团总部的人力资源部负责。

随着酒店业务的扩大，为了更有效地管理、开发各部门的人力资源，集团决定在 Ax 酒店设立人力资源部，统筹管理 Ax 酒店的人才招聘、配置、培训开发、考核、员工关系管理和薪酬管理

等方面的工作，该人力资源部将规划设立人力资源经理岗、人力资源主管岗和人事专员岗。

G 集团的人力资源总监辛某接到领导指示后，针对 Ax 酒店人力资源部员工的招聘渠道选择，设计了如下三个方案。

1. 由于G集团人力资源部员工有限，任务量较大，建议将 Ax 酒店的招聘事宜外包给专业的人力资源服务公司，费用是 5 500 元。

2. 借助 G 集团原有的招聘渠道，通过网络招聘和内部推荐的方式进行招聘，费用是 3 500 元。

3. G 集团已经成立 12 年，集团内部有一批优秀的人才，建议通过内部竞聘的方式选拔人力资源主管，并建议通过猎头来招聘该部门经理，通过网络招聘和内部推荐的方式招聘人事专员，费用是 6 500 元。

作为集团领导，你认为哪一种方案比较有利于实现有效招聘？你认为内部招聘、猎头招聘和外包招聘各有什么优缺点？结合本章内容，请回答企业应如何针对不同的人员需求选择招聘渠道。

第一节　内部招聘

一、内部招聘概述

内部招聘是指企业在出现职位空缺时，优先考虑企业内部员工来填补空缺的一种招聘方式。

（一）内部招聘的影响因素

在选择使用内部招聘方法时，应对内部招聘的如下各个影响因素进行分析，以确保其适用性与实用性。

1. **企业经营战略**

一般情况下，当企业的经营战略转为防御型时，其目的是通过采取一系列的经济活动阻止竞争对手进入自己的经营领域，以巩固自己在此经营领域的地位。因此，此类企业在进行招聘时会采用内部招聘的方式，以有效规避采取外部招聘所带来的竞争对手渗入企业的风险。

2. **企业经营规模**

当企业经营规模较小且知名度不高时，在进行员工招聘时，难以有效吸引求职者。因此，这类企业一般会采用员工晋升、员工推荐等内部招聘的方法。

3. **职位职级与类别**

招聘职位的职级与类别都会对招聘渠道的选择产生一定影响，如企业在招聘中级管理岗位时，采用主管推荐的方法；而在招聘关键核心岗位或稀缺特殊岗位时，则采用内部公开竞聘的方法。

4. **招聘预算**

选择不同的招聘渠道会为企业带来不同的成本，企业招聘是选择一种还是多种招聘渠道，是内部招聘渠道还是外部招聘渠道，都要受到费用预算的制约。如果企业对招聘的预算不是十分充裕时，多数情况会采用内部招聘的方式，从而以较低的成本找到合适的人才。

5. **招聘紧急程度**

企业选取内部招聘的形式时，需考虑到招聘的紧急程度，以确定内部招聘的适用性。例如，对于中层管理人员的招聘，如果企业急需此类人员，则可考虑采用内部公开竞聘的方式。但是，企业对于此类人员的需求不急迫时，则可通过继任计划、人才储备库等方式招聘。

（二）内部招聘的优缺点

1. **内部招聘的优点**

（1）激励性强，忠诚度高。内部招聘为企业内部员工提供了广阔的发展空间，使员工相信只要努力工作、忠于企业，就会得到晋升，从而有效激发了员工的工作积极性和主动性，并增强了员工对企业的忠诚度，进而有利于企业内部的稳定。

（2）效率高，成本低。内部招聘的员工来自企业内部，他们熟悉企业，因此能够清晰地理解职位的要求，并且能够迅速上岗，从而提高了企业招聘的效率。同时，企业进行内部招聘，节省了大量的广告费、差旅费及新员工的上岗培训费等开支，使企业招聘成本降到最低。

（3）成功率高，适应力强。内部求职者已熟悉企业现有的企业文化及相关业务，因此能够减少由于适应性差而带来的摩擦，从而有利于员工较快地进入工作状态，维护企业内部环境的稳定。

2. 内部招聘的缺点

内部招聘的优点虽然很明显，但也存在缺点，主要有以下四点。

（1）来源局限于企业内部，抑制创新。同一企业内的人员有相同的文化背景，可能会产生“团体思维”现象，抑制个体创新，不利于企业的长期发展。

（2）容易造成“近亲繁殖”。容易在企业内部形成错综复杂的关系网，甚至会形成一些小团体，给公平、合理、科学的管理带来困难。

（3）内部选拔需要竞争，而竞争的结果必然有成功与失败，这就可能造成内部人员心灰意冷、士气低下，不利于企业的内部团结。

（4）如果在内部选拔过程中，按资历而非能力进行选拔，这会给有能力的员工发展设置障碍，可能导致优秀人才外流，削弱企业核心竞争力。

（三）内部招聘适用的条件

在做出内部招聘还是外部招聘的决策时，需要考虑内部招聘、外部招聘各自的优劣势、适用条件，以及本企业的实际情况。一般而言，内部招聘的适用条件主要有以下三点。

1. 企业具有丰富的人力资源储备

企业期望以内部招聘方式解决职位空缺问题，应以丰富的人力资源为基础。因此，企业需根据自身的实际情况建立人才储备库，以储备丰富的人力资源，一旦出现职位的空缺，企业即可通过人才储备重新配置填补空缺职位。

2. 企业人力资源供需平衡

采用内部招聘进行人才选拔时，不仅要求企业储备丰富的人力资源，更重要的是要求企业储备合适的人力资源，即做到企业储备的人才适合企业职位的需要。

3. 企业出现重要岗位空缺

一般而言，内部招聘并非适用于企业的任何岗位，企业在出现重要岗位（如企业核心岗位、稀缺岗位、管理岗位）空缺时，才会采用内部招聘的方式进行人才选拔。这是因为企业内部人员熟悉并认同企业发展战略、企业文化和价值观，因此，由企业内部人才担任重要岗位的任职者，有利于企业的稳定、持续发展，从而降低企业不确定性的风险。

（四）内部招聘的注意事项

1. 避免主观因素的影响

从企业内部招聘人才，绝不是要领导者把眼光仅盯在整天绕着自己身边转的几个人身上，而是在全企业的范围内，科学地考察和鉴别人才。

2. 不要求全责备

从企业内部招聘人才，绝不要因为对人员过于了解而对他们求全责备。管理者要在明确空缺职位或工作需要什么样人才的基础上，从内部人员的工作表现、效率和品质中，通过深入了解去发掘合适的人才，并给予适才适所的安置和任用。

3. 不要将人才固定化

不能用一个固定不变的模式来选拔人才，要唯才是举，唯才是用，只要能够为企业的发展出谋划策、积极贡献力量者，都应在选择之列。

4. 全方位地发现人才

管理者可以通过内部人员的工作实践、群众议论、部门推荐、历史档案、考核、绩效等多种途径，全方位地发现人才，考察了解人才的方方面面，最终选定适合之人。

内部招聘由于人员选择的范围比较小，往往不能满足企业的需要，尤其是当企业处于创业初期或快速发展时期，或是需要特殊人才时，仅使用内部招聘的方法是不够的，必须适当采用外部招聘的方式来获取所需的人才。

二、内部招聘的方法

（一）主管推荐法

主管推荐法是指本企业的主管根据企业的需求推荐其熟悉的合适人员，供用人部门或人力资源管理部门进行选择和考核。

主管推荐法既可以用于企业的内部招聘，又可以用于企业的外部招聘。由于主管对本企业和被推荐者（企业内部、外部人员）的情况都比较了解，使得被推荐者更容易获得企业和岗位的信息，便于其做出决策，也使企业更容易了解被推荐者，从而降低企业招聘风险。

1. 主管推荐法的优缺点

（1）主管推荐法的优点。主管一般比较了解潜在候选人的能力，由主管提名的候选人具有一定的可靠性。

（2）主管推荐法的缺点。主管推荐存在一定的主观性，易受个人因素的影响，可能存在提拔自己的亲信而不是客观胜任人选的现象。

2. 主管推荐法的实施程序

主管推荐法的实施分为确定推荐岗位的需求、发布推荐消息、主管进行推荐和做出推荐决策四个阶段。其中，第一阶段是其余三个阶段实施的前提，主管推荐阶段是主管推荐法实施的关键环节，主管推荐人员的胜任与否，直接影响企业推荐决策的正确与否。

（1）确定推荐岗位的需求。企业各部门提出本部门人员需求，并说明人员需求的要求和标准，然后人力资源管理部门根据各部门提出的人员需求及企业用人的实际情况确定采用主管推荐法招聘的岗位，并将选择结果报总经理审批。

（2）发布推荐消息。企业人力资源管理部门根据最终确定的岗位需求进行信息发布，所发布的主管推荐岗位信息须注明推荐标准、时间限制，并附加一定的奖励说明。

（3）主管进行推荐。企业各部门主管根据所发布的信息要求，寻找和岗位规范相符的人选，推荐至人力资源管理部门。

（4）做出推荐决策。企业人力资源管理部门接收并分析主管推荐人选的信息，安排推荐人选进行面试，然后根据面试的结果和沟通情况，做出最终的决策。

（二）布告法

布告法是指企业通过适当的渠道，如内刊、墙报、布告栏、企业网站等在内部公布职位招聘信息，以吸引员工前来应聘。

布告法经常用于企业非管理层人员的招聘，并且特别适合于普通员工的招聘。布告法可以让企业全体员工了解到哪些职位空缺而需要补充人员，使员工感受到企业在招聘人员方面的公平性与透明性，并且有利于提高企业员工的工作积极性。

目前在很多成熟的企业当中，布告法由原来的海报形式改为在企业的内部网上发布，各种申请手续也在网上完成，从而使整个过程更加快捷、方便。

布告法的优点在于让企业更为广泛的人员了解到此类信息，为企业员工职业生涯的发展提供了更多的机会，可以使员工脱离原来不满意的工作环境，也促使主管们更加有效地管理员工，以防本部门人员的流失。

布告法的缺点在于这种方法花费的时间较长，可能导致岗位较长时间的空缺，影响企业的正常运营。而员工也可能由于盲目变换工作而丧失原有的适合自己的工作机会。

（三）档案查阅法

档案查阅法是指企业为了寻找内部合适的人员填补岗位空缺，运用查阅企业员工档案信息的方式，最终确定胜任员工，确保招聘顺利完成的过程。

档案查阅法适合于企业的内部招聘工作。在现代招聘工作中，利用档案信息可帮助人力资源管理部门获得有关岗位应聘者的情况，并发现那些具备了相应资格但由于种种原因没有申请的合格应聘者。通过企业内的人员档案信息查阅，在企业与员工达成一致意见的前提下，可选择合适的员工来填补空缺或新增的岗位。

运用档案查阅法所获知的员工信息真实、可靠，但工作量较大。人力资源管理部门在运用档案查阅法进行内部招聘时，须注意确保企业员工档案的准确、完备，对员工在岗位、技能、教育、绩效等方面信息的变化及时做好记录，为企业人员选拔和配备做好充分的准备。

三、内部招聘的渠道

（一）内部竞聘

内部竞聘是指企业内部出现职位空缺时，面向全体员工发布职位信息，员工不论职位高低，均按照同一标准重新接受企业的挑选和任用。内部竞聘既可以获得最佳职位匹配人员，也可以进一步了解员工的内在潜质，为企业获得需要的核心人才提供条件。

1. 内部竞聘步骤

企业开展内部竞聘活动一般包括以下七个步骤。

（1）成立内部竞聘管理小组。小组成员应包括总经理、人力资源管理部门人员、用人部门人员等，并详细确定小组成员各自职责。有时为了提高竞聘的质量，企业也可以聘请外部专家作为小组成员。

（2）编写工作分析报告。企业人力资源管理部门负责编写岗位说明书，构建相应的素质能力模型得出任职资格，并将这两个资料进行整合，形成工作分析报告。

（3）发布竞聘通知。在确定岗位说明书和任职资格后，由竞聘管理小组拟定竞聘通知，并面向企业全体员工进行发布。

（4）接收员工竞聘申请。人力资源管理部门负责按照竞聘通知中的要求接收员工提交的竞聘申请表。在接收竞聘申请表的同时应对申请者进行初步审核筛选，对于材料不全或不合格者予以及时反馈，以保证竞聘质量。

（5）对候选人进行评价。企业实施内部竞聘的措施或方法有民主评议、笔试、面试、竞聘演说、参照以往的工作业绩等。企业在竞聘实施过程中可以仅使用其中的某一种方法，也可以根据实际情况将某几种方法结合在一起使用。

（6）做出录用决策。根据内部竞聘管理小组成员的评价结果，与目标职位的上级进行充分沟通后，确定最终的录用人员名单。

（7）公布内部竞聘结果。将确定录用的人员在企业内部公示，供全体员工监督。公布一定时期后，若无意外情况，予以录用。

2. 内部竞聘注意事项

内部竞聘的方式可以给员工提供一个公平合理、公开竞争的职位晋升渠道，它会促使员工努力奋斗，为自己的职业发展和企业发展增加积极的因素。但事物总有两面性，内部竞聘也不例外，因此在运用内部竞聘的时候，要注意以下三个方面的关键点。

（1）信息公开。在企业的范围内，要做好内部竞聘前期的宣传工作，竞聘职位公告的内容应尽可能全面并能准确地反映竞聘职位的相关信息，保证每一个满足条件的员工都知道该信息。

（2）程序透明。严格按照企业内部竞聘制度的规定开展工作。

（3）公平公正。保证内部竞聘结果评判过程和结果公平、客观、公正。

（二）内部晋升

内部晋升是建立在有序的员工晋升体系基础上的岗位空缺应对办法，既是企业激励员工的有效途径之一，也是企业留人、用人的好方法。相比于其他招聘形式，内部晋升具有可缩短磨合期、激励基层员工等优势。

运用内部晋升的招聘方法，首先要参考企业已有的岗位晋升体系，明确不同岗位的关键职责、胜任素质、岗位级别等在晋升中的重要性；其次，需要对照员工的职业生涯管理体系，汇总评估分析员工的绩效状况、工作能力等基本资料；最后，根据员工的发展愿望和发展可能性进行分析，使有潜力的员工得到相应的晋升。

（三）工作调换

工作调换是指在职位级别不变的情况下，在企业内部调换员工的工作职务。它是企业内部人力资源的横向流动，一般适用于企业内部员工的统一调动、员工个别申请调动、部门之间的人才交换交流。

工作调换一方面可以避免企业内人才的浪费，弥补职位的空缺，还可以拓展员工的知识面，有助于员工的培养和发展。通过工作调换的员工，能够将本岗位与新岗位的知识结合起来，从而更有效地工作，这样有利于整个企业知识的系统化和丰富化，也有利于激发员工的工作积极性和工作热情，为企业的技术创新、产品创新做出新的贡献。

企业在实施工作调换进行人员配置时，应确定此次调换是局部调换还是全体统一调换，是部门之间调换还是个别员工申请调换。

根据调换的情形决定调换执行的具体工作程序，通常在执行工作调换时应遵循以下步骤。

1. 编制员工内部调换管理制度

人力资源管理部门应根据企业实际情况编制员工内部调换管理制度，并提交总经理审批，内容主要包括内部调换管理目的、适用范围、条件，调换职责划分、手续办理，调换相关资料、文件记录等。

2. 起草调换申请

用人部门根据实际工作需要可提出员工调换申请。员工调换申请应包括需调换人员的岗位、数量及其应具备的技能要求等内容。

3. 内部调换面谈协商

用人部门、员工所在部门和员工三方就内部调换进行面谈协商。面谈协商的主要内容包括用人部门对员工的面试考查、员工所在部门与用人部门协商该员工是否能调换、调换时间、调换后的工作安排等。

4. 拟定内部调换方案

用人部门与员工所在部门通过协商后，拟定员工内部调换方案并上报各级领导审批。调换方案主要包括调换员工姓名、所在部门及担任职务、调往部门及担任职务、调换原因、调换时间等内容。

5. 拟定调换通知

人力资源管理部门根据审批同意后的员工内部调换方案起草调换通知，调换通知应包括调换时间、调换人员姓名、调往部门、担任职务等内容。

6. 办理调换手续

调换通知下发后，人力资源管理部门组织调换员工办理调换手续，包括员工调出信息和员工调入信息。调换手续办理需要调出部门和调入部门的配合。

7. 进行工作交接

员工在调出前，应遵从部门领导安排办理工作交接，内容是调换员工之前主要从事的工作内容。交接双方应将工作涉及的具体项目、注意事项、存在问题等一一列明讲清，双方确认无误后在交接表上签字确认。

8. 接收并安排调入员工

调换员工办理完工作交接后，用人部门应及时安排员工办理新岗位工作交接、任职培训等。员工报到后，工作交接内容主要是调换员工今后主要从事的工作内容，任职培训主要培训调换员工新任岗位所应该具备的技能。

9. 进行薪资调整

员工在岗位调整之后，企业应根据实际需要对调换员工进行必要的薪资调整，薪资调整的标准根据企业既定的薪酬管理制度而定。

10. 人事档案调整

人力资源管理部门根据员工调换情况，调整相应员工的人事档案。调整人事档案应进行登记，记录员工的调换时间、调换部门、职务变动，以及薪资调整等各项信息，以备查。

11. 进行业绩考核

员工调换后，应及时根据其新岗位的工作内容，制定相应的业绩考核标准，以考核员工在新岗位上的胜任力，并对岗位的调整成功与否做出判断，同时为企业人力资源管理积累宝贵的经验。

（四）工作轮换

工作轮换是指将员工轮换到一个工作水平、技术要求相接近的岗位上工作，让员工在不同的岗位上轮流工作，以掌握多种岗位技能的操作方法。

1. 工作轮换的优点

（1）工作轮换属于成本较低的企业内部人员配置方法，既无太大的破坏性，又使员工对工作产生挑战感和新鲜感，企业通过工作轮换能发现员工的优点和不足。

（2）工作轮换属于成本较低的增加员工满意度的手段，使工作本身的激励作用得到了充分发挥。

（3）工作轮换制度可以减轻企业员工晋升的压力，减少员工的不满情绪。员工长期得不到应有的提升，必将导致对工作的热情下降，而企业能提供的晋升岗位一般又十分有限，难以满足大部分员工的晋升要求，许多企业因为缺少应有的晋升岗位，使一些优秀的员工离开。而工作轮换可以在一定程度上缓解企业晋升岗位不足所导致的压力。

（4）工作轮换的一个最重要的作用是提高员工的工作新鲜感，使员工充满动力。在工作轮换过程中，员工可根据工作的实际需要，进行有关的职位培训和进修，将学习和工作要求结合起来，使工作本身更加具有趣味性和挑战性。

2. 工作轮换的缺点

（1）员工到了一个新的岗位，需要熟悉工作，因此员工在刚轮换到新岗位的最初一段时间，生产力水平会有所下降。

（2）需要为员工提供各种各样的培训，以使其掌握多种技能，适应不同的工作，因此成本较高。

（3）由于变动一个员工的工作岗位就意味着其他相关联的岗位会随之变动，因此工作岗位轮换增加了管理人员的工作量和工作难度。

3. 工作轮换的程序

（1）编制工作轮换计划。人力资源管理部门根据员工职业生涯规划或员工个人申请，编制员工的工作轮换计划。工作轮换计划内容应包括轮换的岗位、岗位轮换目的、岗位轮换时间等。

（2）轮换员工、所在部门与轮换部门的沟通。人力资源管理部门在拟订工作轮换计划后，首先应与轮换员工进行沟通，征求并确定其轮换意愿。其次，与轮换员工所在部门或主管进行沟通，征求其对轮换员工工作轮换的意见。最后，与轮换部门进行沟通，确定其部门安排及对轮换的意见。

（3）确定轮换名单及岗位。根据沟通调整后的工作轮换计划，确定轮换人员名单及具体的轮换岗位，编制员工工作轮换安排表，内容主要包括轮换员工姓名、所在部门及岗位、轮换部门及岗位、轮换时间等。

（4）发出轮换通知。根据确定的工作轮换计划及轮换人员名单，发布岗位轮换通知。工作轮换通知内容包括轮换岗位、轮换部门、轮换时间等。通知发放对象包括工作轮换员工、轮换员工所在部门、轮换部门。

（5）工作轮换员工工作交接。轮换员工应根据人力资源管理部门提供的工作交接表单及岗位说明书进行工作交接，工作交接应详细、清晰并附加以必要的工作内容讲解，工作交接完毕双方应签字确认。工作交接时应由工作轮换部门领导安排的第三方进行监督。

（6）办理工作轮换手续。人力资源管理部门在工作轮换计划安排确定的时间内办理完成员工工作轮换手续。工作轮换手续包括员工工作轮换表相关部门签字确认、工作轮换各部门安排检查、工作轮换培训、工作轮换各项相关办公用品安排等。

（7）工作轮换评议。收集员工工作轮换反馈及考核表，对员工工作轮换进行评议，编制工作轮换评议报告，为后期员工工作轮换调整及其他员工工作轮换提供参考依据。

（五）人员重聘

有些企业由于某些原因会有一批不在位的人员，如下岗人员、长期休假人员（如因病长期休假，现已康复但由于暂无岗位还在休假）等，或已在其他地方工作但关系还在本企业的人员（如停薪留职）等。在这些人员中，有恰好企业内部空缺需要的人员，他们中有的人员素质较好，重聘这些人员会给他们提供重新为企业奋斗的机会。另外，企业重聘这些人员还节省了培训等方面的费用。

需要注意的是人员重聘与返聘的区别：重聘是指企业对不在位员工的重新聘任，一般是指在职人员；返聘是指对离退休人员的再次聘用，是对已经退休人员而言的，因为退休人员一般不适合与原企业再签订正式的劳动合同。

第二节　外部招聘

一、外部招聘概述

外部招聘是指企业根据既定的程序和标准，从企业外部渠道选拔合适人才的招聘方式。

（一）外部招聘的影响因素

1. 企业经营战略

当企业的经营战略为扩张型时，会通过向客户提供差异化、个性化的商品等一系列积极主动的经济活动从竞争对手手中夺取市场份额，以谋求企业的快速发展，因此此类企业在招聘员工时，应侧重于使用各类外部招聘渠道。这是因为外部招聘的方法灵活多样，应聘者范围广泛，能为企业带来新的管理理念和技术，而这也正符合企业经营战略的发展要求。

2. 企业经营规模

当企业的经营规模较大时，对人员尤其是一线员工的需求量大，仅靠企业内部是难以满足企业用人需求的，因此，这类企业的人员招聘一般会选择人才招聘会等外部招聘的方式。

3. 职位职级与类别

招聘岗位的职级与类别会影响外部招聘渠道的选择，在招聘职级较高或者是技能要求较高的职位时，企业会选择猎头招聘，而在招聘通用性岗位、一般专业岗位时，企业则可能会根据具体情况选择网络招聘、校园招聘等形式。

4. 招聘紧急程度

企业在进行招聘时，需根据招聘紧急程度选择招聘渠道。当企业出现人员突然离职、产品订单突然增大等情况时，需要进行紧急招聘。一般情况下，对于十分紧急的招聘，企业会选择网络招聘、广告招聘等渠道，而对于需求不是十分紧急的招聘，企业则会选择校园招聘、猎头招聘等方式。

5. 招聘费用预算

企业招聘的费用一般包括广告费用、差旅费、场地费、人工费、辅助资料费等，企业招聘费用的预算会限制企业招聘渠道的选择。当企业的招聘费用预算较为充裕时，可选择猎头招聘、媒体招聘等方式，但是当企业招聘预算不是十分充裕时，则会选择费用相对较低的方式。

（二）外部招聘的优缺点

1. 外部招聘的优点

（1）有利于企业的创新。企业从外部引进的新员工会为企业带来新的思想方法、管理理念和文化价值，从而有利于企业视野的拓展与技术革新步伐的加快，进而有利于企业的创新。

（2）有利于企业招聘优秀的人才。企业进行外部招聘时，人才来源广泛，因此选择余地大，企业可通过比较分析，以确定最适合职位要求的优秀人才。同时，外部招聘受内部人际关系影响较小，在极大程度上削弱了主观因素的影响，从而保证了招聘工作的公平、有效。

（3）产生“鲇鱼效应”，激励员工努力工作。“鲇鱼效应”即企业通过外部招聘招到优秀的员工，而企业内部其他员工会因为危机意识更加努力的工作，从而使企业员工共同进步。

（4）规避“涟漪效应”带来的不良反应。外部招聘是按岗招聘，不会影响其他岗位或人员的工作，因此不会产生动一人则动多人的现象，使企业被迫接受不必要的变动，从而有效避免了“涟漪效应”带来的不良反应，有利于企业的稳定。

2. 外部招聘的缺点

外部招聘的优点虽然很明显，但也存在不足，主要有以下四点。

（1）筛选时间长，难度大。企业往往通过种种方式测试应聘者的能力、性格、态度、兴趣等素质，使得录用决策耗费时间较长。

（2）需要一定的时间适应岗位。外部招聘的员工需要花费较长的时间来接受培训，才能了解企业的运作流程和方式。

（3）引进成本高。企业需要通过中介机构或在媒体上发布信息，筛选过程复杂，因此需要较多的人力、财力及时间成本。

（4）决策风险大。企业只能通过几次短时间的接触来熟悉应聘者，可能因为信息不对称等外部的原因而做出不准确的判断，进而增加决策风险。

（三）外部招聘适用的条件

根据外部招聘的自身特点限制，导致其在使用过程中有一定的条件要求。

1. 内部人才储备不丰富

当企业内部人才储备不丰富，难以通过内部人员配置解决职位空缺问题时，需考虑选择影响范围较广的外部招聘渠道进行招聘，以填补职位的空缺。

2. 外部人才资源丰富

当企业外部人力资源市场中的人才资源相对丰富，且招聘成本在招聘预算范围之内时，企业会采用外部招聘的方式。这样一方面可以解决企业职位空缺问题，另一方面也增加了企业人才储备库中的人才储备类型与数量，使企业的人才结构更加完整。

3. 企业出现大量的基础岗位空缺

企业在出现或者即将出现大量的基础岗位（如一线操作岗位、基层管理岗位、助理类岗位等）空缺，且需要尽快补充时，会采用外部招聘渠道招聘员工。因为外部招聘的影响范围广，传播速度快，可将招聘信息及时地在大范围内进行传播，从而可以在短时间内积聚大量的求职者，以及时解决企业大量基础岗位空缺的问题。

二、传统外部招聘渠道

（一）传统媒体

传统媒体是相对于近些年来兴起的网络媒体而言的，用于定期向公众发布信息或提供教育娱乐平台的传播载体，如电视、广播、报纸、杂志，此外还有户外广告、张贴告示等。

利用传统媒体招聘是企业补充各类岗位人员空缺的有效渠道之一。传统媒体招聘渠道以各类招聘广告为主要形式，其受众不仅包括正在找工作的应聘者，还包括各种潜在的应聘者、公司的客户以及社会公众。

1. 传统媒体招聘优缺点分析

几种传统媒体招聘渠道的优缺点比较见表 4–1。

表 4–1　几种传统媒体招聘渠道的优缺点比较

媒体类型	优点	缺点
报纸	◆ 招聘广告内容篇幅可灵活选择 ◆ 针对某一特定的区域 ◆ 各版块分类编制，便于查询	◆ 对招聘的特定群体界限不明 ◆ 时效性强，很多潜在的应聘者可能看不到招聘信息
杂志	◆ 对招聘对象有明确的针对性，尤其是某些专业性的杂志 ◆ 时限较长 ◆ 印刷质量好、显档次	◆ 发行地域广，不适合在单一区域招聘 ◆ 发行间隔期较长，企业需要较长的广告预约期
电台电视	◆ 可以将应聘者锁定在某一地区 ◆ 能更好地渲染气氛，激发应聘者的求职欲	◆ 传递的信息不如报纸、杂志丰富，且缺乏持久性 ◆ 发布招聘信息所需成本较高
张贴广告	◆ 适合服务行业的劳动力招聘，适合于对文化层次要求不高的职位 ◆ 成本较低	◆ 地域比较受限制

2. 传统媒体招聘程序

企业运用传统媒体进行人员招聘时，可按照以下六个操作步骤进行。

（1）选定媒体形式。企业根据招聘岗位特点，对比各种媒体的优缺点，确定具体的媒体形式。

（2）收集媒体机构信息。企业工作人员先根据市场口碑、用户推荐，了解相关媒体机构的服务对象、影响范围、行业声誉等，再利用电话咨询、实地考察等方式，了解媒体机构详细信息。

（3）开展媒体机构比较。媒体机构比较的内容包括服务态度、行业声誉、服务效果等，以及媒体机构面向的对象群体、服务费用、保密情况等。

（4）洽谈合作事宜。确定媒体机构后，企业工作人员即可与该机构开展合作谈判，谈判内容包括但不限于广告篇幅、信息发布时间及持续时间、服务费用等方面。

（5）设计招聘广告。企业可以根据需要自行设计招聘广告，也可以委托合作媒体设计，一般内容包括文字、图像、结构等方面。

（6）实施招聘工作。招聘广告设计完成后，根据签订的合作合同，通过媒体发布招聘广告，企业在一定时间内接受应聘者的求职简历，开始具体的招聘甄选活动。

3. 选择传统媒体的注意事项

由于上述几种传统媒体招聘渠道各有优缺点，企业计划通过传统媒体发布招聘广告时，至少应注意以下三个方面的问题。

（1）媒体的受众与招聘对象是否吻合。一般来说，选择在招聘对象接触较多的媒体上刊登广告效果最佳。例如工厂招聘一般的劳动工人，可以选择在当地发行量较大的晚报或专业人才招聘报纸上进行刊登。

（2）选择同行业或竞争对手经常刊登招聘广告的媒体。在媒体的选取上，要选择经常进行招聘广告发布的媒体，并留意竞争对手广告发布的媒体选取，以便适时调整招聘管理工作。

（3）多种媒体方式的结合。在进行招聘时可以采取两种或以上的方式联合进行。例如招聘高级技术人才，可以同时利用电视、电台、报纸和杂志进行招聘信息的发布。

（二）现场招聘

现场招聘是一种企业和人才通过第三方提供的场地进行直接面对面的对话，现场完成招聘面试的一种方式。现场招聘一般包括人力资源市场招聘及招聘会两种方式。

我国人力资源市场包括各级人才市场、劳动力市场和职业介绍中心等，人力资源市场招聘就是由这些机构作为主办单位开展的现场招聘活动。人力资源市场招聘能使企业在短时间内集中掌握众多求职者的信息，且供需双方直接见面，有利于双方的直接沟通，也有利于企业进行一定的形象宣传，因此这种方法在实际招聘工作中运用较多。

招聘会与人力资源市场招聘相似，但是招聘会一般为短期集中式，且举办地点一般为临时选定的体育馆或者大型广场；而人力资源市场招聘则是长期分布式，同时地点也相对固定。

1. 现场招聘的选择形式

招聘负责人员可根据企业内的人才需求层次和类型选择不同的现场招聘形式。大部分招聘会都具有一定的针对性，例如，招聘中基层管理人员或专业技术人员可选择一些针对性的招聘会；招聘储备及待培养的人才可参加针对应届毕业生的现场招聘会；招聘基层操作人员可参加人力资源市场组织的农民工专场等。

2. 现场招聘的作用

（1）广告效应。现场招聘有着不可忽视的广告效应。现场招聘是企业、人才通过在第三方提供的场所内，能够直接对话的不可多得的方式之一。招聘现场有众多来自各个地方、各种行业、各种类型的企业，也有众多各种专业、各种层次、各种能力水平的包括应届毕业生、在职人员在内的各种类型的人才。

如果企业能够借此机会做好自身相应的商业广告宣传，不但可以吸引到优秀的人才加盟，还可以吸引在场的众多企业的目光，特别是与本企业可能存在业务往来的潜在用户或供应商等，这种资源的充分利用会取得其他形式的广告难以比拟的效果。这种有着特殊效果的广告形式几乎是不需要成本的，只是利用一下招聘现场边际效用的“眼球资源”，稍加上自己的细心准备。更为直接的是，招聘费用的预算已无形中被这种广告分担了，效用也便无形中达到最大化。

（2）人才储备。现场招聘是企业进行免费人才储备的不可多得的机会。虽然众多参加招聘的人员鱼龙混杂、良莠不齐，但招聘的最大作用便是从诸多的应聘者中挑选企业需要的合适人才。这也正是企业招聘负责人员显示其锐利的辨人目光、敏感的选人嗅觉及独特的得人心方式的大好时机。

企业招聘到所需的人才，企业和人才都会皆大欢喜，但若再留意一下，也会有另外的收获。因为在未被录用的人员中，他们可能现在并不适合企业之需，但经过一定时期之后，就有可能成为企业应该吸收的人才，又或许企业与优秀的应聘者目前不能达成共识，但以后又难免互感对方才是自己的最佳选择。因此，应该在招聘到所需人才之余，把收到的其他简历进行分类，加以储备。这样一来可以留意可造之才，以应不时之需；二来又可以进行免费的人才储备，免得需要时又重新浪费人力、财力等成本再去现场招聘一番。

（3）提高知名度。现场招聘是做好企业信誉宣传，提高企业美誉度和知名度的一个时机。每个企业都希望拥有较高的美誉度和知名度，在同业竞争中处于优势地位。因此，企业知名度的高低、企业美誉度的好坏也成为一个企业品牌打造中极为关注的事情，而企业的人力资源管理部门又是企业与内外交流沟通的窗口，招聘尤其是现场招聘更能够体现此特点。

3. 现场招聘的注意事项

（1）选择口碑好的人力资源市场和招聘会。招聘企业应注意选择规模、参加单位、举办地点、声誉等都比较理想的人力资源市场和招聘会开展招聘活动，要了解清楚主办方的能力及其在潜在应聘者群体中的影响力、招聘会的前期宣传、有多少同业竞争者参与等情况。

（2）参会前应做好准备工作。具体的准备工作包括争取到一个有吸引力的展位、准备好会上所用的资料和相关的设备器材、对现场的招聘工作人员事先进行培训、与有关协作方做好沟通工作等。

（3）认真做好招聘善后工作。招聘企业须在最短的时间内将所收集到的简历进行整理，并通过电话或电子邮件的方式将企业甄选的结果及时告知应聘者，以体现出对应聘者的尊重。

（三）校园招聘

校园招聘类似于上门招聘，指的是企业的招聘工作人员通过到学校招聘、参加毕业生交流会等形式，实现直接招聘人员的活动。

校园招聘是企业人员招聘的主要渠道之一，与社会招聘相比，校园招聘有许多优势，如学生的可塑性强，选择余地大，候选人专业多样化，可以满足企业多方面需求，招聘成本低，有助于宣传企业形象等。

1. 校园招聘方式

校园招聘方式主要有校园宣讲会、校园专场招聘会、实习生计划三类。

（1）校园宣讲会。校园宣讲会是指企业高层管理者或人力资源管理部门负责人到目标高校组织专门的宣传讲座，发布职位空缺、招聘条件和招聘流程等相关内容，同时介绍企业的企业文化和经营理念，引导学生全面了解企业。

企业采用这种方式进行招聘，一方面因为学校和专业定位准确，所以会达到较为理想的招聘效果；另一方面，在宣讲会召开前，企业会通过学校网站或者张贴海报发布消息，从而能够有效地宣传企业形象及产品，达到一定的营销目的。但是，由于整个校园宣讲会从策划到完成会耗时数月，且各大院校分布在各个城市，这就会带来较高的招聘费用，资金雄厚且院校和专业定位明确的企业才会采用这种方式进行招聘。

（2）校园专场招聘会。企业在校园招聘高峰期，可组建校园招聘团队在指定的时间和场所参加专场招聘会，与前来投递简历的学生进行交流，并即时进行选拔测试。

这种方式的优点是节约招聘成本和招聘时间，但是由于到场的学生专业众多，因此对专业的针对性不强，同时因为招聘会地域的限制，可能会难以满足企业的招聘要求。因此，这种方式适用于招聘对象专业要求针对性不强的企业。

（3）实习生计划。实习生计划是指企业在应届毕业生正式求职前，为一些符合企业发展要求的毕业生提供实习岗位，对于实习期间表现优异的实习生，企业会将其列为下一步正式录用的备选人才。

实习生计划的优点主要是：有利于企业避免校园招聘的人才争夺高峰，并将优秀的毕业生提前纳入人才储备库；有利于企业提前了解毕业生的个性特点及工作能力，从而有利于企业准确做出录取决定；实习生经过一段时间的实习工作，在正式录取后能够尽快上岗。

2. 校园招聘的优缺点

（1）校园招聘的优点。针对性强，企业可以根据需要，选择各个学校各个领域的专业人才；选择面大，学校是培养人才的基地；学生的可塑性强，往往具有较强的适应能力。

（2）校园招聘的缺点。企业可能会投入较高的培训成本，另外，学生的期望值可能会过高，在实际工作中易产生不满情绪，从而影响整个企业的团队建设。

3. 校园招聘实施程序

企业在进行校园招聘时，一般流程包括确定招聘时间与学校、做好招聘前准备工作、组织进行校园招聘、做好毕业生入职后的培训工作等步骤。

（1）确定招聘时间与学校。企业需根据国家的相关规定以及自身的实际情况选择合适的时机进入校园组织招聘活动，在时间安排与工作组织上不但要关注学生毕业季，同时应积极与学校沟通协调。

企业在选择学校时，应考虑该校在企业关键技术领域的学术水平和师资水平，该校符合企业技术要求的专业毕业生人数，该校以前毕业生在企业中的服务年限、业绩，该校毕业生过去录用数量与实际报到数量的比例等因素。

（2）做好招聘前准备工作。企业在进行校园招聘前，应做好充分的准备工作，具体包括确定招聘专业、招聘资料、招聘人员及问题准备等。

（3）组织进行校园招聘。企业按照事先制订的招聘计划和所做的准备工作，按照与学校沟通的组织方式开展具体的招聘工作。

（4）做好毕业生入职后的培训工作。刚走出校门的毕业生，往往对工作有着理想的期待，且工作经验少，因此企业应进行相应的培训工作，让其尽快了解自己、了解企业、了解岗位职责、掌握工作技能，从而能够尽快地上岗。

（四）网络招聘

网络招聘又称为电子招聘，指的是企业招聘工作人员（通常为企业人力资源管理部门人员）运用互联网技术手段，完成招聘的过程。网络招聘通常适用于企业招聘初、中级人才，或急需用工岗位人员。

1. 网络招聘的种类

网络招聘的种类主要有企业网站，人才招聘网站，专业论坛、博客、社交论坛等三种。

（1）企业网站。目前许多企业都在自己的网站上添加了招聘版块，求职者登录企业的网站即可看到该企业的招聘信息。但也有许多中小企业对招聘版块的开发力度或者重视程度不够，导致网站上的招聘信息过于陈旧。相比之下，大中型企业都在自己的网站上设置了网络招聘功能来提高招聘的效率。

（2）人才招聘网站。人才招聘网站一般分为综合性招聘网站和专业性招聘网站。目前较为知名的招聘网站一般都属于综合性的招聘网站，如果企业招聘的职位专业性较强，则可以通过一些专业性的网站进行招聘，如建筑设计、财会、医疗等职位。

综合性招聘网站由于其中招聘的企业众多，行业比较复杂，是一种“大而全的招聘模式”，这样易导致求职者在面对不同领域、行业的招聘企业时不知所措，使求职者的应聘没有计划性、针对性，也给企业带来很大的简历筛选压力。相比于综合性招聘网站而言，专业性招聘网站更具有针对性，在很大程度上减轻了企业筛选简历的压力，从而也大大提高了企业招聘的效率。

此外，招聘网站都有自己的简历库，企业可以搜索求职者的简历并主动与其联系，这种方式类似于猎头，但价格低廉。缺点为企业在没有同求职者联系的情况下向其推销职位，难以得到求职者的信任。

（3）专业论坛、博客、社交论坛等。通过论坛或者博客，企业可以更深入地与对方沟通，及时了解求职者信息，甚至可以通过视频的方式进行交流。

2. 网络招聘的优点

网络招聘是近年来发展最为迅速的招聘方式之一，以其方便快捷、低成本、无区域限制、资源丰富等优点，越来越受到企业的青睐。其优点一般表现为以下五个方面。

（1）覆盖面广。互联网的覆盖面是以往任何媒介都无法比拟的，它的触角可以轻易地延伸到世界的每一个角落。网络招聘依托于互联网的这个特点，达到了传统招聘方式无法获得的效果。

（2）方便、快捷、时效性强。网络招聘的双方通过交互式的网上登录和查询完成信息的交流，与传统招聘方式不同，这种交流不强求时间和空间上的绝对一致，方便了双方时间的选择。网络招聘不仅可以迅速、快捷地传递信息，而且还可以瞬间更新信息，这种基于招聘双方主动性的网上交流，于无声无息之间便完成了及时、迅捷的互动。

（3）成本低。网络招聘在节约费用上有很大的优势。对于毕业生来说，通过轻点鼠标即可完成个人简历的传递，这既节约了复印、打印费用，还省去了一番鞍马劳顿。对用人企业来讲，如前所述，网络招聘的成本更低。

（4）针对性强。网络招聘是一个跨时空的互动过程，对供求双方而言都是主动行为，无论是用人企业还是个人，都能根据自己的条件在网上进行选择，这种积极的互动减少了招聘和应聘过程中的盲目行为。目前，一些大型的人才招聘网站都提供了个性化服务，如快捷搜索方式、条件搜索引擎等，这进一步加强了网络招聘的针对性。

（5）具有初步筛选功能。目前，构成网民主体的是一个年轻、高学历、向往未来的群体。通过填写信息，招聘者就已经对应聘者的基本素质有了初步的了解，相当于已经对他们进行了一次小型的计算机和英文的测试和初步筛选。

3. 网络招聘的缺点

虽然网络招聘具有其他招聘方式没有的优点，但也存在明显的缺点。例如，由于网络具有极大的虚拟性，应聘者的应聘信息可靠性较低，通常混杂一些不真实的信息，无法及时、准确地筛选，因而给招聘工作带来一定的风险。

（五）猎头招聘

猎头公司是专门为企业提供中高级人才招聘服务的专业机构，通过为企业猎取中高级管理人才及稀缺专业技术人才而向企业收取一定的服务费用。

一般的招聘渠道（普通招聘会或网络招聘等）难以使企业获得中高级人才或稀缺人才，而猎头公司具有强大的资源优势，可以为企业提供专业的人才招聘服务，既减少了招聘时间，又可以保证招聘的质量，唯一不足的便是要向猎头公司支付较高的招聘服务费用。

采用猎头招聘与其他招聘方式相比，明显具有两个方面的不同之处，一是要选择猎头公司并签订委托招聘协议，二是招聘企业对猎头公司推荐人选进行的是复试，通常会省略初试的程序。

三、新型外部招聘渠道

（一）社交招聘

社交招聘是指在社交网站中开展的人员招聘活动。伴随互联网社交的兴起，社交招聘成为一种新流行的招聘形式。通过社交网站和移动通信，企业可以实现与人才更加全面的双向沟通和了解，社交招聘在成功率优势上比普通的简历招聘更加明显。

1. 社交招聘的特点

社交招聘是现代通信技术进一步发展变化催生的招聘形式，在特点上与一般的网络招聘有着明显的区别，主要体现在以下两个方面。

（1）参与式信息传播。不同于一般的网络招聘形式，互联网作为企业发布的招聘信息和求职者发布的个人求职信息的载体，主要发挥着记录式功能，企业和求职者只有主动地进行信息搜寻、检索才能实现连接。社交招聘中，企业和求职者都是信息的传递节点，同时也在创造信息，这能够更加充分地进行信息的参与和沟通，不再单单是招聘信息与求职信息的被动匹配。

（2）互动式信息传播。在社交招聘中，企业发布的招聘信息作为信息源，通过人际社交网络被充分转发、评论，得到了大量的曝光，实现了全面的互动，理论上招聘信息可以被每一个潜在的求职者看到。

2. 社交招聘的运用

互联网和移动通信技术的飞速发展带来了社交媒介的快速进步，通过社交媒介进行招聘，已成为一种新的企业招聘方式。在我国，很多社交媒介正在积极尝试涉足招聘，以下以常见的 QQ、微信、微博和其他 App 等社交媒介为例进行介绍。

（1）QQ 招聘。运用 QQ 进行招聘与面试员工，是不少企业采用的一种新的招聘方式。QQ 聊天软件被应用在人才招聘中，有着其自身的优势，可以实现三种沟通，即文字沟通、视频沟通和音频沟通。有些地方组织的网上人才交流会，企业就是通过 QQ 视频这个工具来面试应聘者的。

运用 QQ 招聘既能节约企业与求职者双方的时间成本，还能实现远程的视频面试，跨越了空间距离。但 QQ 招聘也存在一定的弊端，如它不利于招聘方全方位地了解、掌握应聘者的情况，面试效果明显低于现场招聘。企业要想运用这一招聘方式达到理想的招聘效果，除了需要做好信息管理、人员配备等基础工作外，还需辅以其他必要的考核方式，以保证招聘的效果。

（2）微信招聘。微信招聘是指使用微信平台作为招聘的渠道和工具，具体的操作主要包含以下两种方式。

1）利用微信本身的功能服务项来实现招聘。在微信内部发布招聘信息是微信的一个隐藏功能，目前需要发送代码方可找到入口。

2）通过设立企业公众账号进行招聘。随着微信用户的迅速增长，越来越多的企业开始建立起自己的微信招聘平台，即企业的微信公众号。在企业的微信公众号上，招聘人员可以每天群发一条招聘信息，并且还可以设置自动添加回复，当有求职者发送信息的时候就可以自动回复预先设置好的内容，内容包括文字、音频、视频、图片、图文消息等。

（3）其他 App 招聘。App 是 application 的缩写，通常指的是手机上的应用软件，或称手机客户端。除前述的 QQ、微信之外，这里的其他 App 招聘是指企业和求职者通过移动客户端上的应用软件进行招聘或求职，这是一种伴随着移动互联网的快速发展而产生的众多的新的招聘工具和渠道。现有招聘市场上的其他 App 招聘工具可大致分为四类，分别是社交类、综合类、信息类和专业类。

1）社交类。在社交类 App 上，招聘信息的流通速度更高效，个人用户的黏性更大，看到企业招聘信息的渠道更多、招聘和应聘成功的可能性更大。在这样的环境下，职位空缺与求职意愿的匹配度进一步提升，效率更高。在社交类 App 上，企业招聘工作人员与求职者可以进行更高效的沟通，可以同时满足求职者和企业两方的个性化需求。

2）综合类。随着移动互联网技术的发展，传统的综合类招聘企业开发出了综合类 App 招聘软件，以应对大环境的变化。

3）信息类。信息类 App 招聘往往不单单只有招聘一个业务，其显著特点是，招聘信息发布依托其庞大的本地信息服务功能，受众更加广泛，并且以地域作为区分，从而为低学历人群、蓝领阶层的人群提供了一个更高效的求职途径，但用户体验不是十分理想，且管理状态较混乱。其自身的招聘专业性较差是一个明显的短板，并且在短期内难以改善。但其需求仍在不断增长中，其发展速度不容小觑。

4）专业类。专业类招聘 App 又叫垂直类招聘 App，这类招聘 App 更多是在其专业领域做长期积累，为众多拥有高技术、高知识背景的专业人才提供了一条便捷的求职途径。这类招聘 App 拥有较好的用户体验和用户口碑，同时招聘的效率和匹配度较高。但是，其专业的招聘分类也限制了其自身的发展方向和路线。

3. 社交招聘的注意事项

在开展社交招聘活动时，无论采用何种社交媒介，企业都不能忽视以下三个方面的问题。

（1）选择合适的工具。互联网上社交媒介众多，要在其中都建立企业的账号，并且运营好它，是不太现实的。所以企业必须结合要传播的信息以及招聘信息的目标受众，审查现有的工具，然后再选择合适的社交招聘平台。

（2）与其他工具一同使用。社交媒介可以更快捷地帮助企业寻找合适的人才，但并不是唯一的招聘方法，因此企业不应该更不能过分依赖这种方法，而是需要与其他招聘方法结合起来使用。

（3）有专人负责管理。为了灵活运用社交招聘，企业应设有专门的管理人员来负责此事，并且该负责人员还应知晓这一方法如何运用，包括信息的处理、维护以及与潜在求职者的联系等。

（二）人工智能招聘

1. 人工智能招聘的产品

人工智能（Artificial Intelligence，AI）是研究、开发用于模拟、延伸和扩展人的智能的理论、方法、技术及应用系统的一门新的技术科学。

人工智能技术与招聘工作结合涌现出很多新的应用和产品，其核心内容主要体现为以下四个方面。

（1）通过机器学习技术帮助企业人力资源管理人员快速筛选、匹配合适候选人。

（2）通过数据挖掘算法，帮助企业人力资源管理人员快速挖掘、发现被动候选人。

（3）人工智能聊天机器人，帮助企业人力资源管理人员完成初次面试。

（4）自然语言技术帮助企业人力资源管理人员完成国际化招聘，轻松编写不同语言。

2. 人工智能招聘的优点

人工智能招聘的核心优势在于提高招聘效率，降低人为因素，解放招聘工作人员，让人集中精力做决定，让计算机完成结构化的、重复的招聘工作。例如，ATS 系统可以批量筛选简历、进行简历解析、设置智能标签、智能人岗匹配并推荐等。

人工智能技术为招聘工作人员提供了快速且高效的方法来减轻工作负担，其主要优点体现在以下三个方面。

（1）节约时间成本。很多企业长期受到人员流动率过高问题的困扰，某招聘工作人员需要开展大量的招聘面试工作，花费大量的时间去补充流失人员的空缺职位，通过人工智能技术可以大大提高招聘的效率，节约时间成本。

（2）快速找到应聘者。人工智能招聘能够处理复杂的市场信息，协助招聘工作人员更加从容周全地思考和判断，做出更精确的决策，防止遗漏优秀人才，它成功实现了智能化筛选，让招聘工作变得更为简单、高效。

（3）消除职场偏见。人工智能招聘工具可以使招聘过程更加公平，其只会围绕客观的、基于工作能力和表现的问题，并结合专业能力和教育背景进行提问，不会关注求职者的外貌、性别、背景等，在一定程度上避免了偏见和刻板印象。

本章自测题

1. 内部招聘受哪些因素影响？
2. 内部招聘的方法主要有哪些？
3. 工作轮换的优缺点分别有哪些？
4. 外部招聘受哪些因素影响？
5. 谈谈你对新型外部招聘渠道的理解。

第五章　招聘信息发布与简历筛选

学习目标

- 目标 1　了解招聘信息的内容、撰写依据
- 目标 2　掌握招聘信息写作技巧
- 目标 3　了解招聘信息的发布
- 目标 4　掌握简历筛选的方法

引导案例

L 集团是一家跨国企业，主要以研制、生产、销售医药为主，HL 公司是 L 集团在中国的子公司，主营生产、销售医药。2020 年年初随着生产规模的扩大，为了对生产部门的人力资源进行更为有效的管理开发，HL 公司总经理、生产部经理以及人力资源部经理共同商讨，决定在生产部设立一个处理人事事务的岗位，主要负责生产部与人力资源部的协调工作。最后，总经理决定通过外部招聘的方式寻找人才。

会议之后，人力资源部经理开始设计招聘方案，在招聘渠道的选择上，提出了两种方案：其一是在本行业专业招聘网站中做

专业人员的招聘，费用为2 000元左右，这样对口的人才比例较高，招聘成本低，但是企业宣传力度小；其二是在综合网站进行招聘，费用为4 000元左右，这样企业影响力度很大，但是非专业人才的比例很高，前期筛选工作量大，招聘成本高。人力资源部建议选用第一种方案。总经理看过招聘计划后，认为公司在国内处于初期发展阶段，不应放过宣传企业的机会，于是选择了第二种方案。

其招聘广告刊登的内容如下：

你的就业机会就在眼前！L集团中国子公司HL公司现招聘生产部人力资源主管一名，负责生产部和人力资源部两部门协调性的工作。抓住机会，欢迎加入我们！

联系人：×××；联系电话：×××-××××-××××；公司地址：××××。

广告刊登后的一周的时间内，人力资源部收到了500多份简历，运用简历筛选工具，初步筛选了70份有效简历。再进行新一轮的筛选之后，留下5份，通过初试和复试之后，最终确定了录用其中的小王。但在试用期间，小王主动辞职，原因是招聘所描述的公司环境等各方面与实际情况并不一样，且确定的薪资待遇有所减少，工作的性质和招聘广告不符。

请结合本章内容，分析此次招聘的问题出在哪里？

第一节　招聘信息的撰写与发布

一、招聘信息的内容

招聘信息是指利用各种传播工具发布人员招聘的有关信息，以鼓励和吸引求职者参加应聘。招聘信息的常见形式为招聘广告。

有效的招聘信息要达到两个目的：一是吸引企业所需人才；二是宣传企业的价值观与形象。所以，企业撰写与发布招聘信息时应当紧紧围绕这两个目的进行。其中，招聘广告的标题、招聘岗位信息、联系方式是招聘广告必须包含的内容，其他内容可由招聘管理人员视情况进行取舍。常见招聘信息的内容主要包括如下六个方面。

（一）招聘广告的标题

企业招聘广告的标题通常以“诚聘”“高薪诚聘”“××公司人员招聘”等关键词呈现，标题设置应简明、合理、醒目和准确。

（二）企业信息

招聘广告中的企业信息是为了介绍企业的基本情况，必要时附上企业网站。企业信息一般包括公司的全称、性质、规模、主营业务、行业地位、发展理念等内容，一般会把公司具有的竞争优势凸显出来，以此吸引应聘人员。

（三）招聘岗位信息

招聘岗位信息是招聘广告的重要内容，其编写是否规范、专业，直接决定了招聘广告的质量。从一定程度上讲，招聘广告是精简版的岗位说明书。招聘广告中的岗位说明一般包括岗位的性质、类别、职责、任职资格、薪资福利等多方面的内容，其中岗位职责描述和任职资格是核心内容。

（四）需要应聘人员提供的信息

需要应聘人员提供的信息包括简历、身份证、资格证书、照片等。

（五）时间信息

招聘广告中的时间信息包括招聘活动截止时间和安排面试的大概时间等，以使应聘人员选择合适的时间应聘。

（六）联系方式

在招聘广告的最后，应注明招聘联系人及联系方式。联系方式一般包括公司通信地址、网站、联系电话、传真、电子邮件等内容。

二、招聘信息的撰写

（一）招聘信息的撰写依据

企业招聘信息应以招聘岗位的要求和选择的渠道为依据进行撰写，以保证招聘的效果。

1. 招聘岗位的要求

不同岗位在企业中的地位和作用不同，任职资格也不尽相同。在撰写招聘信息时，招聘管理人员需要按照岗位要求进行信息内容和形式的设计，要突出企业及岗位的特点，吸引相关应聘人员的关注。

依据招聘岗位要求撰写招聘信息的要点包括岗位工作内容、任职资格、薪酬福利待遇、职业发展等。

2. 选择的招聘渠道

招聘信息可以通过电视、报纸、杂志、宣传册、招聘网站等渠道进行发布，通过不同渠道发布的招聘信息所包含的重点有所区别。

（1）报纸招聘信息重点：招聘岗位名称、性别与年龄要求、联系方式。

（2）杂志招聘信息重点：企业和岗位名称、岗位要求、联系方式、企业的宣传图片。

（3）电视招聘信息重点：精准的招聘宣传语、视频图片、企业的联系方式和地址。

（4）网站招聘信息重点：岗位要求和工作说明、企业简历、详细的联系方式。

（二）招聘信息的写作技巧

招聘信息的设计应力求达到四项要求，即吸引注意、激发兴趣、创造愿望、促进行动。

1. **吸引注意**

这是从招聘信息设计的总体效果来说的。多数的招聘信息都是批量发布的，信息设计如果没有特色，就很容易淹没在其他的招聘信息中而不能引起应聘人员的注意。招聘信息引人注目的方法包括醒目的字体、与众不同的色彩、显眼的位置等，最醒目的内容应是企业最具吸引力之处，如企业的名称、企业的标识、招聘的岗位、待遇条件、工作地点等。

2. **激发兴趣**

招聘信息应能够引起应聘人员对工作岗位的兴趣，这可以通过富有激情的语言来实现，如"你将投身于一项富有挑战性的工作""你将步入一个前景无限的行业"等。也可以通过其他具有吸引力的内容来实现，如工作地点、丰厚的报酬等。

3. **创造愿望**

创造愿望比激发兴趣更前进一步，不仅要使应聘人员有兴趣，而且要有得到工作岗位的欲望。这可通过列举企业能够提供的条件，如工资、福利、岗位、培训机会、晋升机会、住房条件、出国机会等来达到。

4. **促进行动**

招聘信息要向应聘人员提供联络方法，包括联系电话、通信地址、电子邮箱等，同时用一些富有激情的话促使应聘人员迅速采取行动，如"今天就打电话吧""请尽快递交简历""我们期待你的加入"等。

（三）招聘信息撰写应规避的问题

招聘是企业人力资源管理的一个重要内容，无论采用哪种招聘方式，招聘信息都是必不可少的一项内容。

招聘信息中除了企业介绍外，最主要的内容是录用条件的设计，也就是通常所说的岗位要求或岗位描述。倘若其中的录用条件缺失或设计存在缺陷，很可能在将来的纠纷中导致企业处于被动地位。

为了降低企业不必要的解除合同的成本，企业应在录用条件设计上做好以下两个方面的工作。

1. 明确录用条件

招聘信息中应对录用条件进行清楚、明确的描述，切忌笼统和抽象的描述，能量化的条件尽可能量化。

2. 设置的条件应符合法律规定

一则优秀的招聘信息，应能准确地将企业的人才需求传递给应聘者，适时地为企业招聘到合适的人才，也为以后的劳动关系管理与员工胜任发展等方面奠定良好的基础。

但是，一则有缺陷甚至是不符合规定的招聘信息，常常会为企业带来高离职率，甚至是劳动纠纷。为了避免招聘信息可能带来的法律风险，招聘管理人员在拟订招聘信息时，应注意以下两个方面的内容。

（1）严禁就业歧视。应严格避免：岗位工作内容并不具备性别特点时，招聘信息中提出明确的性别要求；岗位工作内容并不与婚姻状况有关联时，在招聘信息中提出明确的有关婚姻状况的要求；在招聘信息中，限制应聘者的民族；在招聘信息中，限制户籍地、户籍性质；在招聘信息中，对不需要特殊健康要求的岗位，提出与法律法规规定不符的健康要求。

（2）不能涉嫌欺诈。招聘信息欺诈是指故意告知对方虚假情况或故意隐瞒真实情况，诱使对方做出错误应聘行为的意思表示。

（四）招聘信息的写作模板

招聘信息写作的过程就是创作的过程，一条好的招聘信息能够收到事半功倍的效果。下文是一则招聘信息，从中可掌握招聘信息的写作形式，领悟招聘信息的写作技巧。

××企业诚聘

××企业是中国家电行业领先者之一，主要从事家电产品的研发、生产与销售，企业经过多年的高速发展，已成为国内外知名的家电生产企业，产品远销30多个国家，员工人数共6万多名。由于业务发展需要，企业现诚聘英才！

职位：大客户经理，招聘3人，工作地点在深圳。

任职资格：

1. 专科以上学历，具有1年以上销售经验。
2. 具备良好的沟通和管理能力。
3. 做事认真、细致。
4. 薪酬：8万～10万元/年。

职位描述：

负责家电业务的推广、维护；与公司内部物流部对接，安排发货；与公司内部市场部和采购部对接，安排相关事宜；完成公司领导安排的其他工作。

我们有公平、公正的人员选拔和晋升机制！

我们渴望优秀的你加入我们公司，如果你有梦想，如果你想有职业发展平台，如果你想实现人生价值，请联系我们！

通信地址：　　　　邮编：

电话：　　　　传真：

联系人：　　　　E-mail：

三、招聘信息的发布

如果企业是通过校园招聘、现场招聘等方式实施招聘，只需将写好的招聘文案张贴于招聘现场即可。相比之下，网络平台招聘信息的发布更为复杂。下面着重讲述通过网络平台发布职位招聘信息的相关事项。

（一）前期准备工作

企业人力资源部在向招聘网站发布招聘信息前，需对发布的内容进行审查，确保信息内容清晰且符合规定要求，不存在歧视等情形。除此之外，人力资源部还需做好三项工作事项，具体内容见表 5–1。

表 5–1　　招聘网站发布招聘信息前期准备工作

工作事项	事项说明
选择招聘信息发布类别和发布时期	年度招聘套餐中的招聘信息一般分批次发布，人力资源部根据本企业实际用人需求、招聘进程等，选择适宜的时间发布某类招聘信息
沟通招聘信息发布相关事宜	企业人力资源部与网络平台销售人员联系沟通发布招聘信息的事宜
招聘信息发布确认	企业人力资源部收到网络招聘平台发布招聘信息的确认邮件后，及时到网络平台上查看发布的信息，以确保信息准确、无误

（二）发布招聘信息

企业人力资源部在选择好网络平台后，将企业需招聘的职位按照网站的固定模式进行发布。一般来说，企业招聘工作人员需要在“新增职位”或“发布新职位”等位置，根据网站提示填写职位信息。

1. 发布岗位基本信息

企业招聘工作人员应根据招聘需要准确填写岗位信息，填写的内容分为必填部分和选填部分。

2. 进行岗位描述的填写

岗位描述一般包括岗位职责描述和任职资格描述，应在职位关键词中输入最能代表职位特点的关键词并填写中英文职位描述。

3. 简历接收设置

简历接收设置包括接收简历的邮箱设置、接收简历回复信息设置等。例如在电子邮箱工具中选择“自动回复”设置，求职者即可在简历投递成功后收到自动回复，如："您好！您的求职简历已收到，我们会尽快进行测评，之后再与您联系。"

（三）招聘网站刷新管理

选择适宜的时间对招聘信息进行刷新，便于求职者查询职位信息，增加职位被搜索的概率。招聘工作人员应充分利用招聘网站的刷新功能，以提升招聘效果。

（四）招聘信息效果评估

发布招聘信息是为了企业引进所需的人才，因此待招聘工作结束后，有必要对招聘信息发布的效果进行评估，以便改进下次的招聘工作。网络平台招聘效果评估指标及其计算（说明）见表 5–2。

表 5–2　网络平台招聘效果评估指标及其计算（说明）

评估指标	指标计算
招聘信息效果指数	招聘信息效果指数 = 招聘广告发布后实际增加的投递简历人数 ÷ 全体被调查人数
招聘完成率	招聘完成率 = 招聘到岗人数 ÷ 计划招聘人数 ×100%
网络渠道应聘成功率	网络渠道应聘成功率 = 网络渠道应聘上岗人数 ÷ 各渠道应聘人数 ×100%
网络平台招聘有效率	网络平台招聘有效率 = 网络渠道招聘的人岗匹配度高的人数 ÷ 各渠道招聘的人岗匹配度高的人数 ×100%
网络平台招聘的平均成本	网络平台招聘的平均成本 = 网络平台招聘成本 ÷ 招聘的合适人数
网站信誉度	招聘网站具有良好的业界口碑，客户对其评价较高

课程实训

现有某中美合资企业需要招聘财务总监一名、采购经理两名。请结合本节内容的学习，查找相关职位信息，设计一份招聘信息。

一、实训指导

招聘信息的内容必须清楚、全面，具体应包括企业简介（内部招聘可以省略）、招聘岗位及人数、对应聘人员的基本要求、薪酬待遇、报名办法、联系方式等，下面的示例可供参考。

二、示例

××公司诚聘英才

中美合资××公司是中国家电生产行业领先者之一，产品远销世界30多个国家，员工总数6万多名。由于业务发展需要，公司现诚聘英才。

1. 财务总监

招聘人数：1名。

职位描述：

（1）本科及以上学历，财务专业，中级及以上职称；

（2）5年以上大中型企业财务部门管理经验；

（3）熟悉本地区企业财务管理与系统运用，熟悉该地区税务政策；

（4）对公司财务体系与制度能有效建设与管理，有良好的财务系统的运用能力，熟悉融资管理，熟悉进出口税务处理；

（5）有稳定的职业风格与精神；

（6）年龄27～46岁，男女不限；

（7）待遇25万～30万/年，可面议。

2. 采购经理

招聘人数：2名。

职位描述：

（1）本科及以上学历，物流管理相关专业，中级及以上职称；

（2）3年以上大中型企业采购部门管理经验；

（3）根据采购部规划，制定目标、计划、策略、方案并实施，给相关人员提供培训、指导，督察日常活动并评估；

（4）供应商的寻找、选择、评价、优化，订单分解的审核，督导订单和考核挂钩的执行情况；

（5）诚实正直，良好的道德与职业操守，有较强的事业心、责任感和协调能力；

（6）年龄 27～40 岁，男女不限；

（7）待遇 5 000～8 000 元 / 月，可面议。

报名方式：

1. 电子简历请发往公司人力资源部邮箱 ××××@126.com；

2. 来信请寄 ×× 市开发区 ×× 号 ×× 公司人力资源部，赵小姐收；

3. 公司将参加 ×× 年 × 月 × 日在 ×× 市农民体育馆举行的大型招聘会，展位 ×× 号，欢迎广大应聘者现场垂询及报名；

公司地址：×× 市开发区 ×× 号

联系电话：××××××××

第二节　简历收集

一、主动投递简历收集

一般情况下，企业会收到两种形式的简历：一种是应聘者打印出来的纸质版简历；另一种是应聘者发到企业邮箱的简历或是根据招聘网站的设置填写的电子版简历。无论是哪种简历，企业都应该做好相应的收集工作。

（一）纸质版简历收集

在收集纸质版简历时，企业招聘管理人员应首先将整个招聘时间段内收集到的所有简历放在一起，并按照岗位对各简历进行分类，然后根据关键词进行收集。

（1）如果按照“教育经历”这项内容进行简历收集，应将具有相同学历层次的简历分为一类，并按某种标准进行排序。

（2）如果按照“工作经历”这项内容收集简历，应按照岗位要求对简历进行收集。如市场专员岗位，可以对有“市场宣传经验”“市场活动策划经验”“促销活动管理经验”等方面的简历进行收集；如果企业招收招聘专员，可以首先收集有“招聘工作经验”“从事过招聘工作”的简历。

（二）电子版简历收集

对于电子版简历，企业招聘管理人员应根据具体招聘岗位要求对简历进行有目的的查看。例如，企业招聘市场专员，就应挑选应聘市场专员岗位或与该岗位相近的应聘人员的简历进行下载，然后查看所挑选出的简历的“工作经历”“教育经历”“个人鉴定”等信息，并按一定标准进行排序。

在挑选简历的过程中，招聘人员将挑选出的适合企业岗位的简历进行暂存，最好在计算机中新建一个文件夹存储。查看完所有的电子版简历后，企业招聘人员应对电子版简历进行整理，删除那些无用的简历，将整理后的简历进行打印装订，并与纸质版简历放置在一起。

二、系统匹配简历收集

系统匹配简历通常是指企业招聘管理人员在招聘网站上输入招聘岗位名称，搜索与招聘岗位一致或相近的求职简历。

在使用系统匹配度收集简历时，企业招聘管理人员应重视一些注意事项，具体如图 5-1 所示。

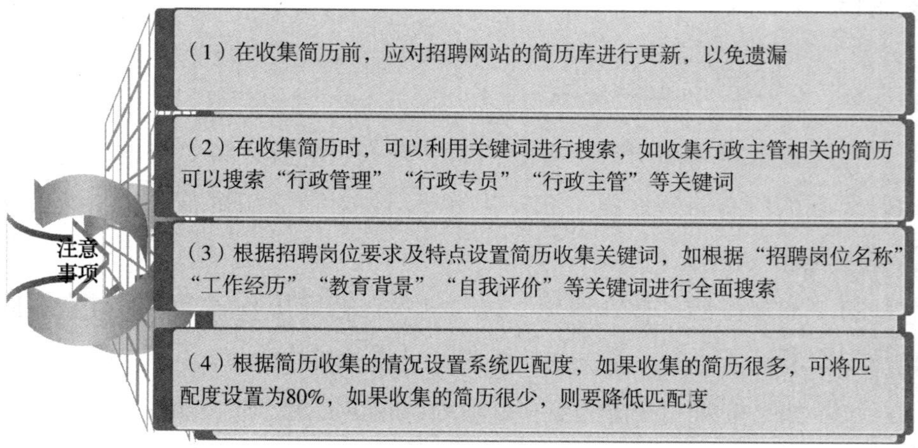

图 5-1　系统匹配简历收集注意事项

熟悉了注意事项后，企业招聘管理人员就可以根据系统匹配度收集应聘者简历，对其进行导出或下载并打印，对合格者贴上“面试”标签，就可以通知应聘者面试了。

第三节　简历筛选与管理

一、简历筛选

简历筛选涉及很多方面的内容，主要包括分析简历结构、审查客观内容、判断匹配程度、审查简历中的逻辑性、审查简历整体印象、挤掉简历中的“水分”。

（一）分析简历结构

最基本的简历结构内容至少应当包括以下三项。

1. 应聘者的个人基本信息

应聘者的个人基本信息主要包括姓名、求职意向、地址、邮编、电话、电子邮箱等内容。这项内容一般放在简历第一页的上部，以取得企业招聘管理人员的关注。

2. 应聘者接受教育情况

应聘者接受教育情况主要包括在何时、哪所学校取得什么学历或学位，应把最高的学历或者学位放在最前面，然后依次往前推导。

3. 应聘者的工作经验

应聘者的工作经验应该是与申请岗位的工作内容相关，可采取按关联性由强到弱的顺序排列。

（二）审查客观内容

企业招聘管理人员审查简历的客观内容，主要关注的是应聘者的工作经历和个人成绩两方面，具体包括如下七个方面的内容。

1. 工作内容的对口性

审查简历的工作内容是否与企业招聘岗位要求的工作内容吻合。

2. 跳槽的频率

查看应聘者跳槽的频率，如果应聘者经常跳槽，则说明其工作的稳定性比较差。一般而言，如果应聘者多份工作的工作时间不足一年，那么基本可以判断这个人工作稳定性差。

3. 工作时间的间隔长短

如果求职者经历较长时间的工作空档期，应该在面试时重点予以关注。

4. 工作所属行业的跨度

一般而言，有明确职业定位的人都会将职业选择限定在某个行业内，如果简历上行业跨度大，且不具有相关性，则可以看出此人职业定位模糊。

5. 应聘者的经验与岗位要求

如果应聘者已经达到一个相对较高的职位，而来应聘一个相对较低的职位，则要对应聘者的动机予以考虑。

6. 工作时间长短与专业深度的符合情况

若发现应聘者工作时间短，而其对专业内容的描述比较精深，需要在面试时重点考查。

7. 个人成绩

要查看应聘者所述个人成绩是否适度，是否与职位要求相符，这方面的主要依据是学习成绩与个人荣誉。其中个人荣誉必须与该职位相关，如优秀学生干部、奖学金、各类知识竞赛获奖等。

（三）判断匹配程度

简历与招聘岗位的匹配程度是一个很关键的简历筛选依据，可根据硬性指标和软性指标来进行判断。

1. 硬性指标

若应聘者数量较多，招聘人员没有足够的时间把每份简历都看一遍。

通常做法是在接收到简历后，招聘人员借助企业的招聘系统或者操作后台，根据该岗位设定的一些指标，把不符合指标的简历直接筛掉，这些简历就不能出现在招聘决策者的面前。这里面就涉及一个名词——硬性指标。

简历的硬性指标就是一些固定类标准的指标，它们往往被作为简历筛选的第一关，主要包括学历、专业、个人成绩、相关证书、工作经验和工作内容等。

（1）学历。主要了解应聘者受教育的情况，其中要特别注意是否明确描述学历关键信息，如有无注明大学教育的起止时间和类别等。

（2）专业。主要查看应聘者所学专业是否与招聘岗位对口。

（3）个人成绩。主要查看应聘者的成绩状况是否与岗位要求相符。

（4）相关证书。主要查看招聘岗位需要的相关体现符合能力要求的证书。

（5）工作经验。主要查看应聘者总工作时间的长短、跳槽或转岗频率、每项工作的具体时间长短、工作时间衔接等。

（6）工作内容。查看应聘者以往的工作经历是否与招聘岗位工作内容相符。

除此之外，部分招聘岗位对应聘者的形象有一定的要求，例如空乘员、礼仪前台等。企业还可根据自身实际，选取其他一些硬性指标，如果其中一项硬性指标与招聘岗位要求不符，即可筛掉这份简历。

2. 软性指标

通过软性指标可以对应聘者做出一个初步的判断，并决定是否让其参加下一轮的考核。简历中的软性指标一般是指一些主观内容，主要包括应聘者的自我评价、个人描述等信息，若这些信息的描述与工作经历描述相矛盾或不相称的地方较多，则可直接筛掉。

另外，还应查看应聘者的职业发展方向，分析其应聘的岗位与其职业发展方向是否一致。此外结合招聘岗位要求也可以参照“人在不同的年龄阶段有着不同的特定需求”进行筛选，常见年龄与工作需求关系有如下表现形式。

（1）41 岁以上，一份稳定的工作。

（2）36～40 岁，寻求独立发展的机会、创业。

（3）31～35 岁，高收入工作（工资、福利等）。

（4）26～30 岁，个人定位与发展。

（5）25 岁以前，寻求一份好工作。

（四）审查简历中的逻辑性

在审查应聘者简历时，在工作经历和个人成绩方面，要注意简历中内容的描述是否有条理、是否符合逻辑。如果能够断定在简历中有虚假成分存在，就可以直接将这份简历淘汰。简历中的逻辑问题有很多种，如一份简历在描述自己的工作经历时，列举一些著名的单位和高级岗位，而他所应聘的却是一个普通企业的普通岗位，这就值得引起注意。

（五）审查简历整体印象

审查简历的整体印象，主要可从如下三个方面进行。

1. 简历制作是否用心

这方面主要查看应聘者简历书写格式是否规范、整洁，有无错别字。如果简历中错别字较多，可以判断出应聘者较为粗心。如果简历特别有层次感、逻辑性强、重点突出、设计美观大方，则说明应聘者思维清晰。

2. 应聘岗位目标是否明确

如果一份简历既应聘人事助理，又应聘客服专员，说明该应聘者岗位目标不明确，求职动机模糊。

3. 投递时间是否符合要求

如果在短时间内（1 天以内）连续投递两份或以上的简历前往某一个企业，基本可以知道这个应聘者不够细心。相反如果间隔时间较长（一周以上）又投递来一份简历的，可以看出该应聘者对目标企业的这一招聘岗位特别感兴趣。

（六）挤掉简历中的“水分”

部分应聘者的求职心理是尽量美化自己的简历，“注水”增加获得面试的概率。为有效挤掉应聘者简历中的“水分”，首先要弄清楚一般简历会在什么地方“注水”。大多数简历“注水”的地方集中在学历、原薪酬等方面。

1. 学历信息核实

学历问题比较容易解决，如查询学信网、在面试时提供学历学位证书等。

2. 薪酬信息核实

可以根据应聘者原来的岗位、行业背景、所在企业的背景等，来判断应聘者提供的原薪酬信息是否真实。如原来其所处的就是一个微利行业的普通岗位，应聘者硬要夸大自己的年薪收入，显然是不符合实情的。

二、简历管理

为方便企业相关人员日后对简历进行查询和筛选，企业招聘人员对收集的简历情况进行分析后，还应做好简历管理，主要内容包括建立备用简历信息库和选定简历的管理。

（一）建立备用简历信息库

在实际招聘工作过程中，企业往往会收到大量的简历，但是并非所有投递的简历都符合岗位要求，能够进入本次岗位招聘的考虑范围。在未能进入筛选范围的简历中，有些应聘者的个人素质可能符合本企业其他岗位的要求，或者在未来一段时间内有可能会成为企业需要的人才。对于这些简历，企业招聘人员需要按照一定的标准建立备用简历信息库。

1. 备用简历信息库分类

企业备用简历信息库的分类标准包括但不限于以下六个方面。

（1）按应聘职位分类，简历可分为管理类人员简历、操作类人员简历、技术类人员简历、销售类人员简历等。

（2）按应聘者专业分类，简历可分为电子商务专业简历、市场营销专业简历、工程专业简历、人力资源管理专业简历等。

（3）按应聘者工作经验分类，简历可分为无工作经验人员简历、具有三年以下工作经验人员简历、具有三年以上五年以下工作经验人员简历、具有五年以上十年以下工作经验人员简历等。

（4）按求职类型分类，简历可分为全职人员简历、兼职人员简历、实习人员简历等。

（5）按应聘者居住地分类，简历可按照省份等标准进行分类。

（6）按毕业院校类型分类，简历可分为海外大学毕业人员简历、国内本科院校毕业人员简历、职业院校及技工院校毕业人员简历等。

2. 备用简历信息库建设步骤

（1）根据企业的实际情况，设立几个分类文件夹，将备用简历根据不同的分类标准，进行分类归档。

（2）将备用简历根据投递日期分类放置于不同文件夹中，如果有特别突出的备用简历，可单独列出一个文件夹。

（3）用人部门有人员需求时，可依据简历所属文档类别及归档的时间顺序检索备用简历。面试被淘汰的简历也不要丢弃，可单独建立文件夹归档。

（4）设定备用简历信息库相关储存信息的实效期限，将超过期限的备用简历信息及时淘汰，以提高简历的检索效率。

（二）选定简历的管理

选定简历是指企业招聘人员根据招聘岗位要求，从所收集的简历中挑选出基本符合要求或者信息完整的简历。对选定简历进行管理的内容主要包括简历打印管理、简历编号管理等。

1. 简历打印管理

对于选定的电子简历，企业招聘人员需要在面试前打印出来，形成书面简历以供面试时使用。企业招聘人员在简历打印管理过程中，应注意以下三个方面的事项。

（1）在打印简历时，应在相应的信息和资料位置留出适当的空白区域，方便在面试中对该项内容做详细的了解和记录。

（2）简历打印数量要略多于面试小组成员数量，以备招聘不时之需。

（3）对于书面简历，企业招聘人员也需要进行复印备份，方便以后招聘和资料存档使用。

2. 简历编号管理

为更好地对选定简历进行管理，企业招聘人员需要对简历进行编号，编号可以按照投递时间、应聘岗位等进行，也可以按招聘活动随机编号。

需要提出的是，应聘者的简历编号标准一旦确定，在相对长的一段时间内（至少一年内）应保持不变，以便档案管理人员对应聘者的简历进行归档、备案、查阅等管理工作。

本章自测题

1. 招聘信息的撰写依据是什么？
2. 招聘信息的内容有哪些？
3. 简述招聘信息发布的主要注意事项。
4. 如何审查简历的客观内容？
5. 怎么建立备用简历信息库？

第六章　测评技术与方法

学习目标

➢ 目标 1　熟悉笔试的内容

➢ 目标 2　掌握面试的方法及其选择

➢ 目标 3　了解面试中应避免的误区

➢ 目标 4　掌握无领导小组讨论的实施步骤

➢ 目标 5　了解背景调查的内容与要点

引导案例

A 公司是 B 市一家高新技术企业，它拥有专业的经营团队和强大的研发实力，现今已发展成拥有员工 5 000 人、年销售额约 10 亿元人民币的企业。A 公司所生产的计算机显示器和笔记本电脑形质兼具，赢得了多家著名跨国计算机巨头的青睐。

2020 年张某从一家国企跳槽到了 A 公司，成为公司的人力资源部经理。刚到公司不久，张某就因为出色地完成总经理交代的人力资源规划任务而赢得了公司上下一致好评。

张某每天都要与下属进行一次 30 分钟左右的座谈，用来总结人力资源管理的经验，探讨创新的工作方法。2020年年底他们已经成功总结出一套适合本企业员工招聘面试的方法，具体可以总结为如下五个关键环节。

1. 挑毛病

在招聘面试时，首先带领应聘者参观公司对外办公区域，然后要求应聘者对公司挑毛病。这时候，能够对公司发展提出建设性意见的人将被选择进行下一轮面试，而那些只说公司好话的人将被淘汰。

2. 分蛋糕

在测试管理岗位和技术岗位应聘者的创新能力时，出了这样一道题：把一盒蛋糕切成8份，分给8个人，但蛋糕盒里还必须留一份。能够回答出将最后一份蛋糕连同盒子一起分给其中一个人的应聘者将通过这次创新思维测试。

3. 挑玻璃球

在招聘流水线工人时，为测试应聘者双手操作的灵活性，让每个应聘者在规定的时间内从自己面前一堆不同颜色的玻璃球中，用指定的工具将相同颜色的挑选出来，分别放到各自对应的盒子中。

4. 整理文件夹

在公司招聘文员时，将应聘者领到一个空的文件柜前，要求应聘者将所有杂乱无章的文件分门别类地存放在文件柜中，并规定其在10分钟内完成。设计这道题目的目的只是借此观察应聘者在工作中是否能分得清轻重缓急，做事是否具有条理性，是否能处变不惊。

5. 打扫卫生间

公司在招聘应届毕业生时，将个人意志和吃苦耐劳精神作为考察重点。凡是来公司面试的应届毕业生，会先给其一些清洁工作，如让其去打扫卫生间，不愿接受此项工作或没有认真完成打扫工作者均不予录用。

通过本章内容的学习，分析A公司的招聘关键环节分别用了哪些招聘方法？它们能起到相应的作用吗？

第一节　笔试

一、笔试概述

（一）笔试的定义

笔试是在人员招聘工作过程中最常使用的一种测评方法，用以考查应聘者（又称被测评者、测评对象）是否具备所应聘岗位的特定知识、专业技术水平以及文字使用能力的一种书面考试形式。通过笔试的方法，能够对应聘者的基本素质、专业知识、管理知识、综合分析能力以及文字表达能力进行测评，并区分出不同应聘者的素质和能力差别。

笔试常用于企业人员招聘的初选阶段，在进行大规模的人员招聘过程中，企业能够通过笔试高效地对应聘者进行区分和鉴别，进而划分出一个基本符合要求的界限。笔试的适用面广，成本较低，可以大规模开展，但是其结果分析需要使用较多的人力，而且有的时候，应聘者会投其所好，从而影响测评的准确性。

（二）笔试的发展历史

在我国，笔试自古以来就有，特别是起源于隋唐时期的科举制度，通过考试能够较为合理地选拔人才。科举制度的考试方法主要有"贴经、墨义、策论、诗赋"，在题型上，"贴经"相当于现代的填空，"墨义"相当于现代的简答，"策论"相当于现代的论述，"诗赋"相当于现代的命题作文。在西方，一些国家也相继采用考试的方法选拔官员。例如，1791 年法国资产阶级夺取政权后建立了自己的文官考试制度，1853 年英国政府开始酝酿并实施了文官考试。

到了现代，笔试的应用范围更加广泛，包括高等教育考试、研究生考试、公务员考试、各种类型的职业技能鉴定考试等。笔试已经成为测评、鉴别、选拔人才的主要手段。

二、笔试试题内容

（一）企业文化测试试题

这类试题主要考查应聘者对企业文化理念的了解程度，判断应聘者是否关注和认同应聘企业文化，由此判断应聘者与企业文化的匹配程度。

（二）知识测试试题

通过这类试题的考查判断出应聘者的社会能力，其内容一般包括基础知识、专业知识及相关知识。

1. 基础知识

基础知识重点考查应聘者基本素质，体现个人基本功。

2. 专业知识

专业知识主要是考查与应聘者职位有关的专业知识，是对应聘者专业知识深度的测评。例如，应聘者应聘的职位是室内装饰方面的工程师，专业知识的考核内容应包括室内设计 AutoCAD 制图、室内环境污染控制技术、工程力学、光学、人体工程学、色彩配置技术、基础土建工程技术等方面的知识。

3. 相关知识

这类试题一般内容比较广泛，包括自然常识、社会常识，以及数理化、文艺、体育、外语等基础知识，测试的主要目的是了解应聘者知识掌握的广度。相关知识测试主要是考查应聘者对与工作内容相关的知识了解程度，如应聘职位是人事专员，相关知识测试的内容可以有心理学、管理学、公共关系学等方面的相关知识。

（三）性格测试试题

这类试题一般运用笔试的形式使应聘者完成性格和智力方面的试题，以测评应聘者的性格特征和智力水平，判断其是否满足岗位需要。较为常见的性格测试工具有霍兰德职业兴趣测试、卡特尔16种人格因素测试等。

（四）能力测试试题

能力测试试题是指根据岗位特点，针对性地考查应聘者的逻辑思维能力、语文能力以及其他能力。

三、笔试试题题型

笔试试题常用的题型有选择题、判断题、配对题、情景模拟题、论述题、作文题、填空题等。

（一）选择题

选择题可以分为单项选择题和多项选择题，是由题干和备选选项组成。被测评者需要根据题目的要求，从备选选项中找到一个或几个符合题干要求的选项，并把选项前的字母填在相应的位置上。设计选择题时要注意以下四个方面的事项。

（1）备选选项的数目越多，被测评者得分的概率就越低，因此设置4~6个选项为宜。另外，同一份试卷中每个选择题后的选项数目应是相同的。

（2）备选选项的表述方式应力求一致，如全部进行简单表述或全部进行详细表述。

（3）备选选项之间应该独立存在，不能存在重叠现象。

（4）诱答选项不要过于明显，防止不具备该知识的被测评者凭常识找到答案。

（二）判断题

判断题是指只为被测评者提供正确和错误两种答案，无中间答案的一种试题类型。判断题的命题通常是一些比较重要的或有意义的概念、事实、原理或结论，设计时要注意以下五个方面的事项。

（1）避免“有时”“可能”“肯定”“绝不”“所有的”等暗示性的特殊词汇出现，如“所有的男性都比女性理智”，这显然是错误的。

（2）题目中应避免半对半错的现象出现，每题中应避免出现两个以上的概念。

（3）题目叙述应条理清晰，尽量避免双重否定的叙述。

（4）题目内容应以有意义的概念、知识点、原理等作为基础，避免以无关紧要的细节命题。

（5）正确的测试题目与错误的测试题目应随机排列，且数量上相差不要太多。

（三）配对题

配对题是较为特殊的选择类题型，其题目本身包括多个反应项（匹配题）和多个刺激项（被匹配题），被测评者在解答的过程中需要对反应项和刺激项进行理解和对应。配对题有两种常见的形式，完全匹配（一对一匹配）和不完全匹配，表 6–1 为配对题的示例。

表 6–1　配对题示例

分类		示例
一对一匹配	刺激项	1. 伦敦（　）；2. 中国（　）；3. 巴黎（　）；4. 华盛顿（　）；5. 塞舌尔（　）
	反应项	A. China　B. Seychelles　C. Washington　D. London　E. Paris
不完全匹配	刺激项	1. 青莲居士（　）；2. 香山居士（　）；3. 六一居士（　）；4. 易安居士（　）
	反应项	A. 李白　B. 李清照　C. 白居易　D. 欧阳修　E. 蒲松龄

设计配对题时的注意事项主要有如下四个方面。

（1）在格式上，配对题的反应项和刺激项应排成两列或两行，以易于被测评者理解。

（2）配对数目的选择要适中，在使用不完全匹配时，可以不限制每个反映项被选择的次数，以提高题目的灵活性。

（3）试卷中应对匹配方法进行规定，同时应说明反应项可以被匹配的次数。

（4）同一个匹配题应安排在同一页面上，避免反应项与刺激项分开，浪费被测评者的答题时间。

（四）情景模拟题

情景模拟题是指在试题中创造一个情景，让被测评者将其在模拟环境中的具体行为以文字的形式表达出来。

1. 设计情景模拟题的方法

（1）首先在题干中假定被测评者的身份（如经理），然后用文字描述一个场景、问题或矛盾，需要被测评者亲自处理；然后被测评者根据题干设定的身份和情景进行分析判断；最后编写自己的处理方法、建议等。

（2）根据题干描述某个特定场景或是某段时间内各种人物的思想、态度和行为等。被测评者仔细阅读材料后，根据题目的要求，回答与题干提供的材料相关的问题。

2. 设计情景模拟题时的注意事项

（1）情景设计应符合逻辑，便于被测评者对号入座。

（2）情景设计应符合工作分析的要求，便于真实反映被测评者的能力水平。

（3）情景设计中的问题应该具有开放性，便于被测评者从多角度、运用多方法解决问题。

（五）论述题

论述题要求被测评者以长篇的文章对某一问题进行分析、评价，并表明自己的观点、态度、立场和主张等，进而测试被测评者的知识、才能，例如，“你是如何看待组织文化的，它能否移植？请用 300 ~ 500 字对以上问题进行论述。”设计论述题时的注意事项主要有如下三个方面。

（1）题目中应有明确的作答文字数量，应避免出现含糊性的问题。

（2）在设计题目时应该有一系列答题标准或答题方向，应规定答案的可接受范围。

（3）为保证测评准确性，论述题的数量不宜太多，必要情况下可以将一个大题目拆分成几个小题目。

（六）作文题

作文题从测评技术的角度看，是最难进行客观化评分的内容，在我们的毕业、升学测试中都会有作文题，且作文评分误差是普遍存在的。作文题在设计时应注重对写作方向及写作长度的规定，以便于被测评者有较好的切入点。

（七）填空题

填空题要求被测评者用一个正确的词或句子来填充一个未完成的句子，它的主要作用是测试被测评者的知识是否扎实，对关键知识点的掌握是否精准。填空题非常适用于诊断性的测评，设计时的注意事项主要有以下四个方面。

（1）题目中所空缺的词语或句子应该是知识测评的重点，要和上下文有密切的联系。

（2）一道题目中不能设置太多的空白，否则不易于被测评者理解题意。

（3）题目中的空白一般放在句子的中间或末尾，不建议放在句子的开头。

（4）每个空白处应有一个简短精悍的标准答案，以易于评分。

根据不同的测评需求，笔试中还包括概念题、推断题、简答题、计算题等。按照试题的评分是否客观、答案是否唯一，可将上述试题分为两大类，即主观试题与客观试题，内容如图 6–1 所示。

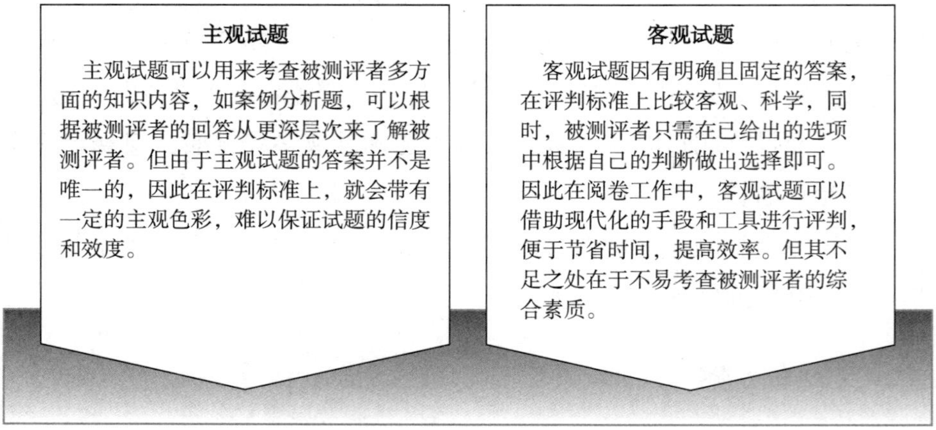

图 6–1　笔试试题类型

四、笔试试题编制原则

在编写笔试试题时，应当遵循以下五个原则。

（一）客观严谨原则

要保证笔试试题及其答案的准确性，题目结构形式设计的合理性。

（二）统一原则

笔试试题的统一原则是指题目难度要与测评目标相统一。一般情况下，笔试试题的整体难度要适中。在招聘或选拔中，如果题目太难，只有少数被测评者会通过，对以后的筛选工作会产生影响。但在晋升性测评中，可以使题目相对难一点，这样有利于选择优秀的人员进行岗位调整。

（三）信度和效度原则

以测评目标为指导，笔试试题应具有较高的信度和效度，应具有必要的区分度和适当的难度，这是对笔试试题质量的基本要求。

（四）实用原则

通过笔试的方法来筛选应聘者，必须从企业的实际出发，根据企业的实际条件和招聘工作的实际需要来安排笔试的人力、物力、时间及费用等事宜，以最低的成本来达到较为满意的效果。同时笔试设计还应注意阅卷、成绩统计等方面工作的顺利实施。

（五）差异原则

差异明显，就是要求所编制的题目，能准确地测试出被测评者在德智体等素质上的差异，合理拉开档次，体现出好、中、差不同层次等级，以利于择优录取。差异原则要求笔试试题整体难度适中，但要尽量提高题目难度的精密度，题目的难度越精密，区分度越高。一般而言，题目难度的分布以正态分布为最佳。

五、笔试试题编制技巧

笔试试题编制质量直接影响面试的质量，因此企业应根据招聘岗位特点有针对性地编制笔试试题，确保笔试试题能够充分发挥其应有的功能。

（一）选择题编制技巧

选择题在测评中使用较为普遍，其评分很少受到测评者主观因素影响，其设计技巧主要包括如下五个方面。

（1）题干必须明确，确保被测评者在不看选项的情况下，也能够明确题干想要表达的意思。

（2）选项设计要简练，尽量将选项中共同词句移至题干中，确保题意表达清楚。

（3）保证选项中有正确的答案，可将其他容易引起错觉或偏差的答案制成诱答项。

（4）选项设计的长度应大致相等，并与题干联系紧密。

（5）避免给参加笔试的被测评者提供选择正确答案或者排除不正确答案的线索。

（二）判断题编制技巧

判断题可以看作为只有两个选项的选择题，其编制技巧主要包括如下四个方面。

（1）题目设计应该有意义，避免无关紧要的问题或琐碎的细节。

（2）每道题目只能包括一个重要的概念，避免两个以上的概念同时出现在一个题目中，避免让被测评者有机会以次要的或琐碎的观念来做出判断。

（3）尽量避免否定的叙述，尤其应避免双重否定的叙述，以免误导被测评者。

（4）题目正确与不正确的叙述长度、复杂性应尽量一致。

（三）配对题编制技巧

配对题的编制技巧主要包括如下五个方面。

（1）刺激项和反应项的位置应明确，通常情况下将反应项安排在右边。

（2）最好使用不完全匹配，使反应项多于刺激项，而且不限制每个选项被选择的次数，以降低猜测选中的概率。

（3）刺激项和反应项性质应相近，且应将反应项按一定的逻辑顺序进行排列。

（4）对配对方法、配对依据等相关问题做出明确的说明。

（5）同一组刺激项与反应项最好印在同一张纸上，以免给被测评者造成答题困扰从而浪费时间。

（四）填空题编制技巧

测评者在编写填空题时应尽量将空格放在最后，并使用直接问句的形式，避免题意模糊不清，且空格设置不宜过多。

（五）简答题编制技巧

简答题要求被测评者提供一个正确的简短的答案。测评者在编制简答题时，应注意每题最好有一个答案，而且这个答案应简单、具体，可以预先规定部分正确评多少分。

（六）论述题编制技巧

论述题主要测试被测评者运用和组织材料的能力、综合能力和文字表达能力，因此当某一事物能用客观题考查时，尽量不要采用论述题的形式。论述题的编制技巧主要包括如下三个方面。

（1）论述题设置数量不宜过多，必要时可对每道题的作答时间加以限制。

（2）尽量用清晰、准确的语言交代背景材料和问题，题目任务应清楚、明确，使被测评者了解任务要求。

（3）在编制试题时，也编制科学的答案大纲，以方便测评者评卷。

课程实训

结合本节内容的学习，试编制一份办公室行政秘书笔试试题。

实训指导

笔试常用的题型有选择题、判断题、配对题、情景模拟题、论述题、作文题、填空题、简答题等，其内容应包括企业文化测试、知识测试、性格测试、能力测试等。

下面是一份办公室行政秘书笔试试题示例，供读者参考。

办公室行政秘书笔试试题示例

一、单项选择题

（一）一般智力测验（1～5 题）

1. 按规律 3、5、9、17 后应该是（　　）。

A. 29　　B. 33　　C. 30　　D. 40

2. 现有37名人员需要渡河，而只有一只小船，每船每次只能载5人，请问需要（　　）次才能渡完。

A. 7　　B. 8　　C. 9　　D. 10

3. 房子与门的关系就如水杯与（　　）的关系。

A. 水　　B. 玻璃　　C. 盖子　　D. 盘子

4. 甲、乙、丙、丁4个小孩在外面玩耍，其中一个人不小心打碎了邻居家的一块玻璃，邻居家的主人过来，想问问是谁打碎的玻璃。

甲："是丙打碎的。"

乙："不是我打碎的。"

丙："甲在说谎。"

丁："是甲打碎的。"

他们四个人，只有一个人说的是真话，其余三个都是假话。

请问，是谁打碎的玻璃？（　　）

A. 甲　　B. 乙　　C. 丙　　D. 丁

5. 一商店老板一小时内售出了两件物品，其价格都是120元，其中一件损失25%，另一件盈利25%，请问商店老板实际损失（　　）元。

A. 64　　B. 36　　C. 16　　D. 以上都不正确

（二）言语理解能力（6～11题）

6. 下列一组词语中，书写完全正确的一项是（　　）。

A. 管窥之间　再接再厉　掌上明珠　在所不惜

B. 愤不成军　决口不题　待价而沽　殚见洽闻

C. 奉行故事　鞠躬如仪　驽马十架　义不容辞

D. 重足而立　枭首示众　上下其手　万世留芳

7. 随着工业的发展和人口的增长，排放的废污水量也相应地（　　）增加，从而导致了许多江、河、湖、海及地下水受到严重的污染。

A. 迅猛　　B. 急剧　　C. 迅速　　D. 剧烈

8. 他对武侠小说的（　　），使他不再专心学习，以至于学习成绩有很大的退步。

A. 热爱　　　B. 爱好　　　C. 痴迷　　　D. 迷恋

9. 下面四句话中，有歧义的一句是（　　）。

A. 天桥拐角处坐着一位老人，盘腿而坐，吹着一个小口琴

B. 他仿佛看见父亲发怒的眼睛责备地望着他

C. 他对你说的一番话，我看你一句都没听进去

D. 我已经和你父亲说好了，周末咱们一块去

10. 下面四句话中，没有语病的一句是（　　）。

A. 考试结束了，李杰估计自己的总分至少在 560 分以上

B. 该地区的果农们彻底地解决了苹果容易烂、容易卖不出好价钱的缺点

C. 老师的一席话，引起了我们的深思

D. 经过全体员工一年的辛勤努力，该企业的亏损面已大幅度下降，经济效益也比去年有明显的好转

11. 小林认为自己的领导从来不会认为他在日常工作中不是一个兢兢业业工作的员工。

请问，小林的领导认为小林是不是一个兢兢业业的员工？（　　）

A. 不是　　　　　　　B. 是

C. 没表明态度　　　　D. 不太好说

（三）专业知识测试（12～24 题）

12. 秘书人员要具有（　　）的美德。

A. 谦虚谨慎　B. 唯命是从　C. 谨小慎微　D. 察言观色

13. 各行各业都有其自己的职业道德，秘书人员也须加强职业道德修养，其中很重要的一条是不可（　　）。

A. 有自己的想法和创新

B. 不考虑自己的私人利益

C. 假借上级的名义以权谋私

D. 做好自己分内的事情，对公司的其他事情漠不关心

14. 公司召开会议记录讲话时，除了要把可有可无或重复的语句删去，尽可能做到既注重精，还要注重详，则需采用（　　）记录法。

A. 纲要 B. 精详 C. 精要 D. 补充

15. 根据《中华人民共和国劳动法》的规定，发生（ ）情形时，劳动合同即可终止。

A. 试用期限届满的

B. 企业地址变更的

C. 企业被宣告破产的

D. 劳动者因工伤尚在医疗期不能从事工作的

16. 秘书人员不准向客人索要礼品，如对方主动赠送，应婉言谢绝，若无法谢绝的应该（ ）。

A. 收下归自己所有 B. 收下后上交公司

C. 及时汇报 D. 先收下，后退回

17. 秘书接待工作的三项主要任务分别是安排好来宾的工作事宜、生活接待工作和（ ）。

A. 学习 B. 参观访问

C. 培训活动 D. 业余文化娱乐活动

18. 进行档案存放管理和维护档案完整与安全的活动属于档案（ ）。

A. 整理工作 B. 保管工作

C. 统计工作 D. 分析工作

19. 档案部门的检索工具，按照编制的方法，其中之一是（ ）。

A. 人名索引 B. 指南 C. 全宗指南 D. 案卷目录

20. 立卷类目是（ ）。

A. 案卷名册 B. 移交目录

C. 案卷目录 D. 分类归卷方案

21. 根据有关规定，我国档案保管期限的档次分为（ ）。

A. 永久、定期

B. 永久、长期、短期

C. 永久、长期、短期、不归档

D. 永久、长期、短期、不移交

22. 标引一份公文文稿，首先是从（　　）开始。

A. 分析主题　B. 查表选词　C. 审计文稿　D. 概念组配

23. 多级上行文（　　）。

A. 在少数特殊情况下才可以采用

B. 是上行文最基本的行文方式

C. 是上行文一般使用的行文方式

D. 只有在少数十分特殊必要的情况下才可以采用

24. 通用文书中指挥性文书有（　　）。

A. 命令、指示、决定、条例等

B. 命令、指示、决定、批复等

C. 命令、指示、决定、规定等

D. 命令、批示、决定、办法等

二、多项选择题

1. 接待工作中的握手礼仪要求主要包括（　　）。

A. 距离受礼者约一步，上身略向前倾

B. 四指并拢，拇指张向受礼者

C. 两足立正，伸出右手

D. 由年长者、身份地位高者、女性先伸手

2. 文档检索的方法主要有（　　）。

A. 按事件主题检索法　　B. 按部门机构检索法

C. 地区检索法　　D. 时间检索法

3. 对一般秘书部门而言，保密工作主要内容包括（　　）。

A. 文件保密　　B. 会议保密

C. 一般工作保密　　D. 来访保密

4. 为安排好领导参观活动，应做好（　　）准备。

A. 物质　B. 思想　C. 资料　D. 保健

5. 会议的名称可以由以下几部分构成（　　）。

A. 主办单位的名称　　B. 会议的主题

C. 会议的内容及性质　　D. 会议的范围

三、简答题

1. 秘书人员的主要工作内容是什么？如果你现在已经成功应聘上这个职位，你打算如何做好自己的本职工作？

2. 你认为做一个合格的秘书，应该具备哪些素质？

3. 你工作表现很好，因此也得到了领导的赏识，但却遭到了同事的异议。这种情况下，你怎么化解这一局面？

4. 在工作中，如果领导交给你一项工作，而你知道那是错误的，此时你打算怎么办？

四、作文题

即将到年底，公司将组织召开年会，现总经理让你写一份在年会上的发言稿。字数要求：500～800 字。

第二节　面试

一、面试准备

面试是企业与应聘者双方进行面对面的沟通，企业根据应聘者在沟通过程中的表现而对其做出评定，从而为人员招聘录用决策提供依据的一种重要手段。

（一）面试团队的建立

从面试团队成员组成来看，企业招聘的面试人员一般包括人力资源管理部门招聘人员、用人部门负责人（或指定人员）、相关专家等。面试团队根据拟招聘岗位的实际需要，由人力资源管理部门负责组建，其成员必须具备以下条件。

（1）必须具备良好的个人品格和修养，为人正直、公正、客观。

（2）应具备相关的专业知识和自己的面试风格，面试人员之间的知识结构和面试风格应相互补充。

（3）了解企业状况及职位要求，这样才能帮助企业选出真正需要的人才。

（4）面对各类应聘者，能熟练运用各种面试技巧，控制面试的进程。

（5）能公正、客观地评价应聘者，不受应聘者外表、性格或背景等各项主观感受的影响，因此要有良好的自我认知能力。

（6）要掌握相关的人员测评技术，能够对录用与否做出果断的决定。

（7）具有较强的人际沟通能力和观察判断能力。

（8）具备相关专业知识。

（二）面试的分工和准备

一般情况下，面试分为初试和复试两个阶段进行，初试由企业人力资源管理部门招聘人员负责，复试由拟招聘岗位的直接上级和招聘人员同时进行。一些高级岗位，还需要人力资源管理部门经理、用人部门负责人甚至主管领导进行面试，不同的企业安排不同，要根据企业实际来确定。

在面试前，人力资源管理部门招聘人员及面试官要做好充分的准备工作，准备工作主要包括以下六个方面。

1. 明确面试的目的

面试官应明确面试的目的是什么，最终要达到什么效果等。理清楚这些问题，面试官才能对应聘者做出客观、公正的评定。

2. 制定面试实施方案

面试实施方案应包括面试的时间和地点安排、确定面试的方法和面试问题的设计等内容。

3. 资料的准备

（1）应聘者资料，包括个人简历、求职申请表等。

（2）企业资料，包括企业简介、面试官名片等。

（3）评价表，包括面试评分表、加权评定表等。

4. 面试时间、地点的安排

合理安排面试的时间，可以让面试双方都做好充分的准备。

对应聘者来说，在参加面试时，总会因为一些压力而感到紧张，且干扰性的环境更会加深其紧张感，这样极有可能影响应聘者的正常发挥。另外，面试官在外界环境的干扰下，也有可能遗漏许多关键性的信息。面试环境会给应聘者留下较深的印象，这也关系到应聘者对企业的评价。因此，在面试地点的选择上，应注意以下两个方面的问题。

（1）环境应宽敞、明亮、安静，室内温度适宜。

（2）座位的摆放。根据面试官人员的多少，面试官与应聘者的座位安排应遵循以下规律。

1）多对一的面试，即多个面试官（面试官一般不要超过 5 人，3 人较佳）面对一个应聘者。此时，最好采用（椭）圆桌式的座位安排，应聘者与面试官面对面而坐（见图 6–2a）。

2）一对一的面试，座位安排方法较为灵活（见图 6–2b）。

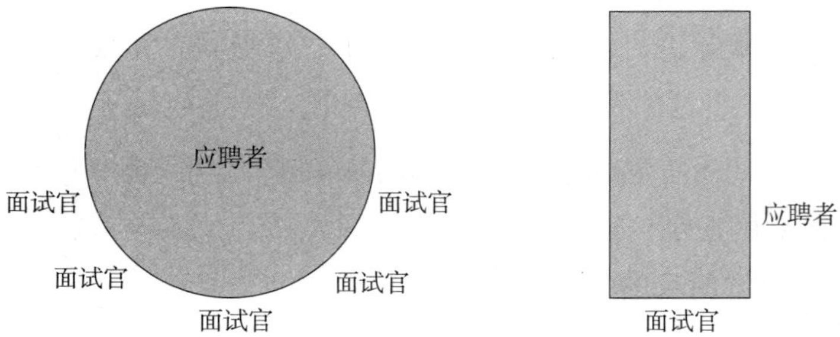

a）（椭）圆形会议桌（多对一）　b）方形会议桌（一对一）

图 6–2　应聘者与面试官的座位安排示意图

3）多对多的面试，即集体面试。采用此种方式时，应聘者通常会被随机地分为几个小组，就某一问题展开讨论，面试官要在一旁观察应聘者展现出的逻辑思维能力、领导能力、语言表达能力等，从而对应聘者进行甄选。

5. 面试官的准备工作

（1）回顾岗位说明书。面试官应明确拟招聘职位的任职资格条件，而任职资格条件的确定主要依据岗位说明书。

（2）阅读应聘者的个人简历及相关资料。面试官应在面试正式开始前的 3 ~ 5 分钟，快速浏览应聘者的相关资料，这样有助于对应聘者有初步的了解，还可以在应聘者的资料中及时发现问题，方便面试时双方进行沟通。

6. 考评组人员设置及培训

企业应确定考评组人员，成立面试领导小组，由面试领导小组负责整个面试工作的实施和管理，一般由人力资源管理部门经理担任小组组长，具体统筹安排面试工作。面试考评组人员一般包括 5 ~ 7 人，设主考官 1 名。考评组由用人部门的主管、人力资源专家等组成，具体人数由企业根据自己的需要而定。

对考评组人员进行培训是非常必要的，因为其组成成员来自企业的各个部门，有的缺乏相应的专业技术知识。具体培训内容一般包括如下三个方面。

（1）面试的方法和技巧。

（2）面试题目设计的思路。

（3）面试测评方法的优缺点及注意事项等。

二、面试形式选择

（一）面试形式分类

不同的岗位在进行招聘时，通常会根据企业和招聘实际的不同，采取不同的面试形式。总的来说，面试可以从具体形式、提问种类和压力大小这三个方面进行区分。

1. 根据具体形式分类

根据具体形式的不同，面试可分为以下五种类型。

（1）个别面试。在这种形式下，一个应聘者与一个面试人员面对面地交谈，有利于双方建立较为亲密的关系，加深相互了解。而且，个别面试可以使用多种工具，并可以针对不同应聘者给予特别的关注。但是，由于只有一个面试人员，所以个别面试在决策时难免失之偏颇。

（2）小组面试。通常是由 2 ~ 3 人组成面试小组对各个应聘者分别进行面试，面试小组可由人力资源管理部门及其他职能部门的人员组成，从多种角度对应聘者进行考查，提高判断的准确性，克服个人偏见。

（3）成组面试。通常由面试小组（由 2 ~ 3 人组成）同时对几个应聘者（最好是 5 ~ 6 个）同时进行面试，在面试人员的引导下，完成一些测试和练习。在这个过程中，对应聘者的逻辑思维能力、解决实际问题的能力、人际交往能力、领导能力等进行测试，以便于做出用人决策。

（4）会议型面试。由若干位企业代表面试一位候选人。这种类型的面试虽然能够对应聘者进行详尽的考查，更加客观公正，但应聘者的紧张程度很高。

（5）网络视频面试。近年来，随着互联网技术的高速发展，网络视频面试已日益普遍。在这种方式下，求职者通过网络视频聊天等形式接受企业考官的面试。当企业不能来招聘会现场，或求职人员不方便去外地面试，网络视频这座“空中桥梁”便为求职人员和企业提供了更广阔的面试交流空间。网络视频面试，可以通过摄像头看见对方的神态和表情，也可以通过耳麦对话，这一方式免去了应聘者和企业的奔波，提高了企业人力资源管理部门的工作效率。

2. 根据提问种类分类

根据提问种类的不同，面试可以分为以下两种类型。

（1）非结构化面试。在非结构化面试中，面试官会提出探索性、无固定模式的问题。这种面试是综合性的，面试官鼓励应聘者发表自己的看法。非结构化面试一般比结构化面试耗时更长，所能获取的信息依应聘者能力而定。

（2）结构化面试。结构化面试由一系列连续向申请某个职位的应聘者提出的与工作相关的问题构成。使用结构化面试由于减少了非结构化面试的主观性，从而提高了面试的可靠性和准确性。

结构化面试同一般面试一样，是通过面试官与应聘者的谈话以双向交流的方式进行的，但它有自己独特的特点——结构化。与非结构化面试相比，结构化面试显得更加标准化、规范化，提高了面试的信度与效度，因而目前在面试及人才选拔工作中被广泛采用。

结构化面试具有如下四个特点。

1）测评要素结构化。在每一道面试题目后会列出该题测评要素（或考查要点），并给出答题要点（或参考答案），供面试官作为对应聘者表现评估打分的参考。

2）面试程序结构化。结构化面试有严格的程序安排，如面试的导入语、提问方式、面试时间及场地的选择等，同时对每一道题目的回答也有时间的规定。

3）评分标准结构化。结构化面试要求对每个测评要素都有严格的定义和考查要点，并且还规定每个评分等级对应的行为表现。

4）考评小组结构化。结构化面试中，面试官一般要求两人以上，依据招聘职位的需要，将各职能部门、业务部门人员等按一定比例进行科学配置，设主考官一名，负责向应聘者提问并掌控整个面试局面。

采用结构化面试的注意事项主要有以下四个方面。

1）面试试题的编制要与工作特征紧密相连。在编制面试试题前，试题编制人员应参考岗位说明书，从中分析总结其测评指标，以利于测评的准确性。

2）明确评分的标准。对应聘者的回答，面试官应如何对其进行评定呢？为了解决这一问题，在编制好试题后，相关负责人应对应聘者对每个问题可能的回答有个大致的把握，从而制定评分标准。

3）掌握面试的技巧。由于结构化面试程序化比较强，因此在实施的过程中，面试官应合理地利用各种面试技巧来获得有用的信息。

4）评判标准应公正客观、前后一致。面试官要根据应聘者的表现给予客观的评判，不能因为个人的喜好或其他因素而影响面试的效果。

3. 根据压力大小分类

（1）行为面试。行为面试是通过在应聘者过去的资料中发现的完整行为事例来推测其工作表现的一种方法。它主要围绕应聘者某一行为的情景、工作任务、工作结果和个人能力展开。

此方法在具体的运用过程中，主要根据简历中有疑问的、模糊的、想深入了解的地方，或是在面试过程中根据应聘者的回答临时提出的问题，要求应聘者按照要求展开回答，描述事件所处的环境。应聘者当时对所提问题的回答，可以表现出其分析判断能力、解决问题的能力、计划组织能力等多方面的能力信息。

行为面试法一般以一对一的形式进行，也可以多对一，即多位面试官对一位应聘者。该办法场地设置较为简单，可以是专门的场地，也可以是办公室或小型会议室，其基本要求是尽量安静、免受干扰。

（2）压力面试。压力面试是指将应聘者置于一种人为的紧张气氛中，让应聘者接受诸如挑衅性的、非议性的、刁难性的刺激，以了解应聘者在有外界压力的环境下的反应。在这种类型的面试中，考官会问一些比较让应聘者难堪的或者针对应聘者不愿回答的问题，直到应聘者无法回答。这种方法主要用于考查应聘者的灵活应变能力、情绪控制能力、思考判断能力及心理素质等，从而探究应聘者真实的能力与个性。

（二）不同面试形式的特点及适用范围

不同面试形式有各自的特点，对面试效果也有很大影响，不同面试形式的比较见表6–2。

表6–2　　不同面试形式的比较

面试形式	特点	使用范围
结构化面试	标准化、程序化	教育背景、工作经验等客观因素的考查
非结构化面试	大致确定面试的内容，随意性较强	个人能力、综合素质等主观因素的考查
混合式面试	结合上述两个方面的特点	适用范围较广
行为面试	与过去工作内容和绩效有关的行为事件描述	适用范围较广
压力面试	面试官故意制造压力，可能会问一些不礼貌甚至具冒犯性的问题	对心理素质要求较高的工作岗位

三、面试试题编制原则

（一）针对性原则

针对性原则是指面试试题是根据面试的具体情况，围绕岗位要求、应聘者的状况和面试本身的特点来设计的。有些出题者经常以难倒应聘者为出题目的，这是一种非常错误的想法。面试不是为了难倒应聘者，而是给应聘者一个展示自己、充分体现自己综合素质的机会，只有这样，面试官才能根据应聘者的表现做出准确的判断。

（二）可行性原则

面试是短时间抽样测评，不可能面面俱到。因此在出题时要考虑面试现场的实际情况，避免出现一些难以进行测试的项目。

（三）代表性原则

面试内容不能过于简单，也不能太过复杂，应在某一方面或某一环节上具有一定的代表性，足以在短时间内有效地测试出应聘者的某一特定素质。

（四）区别性原则

在设计题目时，要考虑招聘职位的具体情况。例如，如果招聘的是应届生，考查点则不应侧重于某些特殊素质，如工作经验。

四、面试试题编制方法

面试试题的编制主要依据招聘岗位的工作说明书和应聘者的个人简历，不同岗位对工作能力的要求是不同的，因此面试试题的内容也应有所不同。

（一）对面试试题的设计要求

（1）试题的内容要明确、具体。

（2）问题既要保证与考查点相契合，又不能让应聘者觉察出考查的目的。

（3）题目要新颖，易于挖掘应聘者的潜在素质。

（4）注意遵守相关政策法规，避免出现侵犯应聘者人权、隐私的问题。

（二）通用面试试题的编制

通用面试试题是指任何岗位的面试均可使用的一类面试试题。但是在实际面试执行过程中，根据岗位的级别、性质不同，面试试题的侧重点应是有区别的。

表 6–3 是三个通用试题的考核因素及其典型题目。

表 6–3　　通用面试试题的考核因素及其典型题目

考核因素	典型题目
专业知识水平	1. 应届毕业生 （1）所掌握的专业技能 （2）在校期间所接受的培训 （3）举一个理论与实际相结合的运用事例 （4）专业领域所涉及的问题
	2. 已有一定工作经验的人员 （1）业余进修的课程 （2）对专业领域的案例进行分析
工作经验	1. 在过去所从事的工作中主要的工作职责是什么 2. 在过去的工作中主要有哪些成就 3. 工作中遇到 ×× 困难时，如何处理 4. 你觉得胜任这份工作需要具备哪些基本素质 5. 如果你今天成功地应聘上了这个职位，企业对你进行培训，你希望得到哪些方面的培训 6. 工作中遇到的最大挑战是什么
求职动机与愿望	1. 为什么希望来我们企业工作 2. 工作中最看重什么，如晋升发展的机会、待遇、工作环境、企业名气还是其他

续表

考核因素	典型题目
求职动机与愿望	3. 最希望从事的工作 4. 自己的短期规划与长期规划 5. 工作中最不能容忍的事情是什么

（三）岗位面试试题的编制

1. 销售人员面试试题

销售人员应具备较强的销售能力、谈判能力、说服能力和应变能力等多种素质。以下介绍在面试销售人员时，试题编制中的考核因素及其典型题目。

（1）销售能力

1）自我介绍。

2）对自己最为熟悉的商品做一次产品介绍。

3）对考场环境中的任意一件物品做即兴推销。

（2）谈判、说服能力

1）举一个成功地说服别人按照你的想法去做事情的事例。

2）讲述曾遇到的最困难的一次销售经历，要表述在此期间你是如何与客户进行沟通的。

3）现场模拟，与某企业的采购经理进行业务谈判。

（3）工作经验

1）描述某一具体业务的销售流程。

2）如果让你给新员工以销售为主题进行培训，你如何安排培训的主要内容？

3）在工作过程中，你是如何开发新客户和维护老客户的？

（4）工作能力

1）职业道德。如果你的一位客户无意中落下了一个文件夹，其中有很多对你来说是很重要的商业信息。你打算怎么做？

2）团队合作。你的一位同事工作能力和业绩都不如你，可最近得到了升职。你如何对待此事?

3)工作主动性。请举一个本属于你的上级领导分内的工作而他却没有做，你主动完成的事例。

4)情绪控制能力。当你对客户进行推销时，遭到多次拒绝，你如何调整自己的心态?

5)应变能力。你做出了一个较大的决定，但结果却事与愿违，你如何处理?

2. **技术人员面试试题**

对于技术人员的面试，主要考查其专业知识水平和工作技能。以下介绍在面试技术人员时，试题编制中的考核因素及其典型题目。

(1)技术水平。介绍一个在以前的生产过程中发现问题并采取措施解决问题的事例。

(2)学习能力。面对一项新技能，你是如何快速掌握的?

(3)人际沟通能力。当你提出一个新的建议或想法时，却遭到了其他人的反对，而你确信此建议或想法是正确的，你会怎么做?

(4)进取心。在工作中，你觉得自己还有哪些需要改进的地方?

(5)责任心。当你发现有员工违反企业规章制度时，你会怎么做?

(6)环境适应能力。如果你所在的工作环境并非你喜欢的，你会怎么做?

(7)工作经验

1)你工作中最成功的一件事情是什么?

2)你工作中最失败的一件事情是什么?

3. **客户服务类人员面试试题**

客户服务类工作需要具备良好的工作态度和心理素质。以下介绍在面试客户服务类人员时，试题编制中的考核因素及其典型题目。

(1)服务理念。你如何理解“顾客就是上帝”这句话?

(2)沟通能力

1)请举这样一个事例，一个起初非常不满意你服务的企业而后来成为你忠实的客户。你是如何做到的?

2）如何成功地处理一个较大客户的投诉？请举例说明。

（3）工作原则性。当客户提出明显不合理的要求时，你通常是怎么处理的？

（4）工作经验

1）你觉得作为服务性行业，服务工作的重点在哪些方面？

2）如何理解和运用“二八”原则？

3）按照你的理解，你是如何对客户进行划分的？

4. 中层管理人员面试试题

对中层管理人员的考查一般从各类管理能力、决策分析能力、团队领导能力、情绪控制能力等方面展开，其面试试题编制中的考核因素及其典型题目如下。

（1）管理意识

1）谈谈对管理的理解。

2）企业文化的作用是什么？

3）企业的良好发展需具备哪些条件？

（2）管理技巧

1）如何处理部门之间的矛盾？

2）如何调动员工的工作积极性？

（3）管理风格

1）如何对下属授权？

2）请描述一下你是如何对员工进行管理的，能举个例子说明吗？

（4）决策分析能力。现有一个项目，急需请总经理批示，而总经理一时联系不上，你会怎么处理？

（5）控制能力。如何控制和支持下属的工作？

（6）团队领导能力。如何领导一个高效的团队？

（7）学习和知识更新的速度。如何做好管理书籍的阅读计划。

（8）情绪控制能力。如果我们企业决定淘汰你，你认为此次面试表现中所反映出来的不足之处在哪，以至于我们做出这样的决定？

（四）素质面试试题的编制

对应聘者素质的考查有多个方面，表 6–4 列举了一些素质重点考核因素及其典型题目。

表 6–4　素质面试试题的考核因素及其典型题目

考核因素	典型题目
工作主动性	1. 工作中，除了做好自己的本职工作外，你是否还会做一些分外的事情，为何要这样做 2. 工作过程中，除了工作技能的提升，你还学到了哪些额外的知识或技能 3. 请描述一个你自己独辟蹊径为企业成功地解决某一难题的事例 4. 业余时间你有无参与提高工作技能方面进修的课程 5. 在接触一个新领域时，你会通过什么样的渠道尽快获得新知识
情绪控制能力	1. 如果领导当众在你的下属面前批评你，你会是什么反应 2. 接到企业一个大客户的投诉，且你已经就他不满的问题跟他解释过很多遍了，可他还是不满意，你将如何处理 3. 你的一位下属不服从你工作的派遣，你会如何处理 4. 在面试环节中，你所展示出来的某些性格与我们招聘的职位有一定的差距。换句话说，我们录用你的可能性不大，你有什么想法
灵活应变能力	1. 如果我们公司的竞争对手也决定录用你，你将如何做出选择 2. 当你接到一个重要客户的电话，说要与总经理商谈要事，而此时你联系不到总经理，你将如何给客户答复 3. 请描述一个较为典型的事例：在工作或者学习过程中遇到的两难选择，最后你是如何解决的
责任感	1. 当你得到一条事关企业利益的重要信息，而这件事情一旦告诉总经理，你的好友将会受到牵连，你会怎么做 2. 如果你生病了且比较严重，而此时企业业务很忙，你又是企业的骨干之一，你会怎么做
个人兴趣、爱好	1. 业余时间你是如何安排的 2. 你有什么爱好

（五）能力面试试题的编制

表 6–5 列举了通常在面试过程中会考查到的一些能力重点考核因素及其典型题目。

表 6–5 能力面试试题的考核因素及其典型题目

考核因素	典型题目
计划组织能力	1. 你为这次面试做了哪些准备 2. 请描述你以往的工作中最忙碌的一天是怎样度过的 3. 如果你成功地应聘上了部门经理这个职位，现需要制订一个部门季度计划，请问你将如何制订 4. 你最近五年的职业规划是什么？你计划如何去实现它 5. 如果你是一个团队的领导人，现正忙于完成一个新任务，可是你却发现无论是所需的资源还是人力都与其他部门有冲突。请问你将如何处理
领导能力	1. 你如何给领导这一角色定位 2. 你认为管理人员需具备哪些基本素质 3. 请描述一个成功地说服别人支持并参与你的工作，最终达到你所期望的结果的事例 4. 作为企业的高层领导，你是如何让下属尊敬并信任你的 5. 当下属不服从管理时，你会怎么解决
分析决策能力	1. 以往的工作、学习生活中，你做出的最重大、最有意义的决定是什么？为何做出那样的决定 2. 你在做出较大的决定时，一般会考虑哪些因素？请举个例子加以说明 3. 如果你需要一名助手，那你希望他具备什么样的能力 4. 企业决定投资一个重大的项目，而据你所掌握的信息和资源分析其只有 60% 的成功概率，你会做出什么决定 5. 对于一个好的领导者，你的判断标准是什么
人际沟通能力	1. 你觉得良好的沟通须具备哪些条件 2. 你的同事、同学是怎样评价你的 3. 你在学习和工作过程中，觉得遇到的最难相处的人是怎样的？你又是如何和他（她）相处的 4. 假如现在你所负责的部门，有两个优秀的员工存在不可调和的矛盾，由于二人之间关系不协调，已经严重影响到部门的业绩。请问你将如何改变这一现状 5. 工作中你是如何处理与领导的关系的
团队合作能力	1. 你希望合作伙伴应具有哪些特点 2. 你不喜欢哪一类型的合作伙伴 3. 你认为一个高效的团队需具备哪些条件 4. 请列举一个你曾经领导一个团队完成某项任务或活动的事例，包括当时的客观条件，工作又是如何进行的，最后完成的结果如何 5. 请描述一个在团队活动中，你曾提出的正确的建议或意见没有被采纳的事例，其间你有没有争取过

五、面试中应避免的误区

由于面试带有很大的主观色彩，因此在实施过程中，会有一些人为的因素影响对面试结果的评估，主要表现为五个方面，企业的负责人或参与招聘工作的人员应尽量避免。

（一）晕轮效应

晕轮效应是指当认知者对一个人的某种特征形成好的或坏的印象后，他还倾向于据此推论该人其他方面的特征。在面试过程中，面试官应从多方面来考查应聘者，而不能根据应聘者的某一优点或是缺点而做出对其整体的判断。

（二）首因效应

首因效应又称第一印象。在面试之初，面试官就可能对应聘者有一个比较固定的印象（可能是好的，也可能是不好的），并且可能根据这个固定的印象对应聘者在整个面试过程中的表现给予包容或是否定评价。

（三）个人偏好

在面试过程中，面试官可能会对某一现象或者行为感兴趣，例如，面试官可能倾向于重点大学毕业的应聘者，或者是对自己的校友、老乡有偏爱等，这些都应该避免。

（四）以点概面、以偏概全

面试官根据应聘者的某一点或是某一个行为做出评价，而不是根据应聘者的整体表现做出评价。

（五）经验主义

面试官根据自己的经验对应聘者做出评价，却忽略了应聘者在面试中的具体表现。

第三节　心理测验

一、心理测验概述

美国心理学家卡特尔最先提出心理测验这个词。心理测验又称心理测评或心理测试，是指通过一些心理学方法来测评人的能力水平和人格方面特征的一种科学的人员测评方法。心理测验可以反映应聘者的能力特征，预测其发展潜能，也可以测评应聘者的人格品质及职业兴趣等。

（一）心理测验的基本要素

心理测验是对行为样本进行客观的和标准化的测量，是人员测评的重要手段，包含行为样组、标准化、难度的客观测量、信度和效度 5 个基本要素，具体见表 6–6。

表 6–6　　心理测验的基本要素及主要内容

要素名称	主要内容
行为样组	1. 对一类事物的某种特性进行考查，当无法逐个观测时，抽取这类事物中有典型代表性的一部分进行观测，推论该事物的普遍特性 2. 个体对所抽选出来的问题的解决过程叫作行为样本
标准化	1. 标准化是指测验编制、实施、计分和测验分数解释必须遵循严格的统一的科学程序 2. 包括测验题目的标准化、实施过程和计分的标准化、选有代表性的常模等
难度的客观测量	1. 测验题目的难度水平影响测验的客观性 2. 测验题目太容易或者太难都会影响被测评者的客观测量，使所有被测评者的反应趋于一致，抹消了个体差异
信度	1. 信度是指测验结果的可靠性、稳定性，即测验结果是否反映了被测评者的稳定的、一贯性的真实特征 2. 体现为测验结果跨时间的一致性、测验内容的一致性、不同评分者之间的一致性
效度	1. 效度是指所测量的结果反映所想要考查内容的程度 2. 测量结果与要考查的内容越吻合，则效度越高；反之，则效度越低

（二）心理测验的优点

1. **迅速**

心理测验能够使面试官在短时间内迅速了解应聘者的心理素质、潜能及其他各种指标。

2. **比较科学**

目前在世界上，还没有一种完全科学的方法能够在短时间内全面对一个人的心理素质及潜能进行了解，而心理测验是一种能够比较科学地了解人的心理素质及潜能的方法。

3. **比较公平**

心理测验能够在一定程度上避免人员招聘中的不公平竞争倾向，通过心理测验，素质较高的人员能够脱颖而出。

4. **可以比较**

同一种心理测验方法得出的结果具有可比性，因此人员素质的高低可以通过心理测验的结果进行比较。而其他方法往往因为实施场合和地点不同会受到一定程度的影响，不具有可比性。

（三）心理测验的局限性

1. **可能被滥用**

心理测验虽然是一种科学的测量手段，但也可能出现被人滥用的现象。比如，在人员招聘中滥用不合格的量表，或者反复使用某一种不科学的量表，这样得出的结论就不能令人满意。

2. **可能被曲解**

如果面试官对于某一测验结果产生曲解，则会对应聘者的心理活动及其以后的行为产生一定的不良后果。比如，有些人认为智商高就一定能成功，那么看到智商低的人，他就会产生一种鄙视。

（四）心理测验的种类与形式

心理测验通用的方法是设计一套科学的测评量表，将应聘者的心理特征数量化，通过应聘者的回答来评估其智力水平及个性方面的差异。

心理测验主要有人格测验、兴趣测验和能力测验三种类型，其具体内容见表 6–7。

表 6–7　　心理测验类型

心理测验类型	测试内容	典型技术方法
人格测验	被测个体所拥有的可测量的人格特质、行为反应方式和与他人的交往方式	明尼苏达多相人格测验（MMPI） 卡特尔 16 种因素测验（16PF） 加州心理测验（CPI）
兴趣测验	被测个体的职业兴趣，即其感兴趣的工作是什么，从工作中最希望得到什么样的满足	霍兰德职业兴趣测验量表 斯特朗 – 坎贝尔职业兴趣调查表 库德职业兴趣调查表
能力测验	被测个体表现在认知能力方面的心理特质，如观察能力、理解能力、思维能力、推理能力等	韦氏智力量表 麦夸里机械能力测验 奥康纳手指灵活性测验和镊子灵活性测验

其中，在招聘活动中运用最多的是人格测验和兴趣测验。从某种程度上讲，应聘者能否在工作中取得优异成绩，其性格和职业兴趣发挥着很重要的作用。如果一个人工作能力不足，可以通过后期培训提高，而性格不适合岗位或对工作没有兴趣，要改变起来则比较困难。所以在招聘活动中，有的招聘人员会首先考虑应聘者的性格及兴趣是否与应聘岗位相符合，尽量做到性格与职业相匹配。

性格作为人格的重要组成部分，是个体在一定外界条件下表现出来的习惯性行为及情感反应。关于性格类型的划分，心理学家有各自的划分标准和原则，表 6–8 所列的划分类型是比较有代表性的观点，应聘者可以此为参考，判断自己的性格类型。

表 6–8　　各种性格类型划分及其特征

划分标准	类型	性格特征
心理机能	理智型	往往以理智来评价、支配和控制自己的行动
	情绪型	通常不善于思考，其言行举止易受情绪左右

续表

划分标准	类型	性格特征
心理机能	意志型	一般表现为行动目标明确，主动积极
心理活动倾向	外向型	思维外向，心直口快，活泼开朗，善于交际，感情外露，热情诚恳，适应环境的能力较强
	内向型	思维内向，感情深沉，待人接物小心谨慎，喜欢独处和思考，不能灵活适应新环境
个体独立性	独立型	善于独立思考，不易受外来因素的干扰，能够独立地发现问题和解决问题
	顺从型	易受外来因素的干扰，常不加分析地接受他人意见，应变能力较差
	反抗型	特立独行，自我意识非常明显，且行为上有很大的自主性，一般自尊心和意志力较强
人际交往	敏感型	精神饱满、热情，好动不好静，办事速战速决，但是行为常有盲目性，受挫时易消沉
	感情型	感情丰富，喜怒哀乐溢于言表，喜欢刺激，容易感情用事，对新事物很有兴趣，容易冲动
	思考型	逻辑思维发达，善于思考，一切以事实为依据，能够持之以恒，重视调查研究和精确性
	想象型	想象力丰富，喜欢憧憬未来，不拘小节，但有时行为刻板，不合群

（五）心理测验的实施步骤

1. 确定测验目标

根据企业的要求和部门的需求，明确心理测验的主要目的，并根据心理测验的目的界定心理测验人员的类型、数量及分布。

2. 设计测验内容

根据测验对象和测验目的选择心理测验的方法和工具，编制或选择心理测验题目；并进一步修改和完善心理测验试题，确保心理测验题目的信度和效度。

3. 实施心理测验

实施心理测验时要做到公正、客观。

4. 鉴定测验结果

对心理测验的结果进行跟踪检验，并总结心理测验的实施经验，完善心理测验的指标。

（六）心理测验的技术方法

心理测验的技术方法在企业人员测评与配置等方面具有举足轻重的作用，企业将心理测验技术方法运用到人力资源管理上，能够提高人员招聘与配置的效率以及准确度。心理测验的技术方法有很多，包括纸笔法、自陈量表法、投射测验法、心理实验法等。纸笔法与投射测验法在其他章节已有涉及，以下介绍一下自陈量表法和心理实验法。

1. 自陈量表法

自陈量表法多以自我报告的形式呈现，即对拟测量个体的特征事先编制好人格量表，由应聘者逐项选出适合于描写自身人格特质的书面答案，然后从量表的分数上判断和评估应聘者的人格类型。

自陈量表中最著名的是明尼苏达多项人格测验（MMPI），是由明尼苏达大学教授哈瑟韦和麦金利于 20 世纪 40 年代制定的，是迄今应用极广、颇富权威性的一种纸笔式人格测验，可用于测试正常人的人格类型，也可以用于区分正常人和精神疾病患者。

2. 心理实验法

心理实验法是指在人员招聘的过程中，面试官对应聘者进行有目的的严格控制，或创造出能够使应聘者产生某种心理活动的条件和情境，用以进行测量的一种方法。心理实验法的优点在于可以针对想要了解的心理活动进行设计，具有客观性和针对性，其不足之处在于设计难度和成本都相对较高。

心理实验法主要包括自然实验法和实验室实验法。自然实验法是指在招聘人员过程中，适当地对某些条件加以控制，并结合经常性业务工作进行心理研究的方法。实验室实验法是在有一定的实验设备和人为干预的情况下，严格控制外界条件而引起应聘者某种心理活动的测验方法。

二、职业兴趣测评

职业兴趣是指一个人的兴趣在职业选择活动方面的表现。不同的人在职业兴趣倾向上有很大差异，职业兴趣是产生工作动力的源泉，职业兴趣倾向差异会影响人们的工作绩效。

（一）职业兴趣测评的功能

职业兴趣测评的目的是实现人适其职、职得其人、人尽其才、才尽其用，在研究、咨询、辅导和组织对员工的职业生涯开发中都占据重要的地位，是不可或缺的心理测验工具，具体功能见表 6–9。

表 6–9　　职业兴趣测评的主要功能

功能	主要内容
预测	预测个体在教育训练、职业训练以及未来工作中的表现
诊断	评估个体的长处和短处、优势和劣势，并诊断个体在兴趣、价值观和职业生涯决策等方面的特质
区别	区别出个体的某些特质最类似于哪一类的职业群体
比较	依据测量学指标，将个体素质（能力倾向、兴趣、价值观等）与某些校标团体相比较，从而观察两者之间的匹配程度
探测	了解个体在职业生涯发展过程中，其职业决策、职业适应性的行为与态度以及能力方面的一般状况，以便提供必要的职业辅导
评估	对职业生涯咨询或辅导的进展情况和效果进行评估

（二）职业兴趣测评的方法

职业兴趣测评的方法有很多，总体说来主要有以下四种。

1. 兴趣表达法

兴趣表达法直接要求被测评者回答自己的职业兴趣是什么，但由于有些人的自我认知不清晰，导致其根本不清楚自己的兴趣是什么，因此这种方法有时不是很准确。

2. 行为观察法

行为观察法是通过观察被测评者参与活动的种类、数量、倾向和在各种情境中的行为来了解其职业兴趣。这种方法与事实记录法类似，一般情况下费时较长，不适宜在大规模的人才测评中应用。

3. 能力测验

能力测验是指通过测评被测评者掌握某种职业的词汇及相关知识的多少，来推断其对某职业的兴趣大小。这种方法对于职业词汇及相关知识的掌握水平要求较高，比较适合于选拔性测评。

4. 兴趣问卷

兴趣问卷是指通过纸笔测验的形式来测评被测评者的职业兴趣倾向。这种方法比较节约成本和时间，适用于对群体施测，且其信度和效度比较容易保证，在选拔性测评和配置性测评中的运用十分广泛，其中比较著名的兴趣问卷有霍兰德职业兴趣测验量表、斯特朗－坎贝尔职业兴趣调查表、库德职业兴趣调查表等。

（三）职业兴趣测评的工具

常用的职业兴趣测评问卷有霍兰德职业兴趣测验量表、斯特朗－坎贝尔职业兴趣调查表和库德职业兴趣调查表。

1. 霍兰德职业兴趣测验量表

霍兰德职业兴趣测验是由美国职业指导专家霍兰德在他本人大量的职业咨询经验以及他所创立的“人格类型理论”的基础上编制的测评工具。霍兰德在一系列关于人格与职业关系的假设基础上，提出了六种基本的职业兴趣类型，即现实型、研究型、艺术型、社会型、企业型、传统型，详见表 6–10。

霍兰德所划分的六种职业兴趣类型之间的关系可用一个六边形表示（见图 6–3），六边形每个相邻职业兴趣之间具有较高的相关性，而对角线两边的兴趣相关性较低。

表 6-10　　霍兰德职业兴趣类型

职业兴趣类型	个性特点	典型职业
现实型	1. 喜欢与工具、物体、机器、动物打交道 2. 喜欢有规律的具体劳动或需要基本操作技巧的工作 3. 重视实践，缺乏社交能力，不适应社会性质的职业	技能性职业（如一般劳工、技工、修理工）、技术性职业（如摄影师、机械装配工）等
研究型	1. 聪明、理性、精确、好奇、好学、独立 2. 知识渊博，喜欢逻辑分析和推理，不断探索未知领域 3. 不善于进行实际操作，缺乏领导才能	科学研究人员、工程师、教师、医生、系统分析员等
艺术型	1. 想象力丰富、理想化、易冲动、好独创、不注重实际 2. 喜欢从事非系统的、自由的、要求有艺术素养的职业 3. 习惯于创造性和自由思考，不善于从事事务工作	艺术方面的职业（如演员、导演）、文学方面的职业（如诗人、剧作家）等
社会型	1. 善交际、能合作、重感情、有责任感 2. 善于通过调整与他人的关系解决存在的难题 3. 善于与他人建立和发展各种关系	护理、咨询相关职业，教育工作者、社会工作者等
企业型	1. 精力充沛、自信、外向、热情洋溢、有支配欲 2. 喜欢从事领导他人、影响他人或企业管理性质的工作 3. 愿意从事销售、管理人或物的职业	项目经理、销售人员、政府官员、企业领导、律师等
传统型	1. 顺从、谨慎、保守、实际、稳重、想象力差 2. 喜欢从事稳定、系统、有秩序、有条理的工作 3. 习惯于服从命令，不喜欢冒险和竞争	办公室人员、会计、行政助理、图书管理员、打字员等

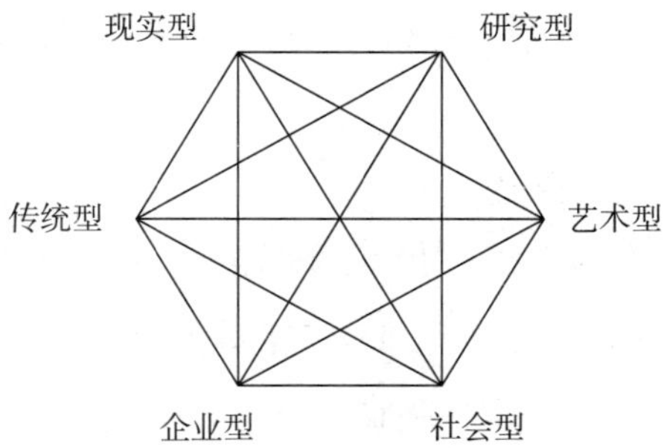

图 6-3　霍兰德职业兴趣六边形

霍兰德职业兴趣测验主要由七个部分组成，详见表 6-11。

表 6-11　霍兰德职业兴趣测验组成部分

组成部分	标题	内容说明
第一部分	你心目中的理想职业（或专业）	列举自己最想干的 3 种工作或最想学习的 3 种专业
第二部分	你所感兴趣的活动	对分归六类的 60 种活动，用选择“是”“否”的方式回答喜欢从事的活动
第三部分	你所擅长或胜任的活动	对分归六类的 60 种活动，用选择“是”“否”的方式回答能做到或大概能做到的事
第四部分	你所喜欢的职业	对分归六类的 60 种活动，用选择“是”“否”的方式选出感兴趣的职业
第五部分	你的能力类型自我简评	运用评定量表测评自己在六类职业能力方面的大致水平
第六部分	确定你的职业兴趣类型和职业倾向	对照职业索引表，判断自己的职业兴趣及适合的职业类型
第七部分	你的职业价值观	测评你在选择工作时所看重的因素

2. 斯特朗 – 坎贝尔职业兴趣调查表

斯特朗 – 坎贝尔职业兴趣调查表（SCII）是世界上最早的兴趣问卷，其前身是美国心理学家斯特朗于 1927 年编制的“斯特朗职业兴趣表”。1963 年后，坎贝尔对该量表进行了多次修订，于 1974 年在出版的专著中命名为“斯特朗 – 坎贝尔兴趣调查表”。

坎贝尔的修订和改进，使得问卷测量的结果能够在三个层次上进行解释，这三个层次分别是霍兰德的一般职业主题（GOT）、基本兴趣量表（BIS）和职业量表。

3. 库德职业兴趣调查表

库德于 1966 年在先前的“库德爱好记录表”的基础上编制了“库德职业兴趣调查表（KOIS）”，并于 1985 年进行了修订。

1985 年修订的库德职业兴趣调查表由 100 组 3 个项目构成的强迫选择项目组构成，并直接把个人成绩与标准职业组或大学专业组的测验成绩进行比较，如果被测评者与哪个标准职业组或大学专业组的分数接近，就说明其对该职业或专业感兴趣。确定感兴趣的职业或专业的标准是与最高相似系数相差 0.06 以内的职业或专业。

除了职业和大学专业量表外，还有职业兴趣评估和个人匹配（即把一个人单独地与某个职业中的不同个人榜样进行匹配）量表部分。

（四）职业兴趣测评的应用

随着职业兴趣理论的发展，测评结果越来越多地应用到个人的职业发展中，企业也越来越多地在人力资源管理实践活动中使用各种职业兴趣测试方法和测验技术，以便选出更适合岗位、更适合企业的人员，并利用测评结果帮助员工在企业内实现各自的职业目标。

1. 职业兴趣测评和人员招聘与配置

无论对于企业还是对于个人而言，在目前日益复杂的职业分工体系中，找到合适的人员或合适的岗位都不容易。因此，需要借助一定的方法和技术，特别是职业兴趣测评方法和技术，来全面地了解被测评者，对被测评者的职业兴趣有一个正确的认识。职业兴趣测评也有助于我们选择到适合自己发展的职业，有利于企业发现并找到适合本企业、胜任本岗位的人员。

在现代人力资源管理中有一条重要的原则，那就是将合适的人放在合适的岗位上，即人与岗位匹配。而人与岗位匹配除了通常特别强调的员工知识、能力、技能与岗位要求的匹配以外，越来越多的企业意识到员工的性格、兴趣与岗位匹配的重要性。在胜任力模型中，后者的匹配更为重要，直接影响企业的核心竞争力。

2. 职业兴趣测评和职业生涯管理

职业生涯管理是一个系统的、动态的管理体系，在这个系统的管理体系中，职业兴趣测评是一个关键环节。通过运用职业兴趣测评方法和技术，一方面可使员工对自己的兴趣、爱好、能力、特长、不足等有一个全面而准确的认识，以便选择适合自己的职业，规划自己的职业生涯；另一方面，企业可以通过测评帮助员工明确其职业目标，并在企业总体战略的指导下为员工实现其职业目标制订具体的行动计划，以便员工在企业内部快速成长，为本企业的发展做出贡献。

三、职业能力倾向测评

职业能力是指人们顺利完成某种职业活动所需要具备的能力。职业能力可以说明个人对其职业是否能够胜任，也能说明个人在该职业中取得成功的可能性。

职业能力倾向是指个体身上潜在的、能够使其胜任某种职业的各种心理因素和生理因素的稳定组合。职业能力倾向可以预见个人在某种专业或某个职业领域中，是否能够顺利地掌握到所需要的知识与技能。

（一）职业能力倾向测评的作用

进行职业能力倾向测评，主要有以下四个方面的作用。

1. 判断作用

职业能力倾向测评可以判断个人具有什么样的能力。

2. 预测作用

职业能力倾向测评可以预测个人在所从事的职业中，成功的可能性和适应的可能性。

3. 对于个人的作用

对于个人认知、职业选择、职业指导和个人的职业规划有重要的指导意义。

4. **对于企业的作用**

对于企业中人员的录用、选拔、调配、职业开发和职务设计等有指导意义。

（二）职业能力倾向测评的分类及其内容

很多企业在选拔、培训、晋升人员时，通常对被测评者文字运用、语言理解、言语推理、机械推理、环境适应、判断、想象等方面的能力进行考查，借以确定被测评者的能力倾向。在测评职业能力倾向时，目前我国应用较广的是 BEC 职业能力倾向测验。

BEC 职业能力倾向测验分为一般职业能力倾向测验、特殊职业能力倾向测验和专门职业能力倾向测验。

1. **一般职业能力倾向测验**

一般职业能力倾向测验包括 8 个分测验，即机械推理、空间关系、言语推理、数学能力、言语运用、字词知识、知觉速度和准确性、手指速度和灵活性。其区分的职业类别有 14 个，包括科学理论研究与组织、科学实验研究、工程设计、熟练技术工作、服务行业、野外工作、企事业管理工作、商业性经营工作、文秘工作、新闻传播、艺术创造、工艺美术、行政管理、公益性事务。

2. **特殊职业能力倾向测验**

特殊职业能力倾向测验主要用于职业定向，主要测量已具备工作经验或受过有关培训的人员在某些职业领域中现有的熟练水平，进而选择那些具有从事某项职业的特殊潜能，并且能经过很少或不经特殊培训就能从事某种职业的人员。这类测评的内容包括言语推理、运算能力、抽象推理、文书速度与准确性、机械推理、空间关系、词汇测验和言语运用共 8 个分测验。

3. **专门职业能力倾向测验**

专门职业能力倾向测验用来考查被测评者某一具体职业的发展潜力，它常被用于选拔性测评。常用的专门职业能力倾向测验有行政职业能力测验、飞行员素质测验、文书测验、保险人员测验等。

第四节　评价中心

一、评价中心概述

评价中心是一种人员素质测评的新方法，它融合了多种测评技术，由多位评价人员从心理测验、能力、个性和情景测试对人员进行测评，并根据工作岗位要求及企业组织特征对人员进行全面考查。这种方法最初是在第二次世界大战期间，德国的一些军事心理学家们在挑选军官时所使用的。

（一）评价中心的特点

1. 能全面地考查应聘者

评价中心运用多种测评技术，由多位评价人员进行评价，能从多个角度对应聘者进行多层次的考查，因而考核结果较公正。

2. 预测效度高

评价中心所采用的测评技术多是对真实工作情景的模拟，因此可以很好地预测应聘者在实际工作中的表现。

3. 成本较高

评价中心中任务情景的设置和题目的编制难度较大，同时由于采用多种测评技术，因而测评时间比较长，这些都造成了其成本比较高。

4. 对测评者的要求较高

情景模拟测试中需要综合考查应聘者的各种能力，而制定标准化的测评标准难度较大，测评者的主观性程度较高，所以对测评者的能力要求很高。

（二）评价中心常用技术方法

1. 无领导小组讨论

将应聘者随机分成一个或几个小组，每组 5 ~ 7 人，所有应聘者的地位是平等的，要求在给定的时间内就某一个问题展开讨论，最后形成统一的意见并提出解决方案。无领导小组讨论主要考查应聘者的沟通、领导、组织协调等各项能力。

2. 公文筐测验

公文筐测验也称公文处理练习、文件筐测验，是评价中心最常用和最核心的技术方法之一，通过应聘者对应聘职位实际工作过程的模拟（如在公文处理、会议安排、分配任务等一系列工作表现）来对应聘者进行评价。公文筐测验主要考查应聘者的组织、计划、分析、判断、决策等能力。

3. 角色扮演

测评者通过设置一定的环境，模拟实际工作情景，要求应聘者扮演某一角色去处理各种问题和矛盾。测评者一般是直线经理，因为他们对工作较熟悉，容易被应聘者接受，而且测评者也可以借此提高自己的知识和能力水平。

4. 管理游戏

以游戏或共同完成某种任务的方式，为小组成员分配一定的任务，他们必须合作才能较好地完成任务。测评者通过应聘者在完成任务过程中的表现来评价其素质。管理游戏是一种以完成某项“实际工作任务”为基础的标准化模拟活动，主要考查小组内每个应聘者的管理技巧、合作能力、团队精神等方面的素质。

二、无领导小组讨论

无领导小组讨论即无主持人讨论，是一种常用的无角色群体自由讨论的评价中心技术，实施时由一组应聘者组成一个临时工作小组，讨论某个给定的问题并做出决策。这个小组是临时拼凑的，并不指定谁是负责人，目的就在于考查应聘者的表现，尤其是看谁会从中脱颖而出，但并不是一定要成为领导者，因为那需要真正的能力与信心，还需有十足的把握。

（一）评价标准

无领导小组讨论主要从以下七个方面对应聘者进行评价。

（1）参与发言的有效次数。

（2）是否善于提出新的见解和方案。

（3）是否敢于发表不同的意见。

（4）是否善于说服别人、协调争议。

（5）语言表达能力。

（6）分析、归纳、总结问题的能力。

（7）语气、肢体语言是否得体等。

（二）无领导小组讨论的类型

1. 根据讨论背景的情景划分

根据讨论背景的情景划分，可将无领导小组讨论分为特定情景的无领导小组讨论和泛情景的无领导小组讨论。

特定情景的无领导小组讨论是将应聘者放在某个特定的环境中，如假设应聘者都是企业的区域经理，让他们制订一份年度计划书。泛情景的无领导小组讨论是指没有指定某个环境，只就某个开放性的问题展开讨论，例如，一个优秀的区域经理应该具备什么样的素质？

2. 根据是否给应聘者指定角色划分

根据是否给应聘者指定角色划分，可将无领导小组讨论分为指定角色的无领导小组讨论和没有指定角色的无领导小组讨论。

指定角色的无领导小组讨论是指测评者给每位应聘者都指定一个角色，让他们以各自被指定的身份参与小组的讨论。没有指定角色的无领导小组讨论则不指定被测评者身份。

3. 根据应聘者在讨论过程中的关系划分

根据应聘者在讨论过程中的关系划分，可将无领导小组讨论分为竞争性的无领导小组讨论、合作性的无领导小组讨论以及竞争与合作相结合的无领导小组讨论。

4. 根据讨论的情景与应聘职位工作的相关性划分

根据讨论的情景和应聘职位工作的相关性划分，可将无领导小组讨论分为与工作相关的无领导小组讨论和与工作无关的无领导小组讨论。

与工作相关的无领导小组讨论的题目设置应与工作相关，如招聘区域销售经理时，测评者要求讨论的题目是策划某地区的销售方案。与工作无关的无领导小组讨论的题目设置与工作内容无关系，如招聘区域销售经理时，测评者要求讨论的题目是制订某管理项目的工作计划。

（三）无领导小组讨论的优点与局限性

1. 无领导小组讨论的优点

（1）能够测评出笔试和单一面试所不能测评出的能力或素质。

（2）能够观察到应聘者之间的相互影响和作用，并根据其行为特征进行全面合理的评价。

（3）能够涉及应聘者多种方面的能力要素和个性特征，尤其是应聘者在无意之间暴露的自身特点，可以预测到其真实的行为特征。

（4）能够有效地区分出应聘者的个体差异，并节约招聘时间成本。

（5）应用范围广，在技术领域、非技术领域以及管理领域或其他专业领域中都可以使用。

2. 无领导小组讨论的局限性

（1）对测评者和测试题目的要求都比较高，应对测评者进行专门的培训。

（2）对应聘者的评价易受测评者主观因素的影响，从而导致评价结果不一致。

（3）指定角色随意，应聘者可能存在表演和伪装的情况，导致应聘者之间地位的不平等。

（四）无领导小组讨论的实施

1. 实施前的准备

（1）进行岗位分析，确定适当的讨论题目和测评维度。岗位分析是进行其他相关程序的基础，招聘人员在编制题目和确定维度时，一定要与招聘岗位的特征紧密结合。因为不同的岗位对任职者的个性、能力、所受教育等要求是不同的。在条件允许的情况下，试题编好后，应先进行小范围的试测和评估，发现问题后及时修改，然后才正式投入使用。

无领导小组讨论的题目设计程序分为选择题目类型，编写题目初稿，调查题目可用性，咨询专家，进行测试，反馈、修改、完善共六个阶段（见图 6–4）。

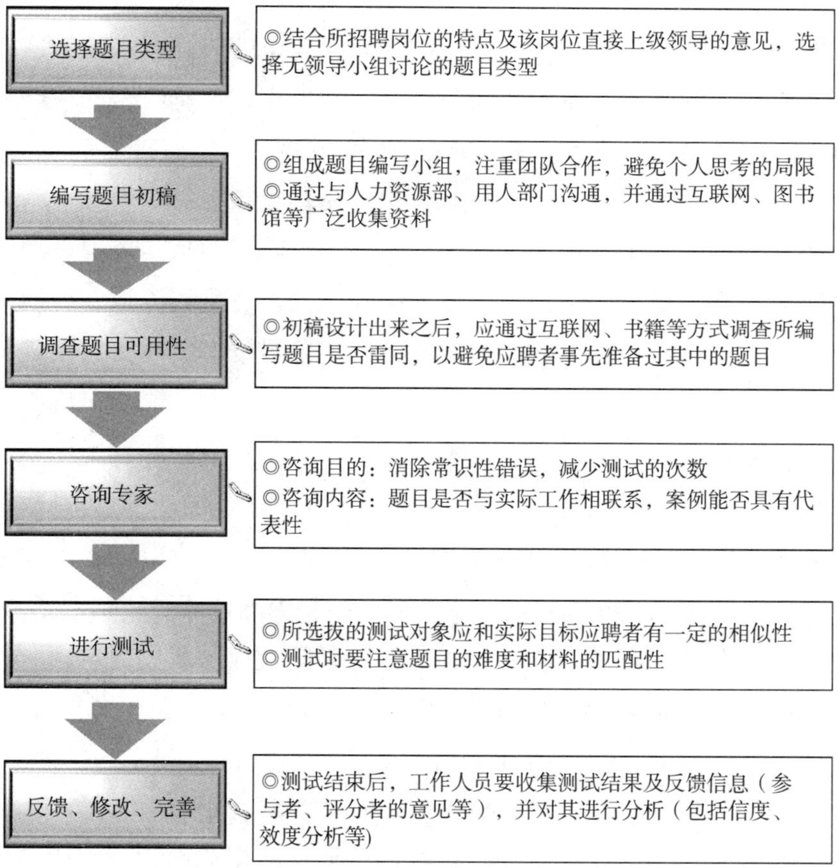

图 6–4　无领导小组讨论的题目设计程序

其中，选择题目类型阶段是编写题目初稿阶段的前提，调查题目可用性阶段有利于保障无领导小组讨论的公平性，咨询专家阶段是进行测试阶段的关键前提，而测试的质量结果将直接影响反馈、修改、完善阶段的工作量。

（2）选择适当的测评环境。除了选择一间宽敞明亮的屋子，能够容纳下所有应聘者和测评者外，测评者与应聘者之间的距离、应聘者相互间的距离等都是要考虑的因素。为了使所有的应聘者处于平等的地位，最好选用圆桌而不用方形的桌子。

（3）组织安排应聘者。一般地，无领导小组讨论以每组 5 ~ 7 人为宜。人数少于 5 人，应聘者之间可能争论较少，不易充分展开讨论；人数多于 7 人，应聘者之间分歧可能过大，很难在规定时间内达成一致意见。

在为应聘者分组时必须注意：竞聘同一岗位的应聘者必须被安排在同一小组，以利于相互比较；以前有过无领导小组讨论经验的应聘者与没有这方面经验的应聘者应尽量分在不同的小组。

（4）选定并培训测评者。一般来说，无领导小组讨论的测评者应该由所招聘部门的管理者和心理学家、专业人士共同组成，还要考虑测评者的年龄、知识结构、性别等方面的组合。测评者确定以后，要统一实施培训，培训内容包括无领导小组讨论的实施过程、测评要素的评价标准、观察的技巧等。

2. 实施测评

做好了充分准备之后，无领导小组讨论可进入实施阶段。一次完整的无领导小组讨论需要 45 ~ 60 分钟的时间，具体可分为以下四个步骤。

（1）开始阶段。在此阶段，主持人介绍整个测评程序，宣读指导语、讨论的题目和注意事项，同时留出几分钟时间让应聘者阅读题目、独立思考，做好发言准备，准备时间一般为 3 ~ 5 分钟。

（2）个人发言阶段。在此阶段，应聘者各自初步阐述自己的观点，摆明自己的态度和立场，发言可以依次轮流进行，也可以是随机的。主测评者控制每个人的发言时间并观察记录发言的主要内容，对应聘者形成初步的印象。

（3）自由讨论阶段。在此阶段，个人发言后，各小组进入自由讨论阶段。应聘者不但要继续阐明自己的观点，而且要对别人的观点做出反应。每个应聘者必须充分展示自己的聪明才智，并且在讨论的最后达成一致意见。

自由讨论阶段的时间一般为 30 ~ 40 分钟，此阶段测评者不做任何干预。在整个讨论过程中，每个测评者要根据自己的观察对应聘者的表现公正、客观地在评分要素表上打分。测评者在评分时不能相互商量，以避免相互影响。

（4）讨论结束阶段。测评者撰写测评报告，内容包括此次讨论的整体情况、讨论问题的内容等，重点说明每个应聘者的具体表现、最终的录用决定以及自己的建议等。

3. 评价阶段

在这个阶段，测评者需注意两个方面的要求：一是评价要客观、公正，以事实为依据，避免带有主观色彩；二是前后的评分标准应一致。

4. 总结反馈阶段

无领导小组讨论的工作结束后，需要特别注意总结反馈工作，应与应聘者进行及时沟通。缺乏与应聘者的沟通或沟通效果不好，会使无领导小组讨论失去其应用价值，另外也可能导致应聘者的某些消极行为。这对企业建设和个人发展都是不利的，需要慎重对待。

三、文件筐测验

文件筐测验主要用于考查应聘者的授权、控制、计划、分析、判断、决策等能力以及对于工作环境的理解与敏感程度。此方法能预测出应聘者在未来实际工作中的潜能。

（一）文件筐测验的评估要素

文件筐测验的主要评估要素包括以下五种。

1. 计划组织能力

计划组织能力是指根据已有的信息对某项工作做出合理的规划并确定方法与步骤，以及所需的资源及协调各种资源的能力。

2. 决策能力

决策能力是指在解决实际工作问题，特别是解决重要且紧急的关键问题时，所做出决策并提出解决方案的能力。

3. **分析判断能力**

分析判断能力是指识别问题并获得有效的信息，根据获得的信息提出解决问题的可行性方案的能力。

4. **人际沟通能力**

人际沟通能力是指将自己的想法、意见准确地传达给别人并尽力让别人理解，同时也能接受别人的想法和意见，让自己理解别人的相关能力。

5. **创新能力**

创新能力是指个体运用已有的基础知识和可以利用的材料，以及由于掌握相关学科的前沿知识，进而产生某种新颖、独特、有社会价值或个人价值的思想、观点、方法和产品的能力。创新能力一般由创新意识、创新思维、创新技能三大要素构成。

（二）文件筐测验的优点和缺点

1. **文件筐测验的优点**

（1）考查内容范围广泛。在文件筐测验中，除了必须经过实际操作才能够体现的要素之外，任何背景知识、经验以及能力都包含在文件中，借助应聘者对文件处理的表现，测评者能够对其进行全面的考查。

（2）表面效度高。文件筐测验通常采用与应聘者所应聘职位相类似的文件，有的甚至直接采用该职位需实际处理的文件。因此，通过评价应聘者是否能够有效处理这些文件，能够看出其是否适合该职位。

（3）适用范围广。文件筐测验具有广泛的实用性和较高的表面效度，因此易被企业所接受，是企业人员招聘经常使用的一种测评方式。

（4）高度似真性。文件筐测验能够完全模拟现实中真实发生的经营、管理情景，因此有高度似真性，预测效度高。

（5）综合性强。文件筐测验的文件材料涉及日常管理、人事、财务、市场、公共关系等各项工作，因此能够对应聘者进行全面细致的考查。

2. **文件筐测验的缺点**

（1）对文件编制人员要求较高。要获得较为可靠的文件，需要由测评专家、管理专家以及实际工作者相互配合。

（2）成本较高。文件筐测验从设计、实施到最后评价需要较长的时间，要投入大量的人力、物力和财力，才能够保证较高的效度，因此需要较高的成本。

（3）评分难度大。由于受不同的组织氛围和管理观念的影响，文件处理结果的评价往往受多种因素影响。在文件筐测验的评分过程中，由于测评者和应聘者往往存在理解上的差异，因此评价标准一般不会相同，评分结果很难一致。

（三）文件筐测验的操作步骤

文件筐测验的操作步骤见图 6–5。

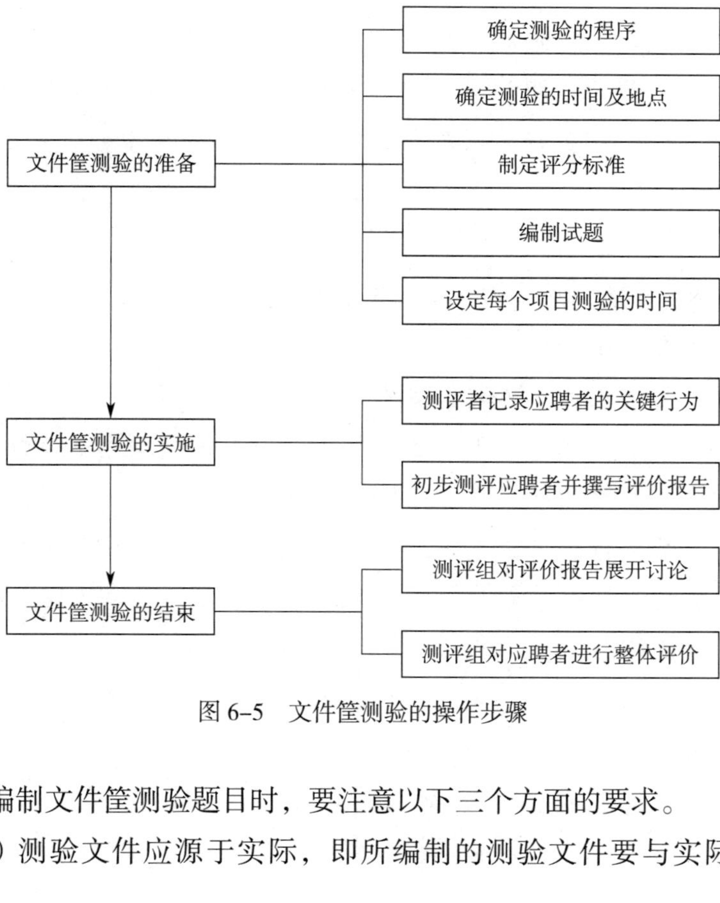

图 6–5　文件筐测验的操作步骤

在编制文件筐测验题目时，要注意以下三个方面的要求。

（1）测验文件应源于实际，即所编制的测验文件要与实际工作相关联。

（2）难度适中。题目太难，超出实际工作需要，尽管也能满足招聘的需求，但会使被聘者大材小用，对企业、个人都是不负责任的；题目太简单，则不具有选拔的意义。

（3）测验文件的真实性。测验文件一方面要反映岗位实际工作的情况，另一方面又不得泄露企业秘密。

课程实训

结合本节内容的学习，针对以下文件筐测验实例，分组进行测验评分。

实训实例

H公司以开发、生产和推广各种日用品为主营业务。公司技术实力雄厚、管理规范，现有员工500多人，营销网络遍及全国各地。目前，公司正进入一个快速发展阶段，生产的产品在市场上已取得了良好的口碑。

今天是星期一，你有机会在3个小时时间内担任H公司人力资源部总监的职务，全面主持公司人力资源管理工作。

一、测验时间

现在是上午8点，你提前来到办公室，秘书已经将你需要处理的邮件和电话录音整理完毕，放在了文件夹内。文件的顺序是随机排列的，你必须在2个小时内处理好这些文件，并做出批示。11点还有一个重要的会议需要你主持，在这2个小时时间里，你的秘书会为你推掉所有的杂事，没有任何人来打扰。

二、测验题目

【文件一】电子邮件

写信人：张总（分管生产与物流）

收件人：赵总（人力资源部总监）

赵总：

您好！

明年年初公司投资的生产线将在分厂安装并试运行，提供生产线的德国公司也会提前安排 2 名技术人员参与生产线的安装与运行，我想通过人力资源部安排一次关于新生产线岗位设置与人员安排的讨论会，请您先提出您的想法，并在这几天与我沟通一下这个问题。

沟通方式：信件或电子邮件，也可电话约定面谈时间。

【文件二】电子邮件

写信人：小王（骨干员工）

收件人：赵总（人力资源部总监）

赵总：

我请求离开这个部门，因为我实在无法忍受部门经理（张凯）的独断专行。尤其是在做出重大决策时一意孤行，害得整个部门都受累，最后还把责任全推到我们身上，谁要是犯了一点小错误，他的言辞极为恶劣。我乐意为公司付出，但我不愿意有这样的领导。

注：小王是公司的骨干员工之一，工作业绩一直很出色，而张凯是从基层提拔上来的，过去的工作表现也一直受到好评。

【文件三】电话录音

来电人：业务一部

接收人：赵总（人力资源部总监）

赵总您好！上个月业务一部副经理王华离职之后，又陆续流失 3 名业务主管，业务人员数量严重不足，人力资源部至今没有将人员补充到位，部门内士气低落、人心思动。同时，部门内多名业务骨干要求与人力资源部就业务提成额度问题进行沟通，此事如何处理，请指示。

【文件四】邀请函

赵总：

您好！

6 月 10 日将在 ×× 饭店举行一期关于人力资源管理的前沿学术研讨会，届时会有业界著名人士和各大型企业的高层领导莅临，真诚地邀请您前来参会！

祝您工作愉快！

××××年××月××日

【文件五】电子邮件

写信人：孙萍（绩效主管）

收件人：赵总（人力资源部总监）

赵总您好！

公司准备实施基于目标考核的新的绩效考核系统，之前就将任务分配下去了，让各部门制订出目标考核计划。按原定计划，该项工作应在下周三前完成，绩效专员对工作进度进行了检查，发现仅有4个部门完成了工作，当我们希望他们加快进度时，很多部门经理抱怨根本没有时间，觉得和员工共同制定工作目标是表面文章。目前此项工作进展很不顺利，请您能给我们一些支持。

三、测评要素

1. 决策能力。

2. 计划组织能力。

3. 协调沟通能力。

4. 分析解决问题的能力。

5. 控制统筹能力。

四、文件筐测验

测评者根据应聘者的表现给予评分，测评评分表见表6–12。

表6–12　　测评评分表

<table>
<tr><td>姓名</td><td></td><td>性别</td><td></td><td>年龄</td><td></td><td>应聘职位</td><td></td><td>应聘部门</td><td></td></tr>
<tr><td>测评要素</td><td colspan="6">要素内容</td><td>满分</td><td>实际得分</td><td>备注</td></tr>
<tr><td>计划组织能力</td><td colspan="6">处理问题是否有条理，处理是否得当</td><td>15</td><td></td><td></td></tr>
<tr><td>分析解决问题能力</td><td colspan="6">是否善于发现问题并从中获得有用的信息，能否快速采取有效的措施解决问题</td><td>35</td><td></td><td></td></tr>
<tr><td>决策能力</td><td colspan="6">处理问题是否果断、合理</td><td>20</td><td></td><td></td></tr>
</table>

续表

协调沟通能力	是否有效地化解分歧并达成一致意见	15		
控制统筹能力	是否分清事情的轻重缓急并全面地掌控	15		
总体评价		签字： 日期：　年　月　日		

五、撰写评价报告

经过对应聘者在文件筐测验这一环节的考核，得出各组的成绩。

实训指导

文件筐测验的考核点包括应聘者的分析判断能力、计划管理能力、人际沟通能力等。本套试题答案的拟定思路主要从以下四个方面进行考虑，具体见图 6-6。

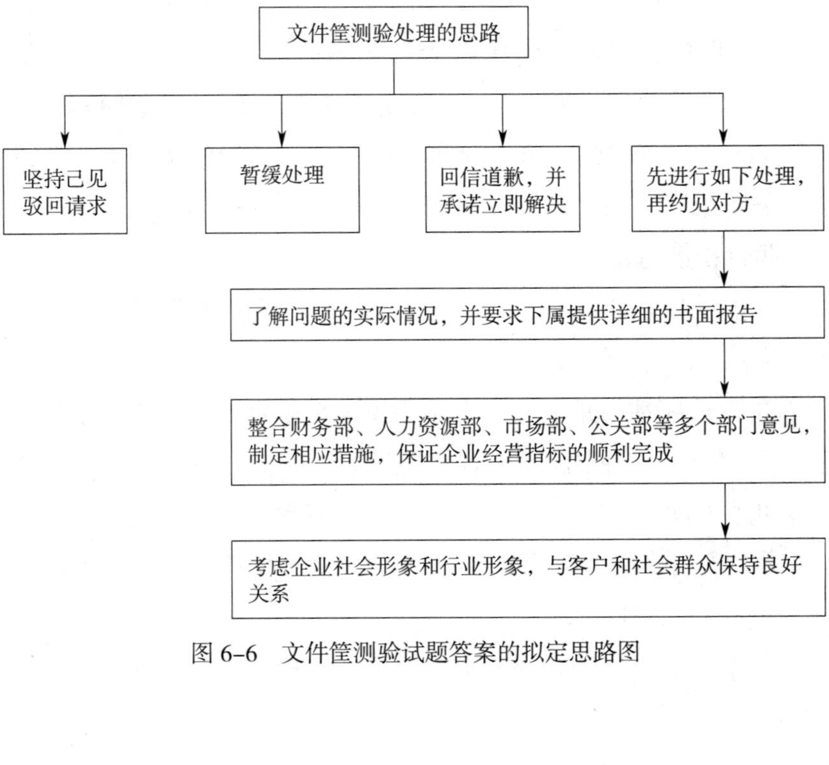

图 6-6　文件筐测验试题答案的拟定思路图

四、其他评价中心技术

（一）角色扮演

1. 角色扮演的适用范围

角色扮演是指用人单位通过精心设计管理场景，让应聘者扮演其中的角色来模拟完成工作情境中的一些活动，以实现评价其胜任能力的过程。角色扮演主要适用于管理潜能的预测以及管理人员的选拔，主要考查应聘者的人际沟通能力、说服能力、表达能力、应变能力、突发事件处理能力、团队合作意识、个人承受压力能力、自信心等。

2. 角色扮演的功能

（1）测评功能。通过角色扮演，测评者可以测试出应聘者的性格、气质以及兴趣爱好等心理素质，并对其工作中的判断决策能力、领导能力等进行评估，能够全面地评价应聘者各个方面的潜在能力。

（2）培训功能。企业在对管理者进行培训的过程中，需要参训人根据角色安排，借助角色的演练来理解角色内容，还可以对问题行为进行及时有效的修正。因此，角色扮演能够在模拟情景的条件下，实现参训人对角色的实践，促使他们了解自身，并做到改进和提高。

3. 角色扮演运用须知

（1）角色扮演的测试点。角色扮演是一种情景模拟活动，其中测评者应就以下三点进行测试。

1）角色适应性。角色适应性是指应聘者是否能迅速判断事件的形势并进入情景角色，按照角色规定的要求采取相应的对策。

2）角色扮演中的表现。角色扮演中的表现应包括应聘者在角色扮演过程中所表现出来的行为风格特征、人际交往技巧、对突发事件的应变能力、思维的敏捷性等。

3）其他。除此之外，还应包括应聘者在扮演指定角色处理问题的过程中所表现出来的决策、问题解决、指挥、协调、控制等管理能力。

（2）角色扮演的优点和局限性。角色扮演作为评价中心技术的一类重要方法，具有以下优点和局限性。

1）角色扮演的优点

①能充分调动参与者的积极性。企业在评价应聘者的过程中，通过角色扮演能够充分调动其积极性，使应聘者努力施展自身的才华，全心投入角色当中以获得较高的评价。

②具有高度灵活性。根据测评的目的，测评者可以自行设计相应的测试题目和场景，因此角色扮演的形式和内容是多种多样的。在测评者的要求下，应聘者可以进行灵活的表现，自主性和拓展能力都能够得到充分发挥。

③能够体现应聘者的真实意愿。角色扮演的基础是情景模拟，因此应聘者不用去考虑所做决策失误而带给工作绩效的影响，能够放心地按照自己意愿来做出决策。所以，应聘者只需要充分扮演好自己的角色，尽量全面地展现出自身各个方面的能力。

④能够增进交流和沟通。角色扮演的过程中，需要各角色之间的配合与交流，因此能够增进应聘者之间的表达、认知等社会交往能力。

⑤能够提供工作经验和锻炼机会。角色扮演的过程，也是一个互相学习的过程，应聘者在进行角色扮演的时候，能够互相学习到对方的优点，可以从模拟的工作环境中获得实际的工作经验，进而有效提高和锻炼自身能力。

2）角色扮演的局限性

①易出现简单化、表面化和虚假人工化。这就需要测评者具有很强的角色设计能力，如果角色设计过于简单化和表面化，使应聘者不能很好地投入角色并发挥能力，就会导致企业在人员招聘和配置上出现偏差。

②易受应聘者自身条件的影响。由于每个人的性格特点不同，有些应聘者会出现不愿意接受分配给自己的角色，但却未表现出明确拒绝的情况，这就导致在招聘过程中应聘者不能充分发挥自己的实力，从而测评者未能对其进行正确的评价。

③易于出现刻板模仿行为和模式化行为。在企业使用角色扮演技术进行人员招聘时，很难避免应聘者出现刻板模仿行为，这就导致他们的

角色扮演偏离了招聘的意义和初衷。

④易受客观环境的影响。在进行角色扮演的过程中，通常会有第三者的存在，不论是其他应聘者还是旁观者，在一定程度上都会对进行角色扮演的应聘者产生影响。

4. 角色扮演的运用程序

角色扮演的运用程序分为准备，实施角色扮演，角色扮演结果评估、运用共三个阶段（见图 6–7）。其中，准备阶段是其他两个阶段具体实施的前提，而角色扮演结果评估、运用阶段有利于提高角色扮演实施阶段的效果。

准备阶段	实施角色扮演阶段	角色扮演结果评估、运用阶段
1. 设定角色扮演的主题及提供素材 2. 选派经验丰富的测评者 3. 选择合适的时间和地点（使应聘者能够正常、充分地展现其素质水平) 4. 准备角色扮演的道具、辅助材料等 5. 确定评分标准 6. 编制预算	1. 向应聘者详细介绍角色扮演的具体操作方法并为其分配角色 2. 准备相应道具和辅助材料，进行角色扮演 3. 测评者仔细观察、及时记录、归纳应聘者的行为 4. 测评者根据评分标准对所归纳的应聘者的行为进行打分 5. 根据综合讨论后的评分得出应聘者最终得分	1. 测评者应从满足本单位人员需求的角度出发把握信息价值、评估角色扮演的实施结果 2. 根据实施的结果对角色扮演的运用进行改进 3. 分析角色扮演中出现的问题，提出相应的改进措施

图 6–7　角色扮演的运用程序

（二）管理游戏

1. 管理游戏的评价标准

管理游戏常被招聘人员运用于团队协作能力、分析判断能力、学习能力、创新能力、领导能力和沟通能力等素质的测评工作中，在具体应用的过程中，为方便测评者的评价、评分工作，试题设计人员须针对每个测评指标的行为表现，确定相应的分数等级。

2. 管理游戏的优点和缺点

（1）管理游戏的优点

1）集中考查应聘者的多种能力。管理游戏是为了解决某一问题或达到人员招聘目标而设计的，应聘者在游戏的过程中不断解决问题，能够集中反映其多种能力素质。

2）模拟内容更接近实际工作。管理游戏中，应聘者需置身于真实的矛盾环境中，需要具备良好的情绪控制和领导指挥能力，才能够顺利完成任务。

3）形式活泼，趣味性强。管理游戏结合了复杂的招聘过程与有趣的游戏，能够消除应聘者的紧张感。游戏结束后实施的讨论，能够使应聘者了解游戏中的寓意并受到启发。

（2）管理游戏的缺点

1）管理游戏对环境、道具的要求较高，而且需要花费大量的时间进行组织实施。

2）操作不便，较难观察，对测评的要求较高。

3）完成游戏所需时间较长。

3. 管理游戏实施要点

（1）测评场所的安排。管理游戏应该在比较宽敞的空间内进行，或者直接将其安排在室外。此外，应聘者与测评者应该保持相应的距离，既要保证所有测评者都能看清应聘者的活动内容，又要保证应聘者不会因为和测评者距离太近而产生被监视的感觉，无法表现正常的能力素质。

（2）测评者的选择与培训。由于管理游戏的复杂程度高，对测评者的要求也比较高，因此测评者应包括熟悉管理游戏的人力资源管理咨询师、心理学专家、目标职位直接上级或企业的中高层管理者。为了保证测评者的技术水平，在实施测评之前，应对测评者进行有针对性的培训，培训内容包括熟悉测评能力素质维度、行为观察及评估的技巧、评价的统一标准和尺度等。

（3）游戏过程的问题应对。由于管理游戏形式活泼，因此在游戏过程中发生意外的可能性也较大，应采取有效措施尽量避免，出现问题尽快解决。

第五节　背景调查

一、背景调查作用

背景调查是指企业和人力资源专业服务机构就应聘者所提供的入职条件和胜任能力等的相关信息进行核实和求证的过程。背景调查的作用主要包括以下三个方面。

（一）去伪存真

背景调查最核心的目的是要确保应聘者具备企业所需要的入职条件和胜任能力，以降低企业在财产、核心技术、劳动仲裁等方面的潜在风险，避免由于人为因素对企业造成不必要的名誉损失，提高企业的招聘成功率，节约企业的人力资源管理成本。

（二）全面了解

通过背景调查可以发现简历和面试当中没有涉及的应聘者的胜任能力和个人的特质。比如，了解应聘者在前企业工作中的职业操守，客观反映应聘者的业务能力，为劳动关系的建立提供有力参考，为员工忠诚度、职业态度的判定提供客观依据。

（三）知人善用

通过背景调查，让企业领导能够提前了解应聘者，使应聘者提前在领导那里建立一份能力发展档案。

二、背景调查内容

在确定录用人选之后，并且在拟录用人选上岗之前，企业一般会从应聘者原单位的管理者、同事及人力资源部工作人员等了解该应聘者的情况，以核实应聘者所提供信息的真实性和准确性。尤其是对于企业的经理级以上的职位或比较重要的岗位（如财务、采购、技术等职位），背景调查尤为必要。背景调查的主要内容一般包括以下四个方面。

（一）学历调查

学历调查的目的是确认拟录用者的教育信息与其讲述的是否一致，是否存在提供虚假证件、虚假信息的情况。一般情况下，无论企业提供的职位对于学历要求的标准如何，做背景调查都必须核实员工学历的真实性。

（二）工作经历调查

工作经历调查主要是指对拟录用者的工作单位、离职原因、在职期间的工作表现、工作可靠度和尽责程度、曾经成功或表现出色的案例等进行调查。通过调查了解这些信息，及时将潜在的严重不符者排除在外。

（三）个人资信调查

个人资信调查的内容包括个人品行、成长经历、家庭情况、爱好、资产及信用等。每个企业都希望招聘到一些有好的品行、良好的成长经历、无不良嗜好及有一定的信用的员工。

（四）其他必要调查

其他必要调查主要包括员工忠诚度调查，是否曾经违反劳动合同、损害企业利益。即使有丰富管理经验的企业家，也有可能因为用人不慎而导致企业直接或间接亏损，所以在招聘环节中要格外谨慎，做好必要的调查工作。

三、背景调查问卷设计

背景调查问卷设计主要包括背景调查问题设计及核实方法和问卷设

计两个部分。

（一）背景调查问题设计及核实方法

一般情况下，在进行背景调查前必须书面告知应聘者。背景调查问题设计及核实方法包括以下四项内容。

（1）有关身份。可通过身份证号码查询中心等进行验证。

（2）犯罪记录。可向应聘者户口所在地派出所或员工档案所在地相关部门查询。

（3）学历背景。可通过相关的学历网站查询。

（4）工作情况。向应聘者原工作单位表明自己的诚意，征取原工作单位相关人员的配合核查。

（二）问卷设计

背景调查问卷一般包括核实简历、毕业证书和学位证书、职称和职业任职资格等证书，工作经历是否真实，是否与前用人单位解除劳动关系，是否签有仍在有效期限内的竞业限制协议，职业道德情况，是否有职务犯罪记录，离职的真实原因等内容。

以下函件为背景调查问卷设计范例，供读者参考。

关于 ×× 员工背景调查的函

尊敬的 ×× 公司人力资源部经理：

您好！

贵公司前任员工_____先生 / 女士将被我公司聘用担任_____职务。现我公司需对其相关情况进行核实，烦请贵公司配合完成我们的工作，对于您的协助我们不胜感激！

1. 他在贵单位的工作时间是从什么时间到什么时间？

2. 他在贵单位担任何种职务，主要工作职责有哪些？

3. 同事及领导对他的评价如何？

4. 他在工作中有无突出的表现或事迹？

5. 他的工作态度如何，考勤情况怎么样？

6. 他离职的原因是什么？

7. 您觉得他最突出的优点是什么？

8. 贵公司是否愿意再继续雇用他？

9. 如果您从整体上给他打分，在 1～10 分中，10 分为最高分，您会给他打几分？

非常感谢您的配合！祝您工作愉快！

××公司

年　月　日

四、背景调查实施要点

背景调查的实施要点包括调查时间、调查方法、调查途径、调查内容设计原则和取得应聘者的配合。

（一）调查时间

背景调查最好安排在面试结束后、上岗前，因为此时剩下的应聘者数量已经不多，进行背景调查的工作量不大，且已经熟悉应聘者的资料，此时调查，在项目设计时更有针对性。根据调查结果，再决定是否安排上岗，避免在上岗后调查出问题而增加工作量。

（二）调查方法

对拟录用人员进行背景调查时，应从多渠道、多角度调查信息的真实性，切忌听信片面之词。调查的方法主要有电话、访谈及要求提供推荐信等，也可聘请专业的背景调查机构实施员工背景调查。若拟录用者还未离职，向其所在企业进行调查时，应注意交流的技巧和方式。

（三）调查途径

背景调查一般应由人力资源管理专家进行，同时需要企业其他部门的配合。一些企业内部人力资源管理专家无法完成的调查工作，应借助第三方调查公司完成。

在做员工背景调查时，可通过以下六个途径开展工作。

（1）根据拟录用人员个人的回答判断简历各项内容的真实性。

（2）通过相应的教育证书信息系统查询。

（3）通过相关考试培训认证机构或网络系统查询。

（4）向拟录用人员的原单位查询。

（5）要求拟录用人员提供离职证明书。

（6）通过专业的第三方背景调查公司调查。

（四）调查内容设计原则

背景调查内容设计应以内容简明、实用为原则。内容简明是为了控制背景调查的工作量，降低调查成本，缩短调查时间。同时，优秀的人才往往有多家企业互相争夺，长时间的调查会给竞争对手制造机会。内容实用是指调查的项目必须与工作岗位需求高度相关。调查的内容可以分为两类：一类是通用项目，如学历的真实性、任职资格证书的有效性等，另一类是与职位说明书要求相关的工作经验、技能和业绩等。

（五）取得应聘者的配合

在进行背景调查之前必须通知应聘者，并事先取得应聘者的同意。在调查时，要限定调查问题的范围，主要对于应聘者工作情况进行调查，而无关的特别是涉及个人隐私的问题，要坚决避免。另外，背景调查结果要以书面形式保存记录，以作为将来录用或辞退员工的书面依据。

本章自测题

1. 笔试包含哪些内容？
2. 结构化面试有哪些特点？
3. 面试中应避免的误区有哪些？
4. 无领导小组讨论的优点有哪些？
5. 背景调查的主要内容包括哪些方面？
6. 简述背景调查的实施要点。

第七章　招聘外包

学习目标

- 目标 1　了解招聘外包的基本概念及其类别
- 目标 2　掌握招聘外包的实施步骤
- 目标 3　了解猎头招聘的种类及其特点
- 目标 4　掌握猎头招聘的实施步骤

引导案例

K 公司是一家生产服装的外资企业，成立于 2005 年。自公司成立以来，业务量日益增长，市场逐渐扩大，在海内外颇具影响。目前与 K 公司合作的企业越来越多，订单急剧增加。为了适应业务量的日益增长，K 公司不断扩大生产规模，提高服装的质量，同时也希望引进一批新的人才。最近一段时间，公司购买了新的设备，增加了新的生产车间，同时也增设了新的岗位。因此，公司急需引进一批人才开展新的生产，于是人力资源部经理向总经理提出人员招聘要求。这一建议很快得到了总经理的支持，总经理希望能尽快解决人员短缺并投入生产。

K公司发展到现在，不但需要增加一些新的岗位，如服装设计师、新产品制造部经理、技术主管、销售人员等，而且在职员工年龄也偏大，集中在“70后”“80后”，知识技能、素质在一定程度上跟不上时代的发展，比如设计师无法适应新时代潮流的变化，目前的营销渠道与方式也发生了巨大变化，需要新的人才。因此，人力资源部经理想利用此次机会招聘优秀的外部人才，为公司新产品的生产设计与营销注入新的血液。但由于此次需要招聘的人员过多，且急需人员快速上岗，而公司的招聘能力不能满足需求，所以人力资源部经理和总经理商讨过后，决定将此次招聘进行外包，寻找合适的服务机构进行合作。经过初步挑选，确定两家候选服务机构：一家是小型服务机构，主要业务就是负责招聘外包，针对性较强；另外一家是大型服务机构，业内知名度很高，主营业务很多，招聘服务只是其中一项。对比之后，公司决定选择大型服务机构。人力资源部经理将招聘岗位的基本要求发给该服务机构之后，便忙于公司内部的事务，整个招聘流程都是服务机构完成的。其间服务机构多次和人力资源部进行沟通，但得到的反馈并不好，所以服务机构便放弃沟通，只能根据初步信息寻找合适的应聘人员。一周之后，公司所需的人员在服务机构的努力下已全部到位，总经理对此次招聘效率很满意。

可是招进来的人员在试用期内的工作不尽如人意。许多刚入职的人员提出了换岗或者直接提出离职要求。服务机构推荐的管理人员和技术人员与之前想象中的差别很大，并不能及时改变公司的现状。而且通过服务机构招进来的员工，基本都有两年以上的服装设计工作经验，学历也很高，大多是硕士以上学历，他们被安排在新产品设计的各个岗位中，公司提供的薪水不低，且环境比较理想。但这些高学历人才觉得自身有良好的专业背景，且拥有相关工作经验，认为该岗位没有挑战性，没有成就感。各部门也在抱怨，此次招聘的人员都没有达到预期的要求。

人力资源部经理陷入了沉思，开始反思此次招聘外包在哪里出了问题。

第一节　招聘外包

一、招聘外包概述

招聘外包是指企业将全部或部分招聘、测评工作委托给第三方的专业人力资源服务公司，专业人力资源服务公司利用自己在人才资源、评价工具和流程管理方面的优势来完成招聘工作的一种人员招聘方式。

随着市场竞争的日益激烈，越来越多的企业发现，单靠自身去完成企业所需要的批量招聘已经力不从心，而采用招聘外包的方式既可以满足企业正常的人才需求，又能提高招聘效率。

（一）招聘外包的原因

企业选择招聘外包通常会有一定的前提条件。研究表明，当企业存在以下情况时，会选择招聘外包。

1. 招聘工作成本太高

企业在人员招聘费用较往年相比占据人力资源管理费用的较大比重，人员筛选占据时间也较多，招聘投入与招聘实际收益不能成正比，同时企业自身不具备削减招聘费用的能力时，就应该考虑将招聘工作外包出去。

2. 招聘工作缺乏规范性操作依据

企业招聘岗位用人标准缺乏规范性、统一性，朝令夕改，随意性太强，而短期内无法得到改善时，应该将招聘工作外包出去。

3. 急需招聘大批量的人员

当企业的人员流动性和需求量都很大时，与其自己招聘，不如请专业的人力资源服务公司来完成，这样不仅操作起来方便，而且提高了招聘效率。

4. 可以合理规避法律风险

企业通过招聘外包，将一些相关的劳动关系手续委托给人力资源服务公司代办，企业只管用人，这样可以适当地降低或减少企业担负的法律风险，为企业安心、顺利经营提供了后勤保障。

（二）招聘外包的优势

相较于企业自行开展招聘，招聘外包具有许多优势，具体体现在如下三个方面。

（1）招聘外包能够快速满足企业对人才的需求，提高招聘工作的效率。

（2）将非核心的招聘事务外包给第三方实施，企业人力资源管理部门可将工作重点放在核心的人员管理工作中去。

（3）招聘外包可以为企业提供完善的招聘系统解决方案和专业知识，有助于提高企业的招聘质量。

二、招聘外包类别

常见的招聘外包服务可大体分为以下四大类。

（一）代理招聘

一般来说，新组建企业的人员招聘，或人员需求量较大、招聘工作比较繁重的企业，可将部分中低端岗位外包给第三方的专业人力资源服务企业，省去企业招聘广告、发布信息、面试等成本和时间，可大大提高招聘工作效率。

代理招聘这一方式主要适用于技术类、人事类、行政类、财务类岗位，以及部分主管级岗位的人员招聘工作。

（二）长期招聘职能外包

长期招聘职能外包是指企业将全部或大部分招聘、面试与人才测评工作委托给第三方的专业人力资源服务企业，人力资源服务企业利用自己在人才资源、测评方法和流程管理方面的优势，为企业提供招聘服务的一种方式。

（三）项目团队招聘外包

项目团队招聘外包即针对企业经常会遇到的临时性项目，需要在短时间内招聘大量人员，而企业人力资源管理部门往往因为人手少、渠道有限、储备不足不能按时完成招聘任务的情况。第三方的专业人力资源服务企业可以其海量的人才储备、庞大的招聘渠道、优秀的访寻能力、专业的测评方法和经验，为企业解决限时招聘难题。

（四）校园招聘外包

校园招聘工作一般时间紧张、前期准备工作也较为烦琐，此时企业可将前期准备工作如信息发布、招聘信息宣传推广、校园宣讲、简历接收和筛选、第一轮面试和笔试以及食宿和行程安排等工作外包给第三方的专业人力资源服务企业，企业人力资源管理部门可专注于后期的人员筛选以及最终面试录用工作，以缓解工作压力，提高企业招聘工作的效率。

三、招聘外包实施步骤

企业在实施招聘外包时通常遵循以下五个操作步骤。

（一）确定招聘外包模型

确定招聘外包模型是指明确招聘外包的服务范围，即明确企业希望将什么样的岗位实施招聘外包。例如有的是将全部岗位的招聘工作统一外包，有的则是将急切需要的岗位或核心岗位甚至是一些专业冷僻、在劳动力市场上不容易招到相关人才的岗位实施外包。

（二）编制招聘外包管理制度

企业如果希望将招聘外包工作做得规范、科学，就需要制定相关的管理制度，使得企业的招聘外包工作有据可依，也便于随时查看招聘外包工作实施情况，及时发现不足并加以完善，进而不断提升企业招聘外包管理水平。

（三）选择招聘外包服务机构

企业如果已经确定某些岗位进行招聘外包，这时就应该考虑选择在相关岗位较为专业的服务机构。因此，企业在实施招聘外包前应该认真对招聘外包服务机构进行调研，包括其服务质量、擅长项目和收费标准。

（四）与选定对象业务洽谈

在这一步骤中，企业与选定的外包服务机构就合作内容进行细节上的协商和谈判，并确定委托合同的主要内容，最后签订招聘外包委托服务合同。

（五）招聘外包合同执行

在双方确定了合作内容后，招聘外包服务机构便可以正式开展招聘工作，双方各自履行自己的职责与义务。

四、招聘外包风险规避

（一）招聘费用的成本风险规避

（1）企业通过选择专业服务机构招聘外包的过程中，应按外包协议约定支付招聘费用，不需要再额外花费广告信息费、食宿费、交通费等支出。

（2）如企业不能在约定时间内招聘到协议中约定的需要的员工，有向外包机构索取违约金的权利。

（二）招聘方式的选择风险规避

（1）招聘外包服务企业的经营情况、招聘能力会影响招聘结果，因此企业在选择前应对服务企业进行充分调研。

（2）企业选择外包的方式进行招聘，一般只需要直接为员工提供岗位培训，前期测评工作应由外包服务机构负责。

（三）信息不对称风险规避

招聘企业应向外包服务机构提供企业相关的详细信息，避免应聘者对企业信息的不确定，并由此造成因信息不对称而最终招聘结果不理想。

（四）招聘回复的速度风险规避

企业应了解外包服务机构的专业招聘工作管理人员情况，一般工作职责划分细致外包服务机构，招聘回复速度较快，招聘工作效率较高。

（五）人岗匹配风险规避

由于外包服务机构不参与企业的生产运营过程，对招聘岗位的能力需求和素质需求了解较少，招聘的人岗匹配风险较大。因此，企业在选择外包服务机构时应重点调研其在这些方面的测评方法使用与结果分析等能力。

第二节　猎头招聘

一、猎头招聘概述

猎头招聘是指企业通过猎头公司来实施人员招聘，是一种招聘外包的重要形式。猎头公司是指通过专业人士为企业提供招聘服务的机构，他们针对的是企业急需的高级管理人才和高级专业人才，如总经理、市场总监等。

对于中高层管理者和高技术人才，通过一般的招聘渠道如人才招聘会、网站广告等方式往往难以获取，而这类人才对于企业的发展又至关重要。而猎头公司凭着自己强大的资源优势，可以很好地为企业解决这一难题。

通过猎头公司招聘，可以确保招聘的质量，还可以帮助企业减少招聘的时间。但猎头招聘费用较高，有的甚至达到招聘职位年薪的30%。

（一）猎头服务的种类

1. 标准猎头服务

标准猎头服务内容一般是企业委托4个以下职位的需求项目给猎头公司，猎头公司的猎头顾问通过专业的寻访途径获取人才信息，运用专业的人才测评技术进行筛选，将合适的人才推荐给企业，并跟踪服务到企业满意。

2. 长期战略服务

长期战略服务是指企业高级人才需求较多（4个及以上猎头职位）和长期（一年及以上）需要高级人才，通过尽量少支付委托金，获得服务品质相同甚至部分指标优于标准猎头项目的服务。

3. 国际猎头服务

针对我国企业本土母公司及海外子公司对国际化人才的需求，猎头公司专门为这类企业客户开展了国际猎头服务。

4. 智囊团服务

针对企业的具体情况，猎头公司可以组织相当规模的顾问团队为企业提供咨询管理、营销、技术、财务和投融资等项目服务，同时也可以通过介绍合作伙伴的形式拓展业务来增强企业竞争力。

（二）猎头招聘的特点

猎头的目标始终盯在高学位、高职位、高价位“三位一体”的人身上，与一般的人才中介相比较，猎头招聘的特点见表7–1。

表 7–1　　　　猎头招聘的特点

比较项目	猎头招聘	人才中介
收费对象及水平	向企业收费较高	向个人或企业收费，收费相对较低
服务内容	需要提供人才评价、调查、协助沟通的顾问咨询服务	非常简单的撮合，提供中介服务
工作方式	主动寻找人才	对现有资源进行撮合
服务对象	猎头公司更多的是为高层次、能力强的人才服务	人才中介主要是为寻求工作的人提供服务

二、猎头招聘实施步骤

猎头行业在我国兴起时间较短，目前的猎头公司良莠不齐，因此企业应慎重选择猎头公司。猎头招聘的具体实施步骤如下。

（一）猎头公司的选择

在选择猎头公司时，企业需重点考虑的问题有两个：一是企业如何才能规避同猎头公司合作带来的风险，二是如何才能达到招聘的效果。因此，企业在选择猎头公司时，具体需要考虑表 7–2 中的 5 个因素。

表 7–2　　　　企业选择猎头公司需要考虑的因素

需要考虑的因素	说明
诚信可靠	1. 是否具有良好的职业道德 2. 是否能遵守合作协议，按照协议完成招聘任务
经验丰富	1. 是否熟练掌握有关人力资源管理的政策 2. 是否具备丰富的市场运作经验和专业操作经验 3. 是否有广泛的社会网络
信息资源	1. 是否拥有丰富的人才资源 2. 是否对某些行业有深入的了解 3. 是否拥有专业化的人才搜寻技术
收费标准	企业要对不同猎头公司的收费标准和交付规则进行统计与比较，根据企业实际情况，选择既高效又能节约成本的合作伙伴

续表

需要考虑的因素	说明
业务负责人	企业需对选定猎头公司的实际搜寻人才工作的业务负责人有基本的了解，包括职业素养、工作经历、成功猎头案例等，这对猎头招聘的成败有着关键性的影响

（二）招聘协议的签订

企业在与猎头公司合作时，一定要在事前对容易发生争议的问题达成共识，避免在实施过程中出现矛盾，具体需要注意如下事项。

1. 慎重选择猎头顾问

猎头行业是典型的专业服务行业，其服务的效果最终取决于猎头顾问的专业水平和职业操守。因此，企业在与猎头公司合作前，要对猎头公司的猎头顾问进行详细了解，了解其工作能力和态度，并判断其是否有能力胜任该项委托招聘工作。

2. 规范猎头委托招聘协议

企业与猎头公司的合作，通常需要签订委托招聘协议，然后对猎头公司提供的人才直接进行复试并上岗。在委托招聘协议中应明确以下内容。

（1）明确界定成功聘用的含义。通常将候选人到企业工作的第一天视为成功聘用，但有些企业在规定成功聘用时会采用“转正”的概念。因此，为了避免或降低合作纠纷风险，双方应尽量就“成功聘用”的概念达成一致意见。

（2）确定费用水平。费用水平协商是协议的重中之重，双方要确定是按照年薪比例支付费用，还是以协商达成固定金额作为服务费用。

（3）明确费用支付方式。多数猎头公司都会要求企业先支付一定的预付款，主要是用来预支搜寻成本。然而，企业可以与猎头公司协商是否可以免去预付款，采用一次性支付或分阶段支付的结算方式，以降低费用风险。

（4）明确支付手段。支付手段主要是指企业采用现金、汇款等方式支付服务费用，这在委托招聘协议中应该明确。

（5）明确试用期保证事项。有些委托招聘协议中只写试用期保证，但未写几个月的试用期，因此企业要尽量争取自身的利益，在国家及地方法律规定范围内设定明确的保证期限。当候选人离职（包括主动和被动）时，需在协议中规定由猎头公司提供候选人替代人数，并且要明确职位停止招聘日期。

（6）明确雇用期限保证事项。通常猎头公司会签订一年的服务协议，由于服务期较短，企业应该根据行业及企业的业务情况规定雇用期限保证事项。

（7）明确已雇用的候选人不得推荐给其他企业的事项。对于候选人在企业雇用期间，协议中需要明确规定猎头公司不再将候选人推荐给其他企业，否则需支付一定的赔偿金。

3. 确定后续合作问题

如果与一家信誉较好且服务质量令人满意的猎头公司合作得较为愉快，可在以后类似的招聘工作中继续与之合作，一般情况下不与过多的猎头公司合作，因为相互熟悉的猎头公司能够更好地理解企业的招聘需求，从而提高工作效率。

（三）审核推荐报告

确定推荐应聘人员后，企业招聘管理人员应与猎头顾问说明推荐报告要求的信息，猎头顾问应按企业要求编写推荐报告，并报企业审核。

通常，猎头推荐报告应包括应聘人员基本信息、应聘人员的知识与技能结构、应聘人员工作经历与主要业绩、应聘人员个性特征与管理风格、应聘人员优势与劣势、应聘人员核心胜任力构成、推荐建议等内容，以便企业全面地对应聘人员进行考查。以下为应聘人员推荐报告模板，供参考。

猎头公司应聘人员推荐报告（模板）

为了让贵企业对应聘人员有一个更加全面和细致的了解，节约面试时间，提高对应聘人员综合判断的准确性，尽可能将应聘人员更加真实的一面展现出来，我们特向贵企业提供本报告。

本报告共分为如下七大部分。

第一部分：应聘人员基本信息

第二部分：应聘人员的知识与技能结构

第三部分：应聘人员工作经历与主要业绩

第四部分：应聘人员个性特征与管理风格

第五部分：应聘人员优势与劣势分析

第六部分：应聘人员核心胜任力构成

第七部分：推荐建议

第一部分：应聘人员基本信息

姓名：	性别：
出生日期：	户籍：
婚姻状况：	民族：
推荐职位：	期望年薪：

第二部分：应聘人员的知识与技能结构

一、教育经历

××××年××月××日　××学校　××专业　××学历。

二、培训经历

××××年××月　××培训。

三、职称、技能与特长

1. 职称：（略）。

2. 外语语种：（略）。

3. 电脑技能：（略）。

第三部分：应聘人员工作经历与业绩描述

×××× 年 ×× 月 ×× 地区 ×× 企业 ×× 职务。

1. 主管项目：（略）。

2. 下属人数：（略）。

3. 主要工作业绩：（略）。

第四部分：应聘人员个性特征与管理风格

该应聘人员主要具有以下四项个性特征与管理风格。

1. 影响性：在工作和生活中习惯采用各种方法和策略去影响他人。

2. 情感性：敏感。对事物的判断容易受自己的情感和价值观影响。

3. 独立性：自立自强，当机立断。倾向于独立解决问题并做出自己的选择和决定。

4. 自律性：自律、谨慎。通过事先计划和准备来对项目进行控制。有十分清晰的个人标准，并认为以此来规划自己的行为很重要。

第五部分：应聘人员优势与劣势分析

1. 优势：（略）。

2. 劣势：（略）。

第六部分：应聘人员核心胜任力构成

该应聘人员核心胜任力包括人际理解力、影响力、沟通协调能力、团队领导能力、责任感、思维能力、计划组织能力等。

第七部分：推荐建议

该应聘人员具有多年的 ×× 类企业信息化建设和管理经验，同时具有较长时间的基层工作经验，具备软件开发的能力，不仅可以胜任信息化建设工作，同时也能对基本的信息化系统维护与管理和企业内部软件开发起到一定的作用。该应聘人员的加入，不仅可以对贵企业现有的系统进行维护和管理，同时更可以在现有的基础上设计相应的信息化解决方案。因此，我们建议将该应聘人员定位为贵企业的××职位。

企业招聘管理人员应对猎头顾问提交的推荐报告的真实性、有效性、全面性等进行审查与评定，并根据审核结果对应聘人员做出判断。企业审核推荐报告的内容主要包括以下六项内容。

（1）推荐报告的内容是否全面、详细。

（2）推荐报告的信息是否真实、可靠。

（3）应聘人员的年龄、学历、培训经验等基本信息是否符合岗位要求。

（4）应聘人员的工作经验、工作业绩是否符合岗位要求。

（5）应聘人员的优势与劣势、胜任力构成是否与岗位工作相匹配。

（6）应聘人员的个性特征、管理风格是否符合岗位需求，是否适合企业文化。

（四）企业面试

企业招聘管理人员审核推荐报告后，应根据推荐报告的审核结果，确定面试人员名单，并将其告知猎头顾问，由猎头顾问与应聘人员沟通企业面试信息。

企业面试在猎头招聘中是重要的一环，它决定着招聘的人才是否可用，决定招聘工作是否完成。企业人力资源部应做好面试准备，并组织实施面试工作。

1. 面试准备

企业面试准备事项主要包括以下三项。

（1）准备面试工具。准备相关的面试评价表、纸笔、应聘人员纸质版简历、纸质版推荐报告等。

（2）确定面试时间。招聘管理人员根据人力资源部经理、企业总经理的时间安排与猎头顾问约定面试时间，通常面试时间应在审核推荐报告后的一周内。

（3）确定面试地点。招聘管理人员确定面试时间后，应根据企业实际情况，确定面试地点，一般选择在安静、宽敞、明亮的办公场所或会议室。

2. **面试实施**

企业面试实施包括面试接待、初试、复试、面试结果确定四个步骤，每一个步骤及其详细说明见表 7–3。

表 7–3 企业面试实施的步骤及其说明

序号	实施步骤	说明
1	面试接待	应聘人员到来后，招聘管理人员应做好接待工作，将其引至面试地点，告知其正式面试的时间
2	初试	1. 初试工作一般由人力资源部经理负责，由其在面试正式开始前设计好面试问题 2. 在初试开始后，采用各种面试方式对应聘人员的基本信息、个性特征、能力水平等进行考查，并确定应聘人员是否有资格参加复试
3	复试	1. 复试工作一般由企业总裁、总经理或副总经理等高级管理人员负责。复试方式通常为直觉式面试、交谈式面试、以行为为基础的面试等 2. 复试负责人员应在复试前确定复试程序，并按程序对应聘人员进行面试，应重点对应聘人员的胜任能力进行考查与评价，填写面试评价表
4	面试结果确定	复试后，人力资源部经理应将复试负责人员的面试评价信息汇总，并将其报复试负责人员，由其讨论确定面试结果

（五）确认试用

面试结果确认后，人力资源部应确定试用人员名单，并将试用人员名单告知猎头顾问，以便猎头顾问与试用人员联系，与企业共同安排试用人员试用事宜。

通常，试用确认工作事项主要包括确定试用期限、明确录用需提交的材料、办理入职手续、员工试用与考核等，具体见表 7–4。

表 7–4　　确认试用事项及其说明

确认试用事项	具体说明
确定试用期限	试用期限应根据劳动合同期限确定。根据法律规定，劳动合同期限三个月以上不满一年的，试用期不得超过一个月；劳动合同期限一年以上不满三年的，试用期不得超过二个月；三年以上固定期限和无固定期限的劳动合同，试用期不得超过六个月
明确录用需提交的材料	决定录用后，企业招聘管理人或猎头顾问员应与试用人员联系，告知试用人员准备入职应提交的材料，以便其顺利入职。一般入职需提交的材料主要包括身份证复印件、学历学位资格证书复印件、免冠照片、上一次离职证明、体检材料等
办理入职手续	1. 试用人员交付相关资料后填写员工登记表，由企业招聘管理人员为其建立个人档案，发放考勤卡等 2. 人力资源部组织试用人员在自愿、平等、协商一致的基础上签订劳动合同，使其成为试用员工
员工试用与考核	1. 试用员工入职后，人力资源部对其进行企业规章制度、企业文化等方面的培训，同时，试用员工在录用岗位上开展工作，试用期开始 2. 试用期结束后，人力资源部应根据试用岗位，对员工试用期的工作表现、工作业绩、工作能力等进行考查，确定试用员工是否能够胜任岗位工作

（六）支付款项

支付款项是指企业对委托的猎头公司支付服务费。员工试用期结束后，如试用合格，则企业应按签订的合同支付猎头公司相应数额的服务费；如员工试用不合格，则企业可按合同的约定，支付部分费用或要求猎头公司重新为企业招聘。

通常，支付款项可采用分期付款方式，具体可分为如下三个步骤。

1. 第一次支付：支付总服务费的_____ %，于签订合同当天支付。该费用可作为猎头公司的招聘定金，一般在猎头招聘不成功的情况下，可退回_____ % 的定金。

2. 第二次支付：支付总服务费的_____ %，于应聘人员上岗试用后_____天内支付。

3. 第三次支付：支付总服务费的_____%，于应聘人员试用期结束正式聘用后_____个工作日内支付。

（七）正式聘用

试用期结束后，试用合格的员工可留在企业继续任职，人力资源部应按签订的劳动合同为其办理正式聘用手续。正式聘用事项主要包括办理转正手续、更新员工档案、落实合同事项等，具体见表 7–5。

表 7–5　　正式聘用事项及其说明

正式聘用事项	具体说明
办理转正手续	1. 正式聘用员工应填写转正相关表格，如“试用期工作总结”“转正申请审批表”等，作为转正的依据，同时有利于企业人力资源部为其建立完整的员工档案 2. 试用员工转正后，企业人力资源部经理或总经理等高级管理人员应组织对其进行转正面谈，就下一步工作计划进行交流与探讨
更新员工档案	企业人力资源部应按规定更新员工岗位、职级、性质、工资水平、福利待遇等信息，更新员工档案
落实合同事项	人力资源部应按企业薪酬福利管理办法，落实正式聘用员工工资、福利、补贴津贴等事项

（八）猎头招聘评估

1. 猎头招聘的收益评估

猎头招聘的收益是指企业使用猎头这一招聘方式进行招聘时，获得的显性收益及隐性收益之和。企业人力资源部对猎头招聘收益进行评估，有利于明确猎头招聘的好处，优化企业招聘渠道，从而降低招聘成本，进而节约企业管理成本。猎头招聘的收益评估内容说明见表 7–6。

表 7–6　　猎头招聘的收益评估内容说明

项目	构成	评估说明
显性收益	节约招聘时间成本	1. 企业将合适的岗位招聘外包给猎头公司实施，可节约招聘管理人员时间，招聘管理人员可用这段时间完成其他工作

续表

项目	构成	评估说明
显性收益	节约招聘时间成本	2. 猎头招聘为主动出击式的招聘，可以迅速锁定寻访的范围，为企业较快地招聘到合适的人才，缩短招聘时间
	节约招聘成本	1. 企业将合适的岗位招聘外包给猎头公司实施，可节约信息发布费用，减少简历筛选时间，节省初试费用，从而节约招聘成本 2. 猎头顾问选聘的应聘人员上岗后，猎头公司会为其提供一系列的后续保障服务，帮助应聘人员尽快适应企业，从而避免招聘失败，提高招聘的成功率，降低招聘成本
	新员工为企业创造的价值	猎头公司主要从企业竞争对手和相关企业内近似职位上寻访人才，因此通常会比较符合企业的要求，人才能很快上手，在工作岗位上为企业创造价值
隐性收益	避免与竞争对手的摩擦	企业用猎头招聘高级人才，可以避免与竞争对手的直接接触，减少企业与行业内其他企业的摩擦
	软性广告宣传	企业运用猎头招聘，可通过猎头顾问在行业内的寻访，为企业做软性广告宣传

猎头招聘后，企业招聘管理人员应对猎头招聘的显性收益进行计算，并对隐性收益进行综合评估，编写猎头招聘收益的评估报告，分析猎头招聘的好处，为优化招聘渠道管理工作提供依据。

2. 猎头招聘的费用评估

猎头招聘的费用评估是指对猎头招聘过程中的费用进行调查、核算，并对照预算进行评价的过程。企业人力资源部对猎头招聘费用进行评估，可明确猎头招聘支出事项，有利于企业按各支出事项有针对性地进行招聘费用控制，从而降低招聘成本。猎头招聘费用主要由猎头公司找寻费用、猎头招聘服务费、选拔成本、录用成本、安置成本等构成，具体见表 7–7。

表 7–7　　猎头招聘的费用及其说明、计算方法

费用构成	说明	计算方法
猎头公司找寻费用	企业在考查、选择猎头公司时发生的询价议价支出	找寻费用 = 时间成本 + 资料费用

续表

费用构成	说明	计算方法
猎头招聘服务费	猎头公司为企业招聘人才，企业支付给猎头公司的佣金	1. 服务费 = 招聘岗位年薪 × _____ % 2. 招聘岗位年薪 = 月薪 ×12（若有股权或期权激励方案，双方应另行协商折算成薪金的比例）
选拔成本	企业对应聘人员进行鉴别选择，决定录用或不录用哪些人员所支付的费用	选拔成本 = 选拔者面谈的时间成本和费用 + 汇总申请资料费用 + 考试费用 + 测评费用 + 体检费
录用成本	录用成本是指经过招聘选拔后，把合适的人员录用到企业所发生的费用	录用成本 = 录取手续费 + 调动补偿费 + 搬迁费 + 旅途补助费
安置成本	安置成本是指为安置已经被录取的员工到具体的工作岗位所发生的费用	安置成本 = 各种行政费用 + 必要装备费用 + 安置人员时间损失成本

其中，猎头招聘服务费为企业猎头招聘的主要费用支出。企业在与猎头公司签订合作合同前，应根据行业标准、招聘岗位的招聘难度、岗位年薪等，与猎头公司协商确定费用标准。同时，企业人力资源部在选择猎头公司，选拔、录用、安置应聘人员时，应尽量简化程序，减少资料、装备等费用支出，提高工作效率，节约时间成本。

3. 猎头招聘的风险评估

猎头招聘的风险是企业在选择猎头合作对象、任用猎头推荐人员等工作中可能出现的风险。企业对猎头招聘的风险进行评估，可以发现猎头招聘中出现的问题，从而提前采取有效措施，降低问题发生的概率，减少风险损失。

企业人力资源部要就可能出现的问题、风险发生的概率和风险评估方法三个方面着手开展相关工作。

（1）可能出现的问题。在猎头招聘过程中，一般可能会出现以下六项问题，从而导致招聘成本增加，或招聘的人员不能胜任岗位工作。

1）没有对猎头公司进行深入考查，选择的猎头公司缺乏职业道德，出现泄密、造假等行为；猎头公司综合实力较差，不能为企业及时招聘到合适人才。

2）选择的猎头公司的猎头顾问能力欠缺，不能按时推荐人才，导致招聘周期延长；招聘顾问缺乏职业道德，不诚信，导致招聘效率低下。

3）猎头公司的猎头顾问对企业的企业文化、管理风格、职位要求等缺乏深入了解，推荐的人才与企业不匹配，浪费招聘时间。

4）若企业的竞争对手正好为猎头公司客户，猎头公司不会在竞争公司那里挖人才，缩小了目标人才范围。

5）如果猎头公司与落选应聘人员关系处理不当，会导致落选应聘人员对企业评价较低或评价不客观，影响了企业在行业内的形象。

6）企业未对猎头公司推荐的应聘人员进行全面测评，应聘人员上岗后不能胜任岗位工作，不仅损失了服务费用，还增加了招聘成本。

（2）风险发生的概率。猎头招聘关系到企业岗位工作能否顺利开展，进而关系到企业的生产力，企业如缺乏完善的猎头招聘管理办法，或有管理办法但未有效执行，风险发生的概率较高。因此，企业应建立完善的猎头招聘管理办法，对猎头合作对象进行深入考查，选择优秀的合作对象；加强与猎头公司的沟通，并对其进行监督，妥善处理与落选应聘人员的关系；面试中应采用科学的方法、技术对应聘人员进行考查，选择与岗位匹配的应聘人员，降低风险发生的概率。

（3）风险评估的方法。猎头招聘的风险评估常用方法主要有风险因素分析法、专家调查评估法、概率统计分析法、风险率风险评估法四种，详见表 7–8。人力资源部可根据企业招聘工作需要，选择其中一种或几种方法准确地对猎头招聘风险进行评估，从而有针对性地采取措施降低风险发生概率或风险损失。

表 7–8　猎头招聘的风险评估常用方法

风险评估方法	具体说明
风险因素分析法	风险因素分析法是指对可能导致风险发生的因素进行评估分析，从而确定风险发生概率大小的风险评估方法。其一般步骤是：调查风险源→识别风险转化条件→确定转化条件是否具备→估计风险发生的后果→风险评估

续表

风险评估方法	具体说明
专家调查评估法	专家调查评估法首先通过调查编制猎头风险因素调查表，然后根据专家经验对风险的重要性或发生的可能性进行评判，得出综合风险水平
概率统计分析法	概率统计分析法是指将猎头招聘风险的历史数据与概率分布进行分析与对比，得出目前猎头招聘风险水平的方法
风险率风险评估法	1. 风险率风险评估法的基本思路是：先计算出风险率，然后把风险率与风险安全指标相比较，若风险率大于风险安全指标，则有风险，两数据相差越大，则风险越大 2. 风险率＝风险发生的概率 × 风险发生的平均损失；风险安全指标是在大量经验积累及统计运算的基础上，确定的能够接受的最低风险率

课程实训

结合本节内容的学习，编制一份猎头招聘服务合同。

实训指导

猎头招聘服务合同应明确界定成功聘用的含义、确定费用水平、明确费用支付方式、明确费用支付手段、明确试用期保证事项、明确雇用期限保证事项和明确已雇用的候选人不得推荐给其他企业的事项等内容。

下面是一份猎头招聘服务合同范例，供读者参考。

猎头招聘服务合同（范例）

甲方：×× 公司

乙方：×× 人力管理顾问公司

甲乙双方经友好协商，就乙方为甲方提供猎头招聘服务相关事宜，一致达成如下合同条款。

第 1 条　合同期限。

本合同的有效期为_____年_____月_____日至_____年_____月_____日。

第 2 条　服务内容。

1. 乙方向甲方推荐优秀人才，提供人才选拔、测评、录用等服务事宜。甲方委托乙方推荐人才的具体要求以甲方填报的“企业职位需求表”为准。

2. 自甲方正式委托职位寻访之日起，乙方正式启动寻访、推荐工作。_____个工作日内向甲方推荐每个职位_____至_____名经过测评基本符合甲方职位需求的候选人，直到甲方录用乙方所推荐的候选人为止。

3. 乙方在推荐候选人时，需要向甲方提供人选的详细简历，说明其以往的工作经历、主要职责、成就以及能说明其工作胜任能力的任何其他必要资料。

第 3 条　双方的权利与义务。

1. 甲方的权利与义务。

（1）甲方应保证向乙方提供的职位描述真实、有效。

（2）甲方有权决定是否面试乙方提供的候选人。

（3）甲方有权决定是否录用乙方提供的候选人。

（4）甲方有权决定乙方提供的候选人是否通过试用期并最终录用。

（5）甲方应积极配合乙方深入细致地了解甲方的招聘意图和职位细节。

（6）若甲方的招聘终止，应及时告知乙方。

2. 乙方的权利与义务。

（1）若甲方要求，乙方应对乙方从甲方获得的职位等相关信息保密。

（2）在本合同签署后，乙方应及时向甲方提供候选人供甲方筛选。

第 4 条　保密及保证期。

1. 甲乙任何一方非经对方同意，不得将对方的任何保密信息透露给第三方（本合同也属于保密信息），否则应按合同金额承担_____%违约金，违约金不足以弥补损失的，还应赔偿对方的额外损失。

2. 甲方不得向第三方透露乙方提供的候选人的求职意向、简历信息及联系方式，不得将乙方推荐的候选人在面试过程中所提供的材料和信息用于任何与该候选人测评无关的其他用途。

3. 乙方所推荐候选人在与甲方建立劳动关系之日起_____个月内离职的，乙方应免费继续为甲方推荐符合甲方所填“企业职位需求表”的人选，直至甲方聘用为止。

第 5 条　费用标准及支付方式。

1. 收费标准。

乙方向甲方成功推荐候选人并被聘用后，具体的服务收费标准见表 7–9。

表 7–9　收费标准表

职位年薪	猎头服务费用	服务保证期
______万元以上（含______万元）	职位年薪的______%	______个月
______万元以下	职位年薪的______%	______个月

2. 支付方式。

（1）自本合同签订之日后，甲方正式委托职位寻访之日起，甲方应向乙方支付预付款（总服务费的_____%）。

（2）乙方所推荐的候选人被甲方录用后，在该候选人办理入职手续之日起_____个工作日内，甲方向乙方支付总服务费的_____%；候选人入职后_____个月内支付剩余的_____%。甲方支付服务费时，乙方应先提供等额有效发票。

第 6 条　纠纷处理。

1. 因本合同履行和解释所发生的任何争议均应由双方友好协商解决。

2. 协商不成的，任何一方应向甲方所在地人民法院提起诉讼。

第 7 条　其他事项

1. 本合同未尽事宜，由双方协商解决。

2. 本合同在期满前 30 天，甲乙双方都没有提出终止协议的情况下，本合同将视为自动续签_____年。

3. 甲乙任何一方违约时，双方均有权要求终止本合同，并有权要求违约方承担赔偿责任。

4. 遇有不可抗力或重大情势变更，合同双方均有权提前解除合同，但必须提前______天书面通知对方。

5. 本合同一式两份，甲乙双方各执一份，双方签字并盖公章后生效。

甲方（盖章）：　　　　　　　　　　　乙方（盖章）：

法定代表人（或授权委托人）：　　　　法定代表人（或授权委托人）：

签字：　　　　　　　　　　　　　　　签字：

日期：　　　　　　　　　　　　　　　日期：

本章自测题

1. 怎样理解招聘外包？
2. 招聘外包通常遵循哪几个实施步骤？
3. 如何选择合适的猎头公司？
4. 使用猎头招聘之后，是否需要进行评估？如果需要，请详细描述。

第八章　灵活用工管理

学习目标

➢ 目标 1　了解灵活用工管理的模式

➢ 目标 2　了解灵活用工管理的作用

➢ 目标 3　了解劳务派遣的业务类型

➢ 目标 4　掌握劳务派遣企业选择和合同管理

➢ 目标 5　掌握劳务派遣关系的解除与终止以及劳务派遣用工风险防范

➢ 目标 6　了解劳务派遣与人力资源外包的区别

➢ 目标 7　了解兼职的形式

➢ 目标 8　掌握兼职合同管理

引导案例

随着社会经济的发展，"用工荒"时常发生，如春节期间餐饮旅游服务业招工难，工厂工人春节后返厂率低；在一些生产型企业，订单量季节性波动很大，订单高峰期人员需求非常大，企业短时间又很难招聘到大量的合适工人，而在季节性用工需求结束后，订单量减少，工人收入降低，企业也很难留住工人；随着我国劳动法律法规日益完善，企业不合规的用工方式被阻断，整体用工成本相对增加。

通过本章内容的学习，请思考：以上的情况该如何解决？灵活用工有哪些具体的方式？灵活用工与普通用工有什么区别？灵活用工有哪些作用？

第一节　灵活用工管理

一、灵活用工管理概述

灵活用工是指能够及时应对企业生产方案调整，有效为企业减负的用工形式。灵活用工的形态主要包括以非全日制劳动用工为代表的时间上的灵活用工、以劳务派遣为代表的雇用形式上的灵活用工、以业务外包为代表的服务形态上的灵活用工、以平台型用工为代表的就业形式上的灵活用工等。

一般劳动合同的员工在工作中只是听从安排做事，服从领导，准时准点完成工作，在管理上更依托于企业或领导安排。而灵活用工人员将自己的未来发展完全握在自己的手中，更关心未来工作与发展之间的衔接问题。

二、灵活用工管理的模式

灵活用工管理主要有劳务派遣、非全日制用工、实习、兼职、返聘退休人员、业务外包、社会化用工七种模式。

（一）劳务派遣

企业的辅助性岗位可以采用劳务派遣的模式，将辅助性的工作交与劳务派遣员工处理，如企业网络管理人员、网络推广人员等。

（二）非全日制用工

企业一些岗位的工作只需要一个固定时间或是不足一个工作日就能完全完成的，可以采用非全日制的用工模式，如企业食堂厨师人员等。

（三）实习

企业如果需要大批量一线和基础岗位员工，可采用实习模式。实习的模式一般是企业与岗位对口的高校或职业院校建立校企合作，在学生毕业前一年或半年通过学校推荐的方式，招聘成绩优异的学生到企业实习。对实习期满后通过双向选择的优秀学生，会在正式毕业后实现入职。

（四）兼职

对于一部分零星、单一且简单的工作，比如市场调查、录单、记录投诉电话等，可以招聘一些业余时间充足的在校学生进行勤工俭学。还有一些专家学者、咨询师等，有着本职的工作，但因为技术特长可以帮助企业改善经营和管理中的问题，在不违背本职工作保密和竞业限制情况下可以兼职工作。

（五）返聘退休人员

例如，科研人员到了法定退休年龄，但所从事的科研工作还需要其继续完成，企业可返聘其继续做科研，只是在工作时间上可以根据自己的情况灵活安排。

（六）业务外包

例如将企业的安保、保洁及非生产设施的维护工作外包给专业的物业公司，可以降低相关人员的管理风险。

（七）社会化用工

社会化用工一般是指个人不与企业及其关联组织建立雇佣关系/劳务关系，而是企业与个人直接建立合作关系的模式。这类合作关系的双方遵循“风险共担、利益共享”的原则，建立平等的业务承揽合作。如电商行业店主与平台的关系，共享出租车司机与平台的关系。

综上所述，社会化用工是灵活用工中最新兴的一种形态，是真正实现全民合作的一种形态。社会化用工不是对企业劳动用工不足的一种补充，而是当下企业数量快速增长情况下的一种重要用工方式。本章的第二节和第三节将重点介绍劳务派遣和兼职两种灵活用工管理模式。

三、灵活用工管理的作用

（一）降低人力资源成本

采用灵活用工的管理方式，可以让人才以流动的方式为企业服务，降低企业人力资源管理的成本。

（二）规避用工风险

灵活用工人员与企业属于非劳动合同关系，因此可以避免因劳动合同关系而产生的如编制人数、合同纠纷、员工辞退、事故工伤等一系列问题的风险。

（三）优化组织管理

灵活用工管理方式更利于复杂的组织结构形式向扁平化发展，更利于管理。

第二节　劳务派遣

一、劳务派遣概述

劳务派遣是指劳务派遣企业与实际使用劳动者的单位（以下简称“用工企业”）签订劳务派遣协议，根据用工企业提出的人员标准与工资待遇等要求，招聘、录用合格人员，并将该劳动者派遣至用工企业工作，从中获得收入的人力资源经营活动。劳务派遣是一种区别于用工企业直接聘用员工的补充用工形式，在我国还被称为“人才派遣”“人才租赁服务”等。

（一）劳务派遣业务主体及其关系分析

在劳务派遣业务中，存在着三种业务主体、三重关系。三种业务主体分别是实际从事工作的劳动者、派出该劳动者的劳务派遣企业、实际使用该劳动者的用工企业。这三种业务主体实际运行的关系见图 8–1。

由图 8–1 可以看出，实际从事工作的劳动者与劳务派遣企业之间虽然签有劳动合同，但双方未兑现劳动力的给付，形成的是一种特殊的劳动关系——形式劳动关系。劳动者与用工企业因为实际劳动力的给付，形成的是实际劳动关系。劳务派遣企业与实际用工企业之间因签订劳务派遣协议所形成的劳务关系，是一种民事法律关系。

劳务派遣作为新型的用工管理形式，是一种雇佣和使用分离的就业制度。用工企业人力资源部面对数量众多的劳务派遣企业，应制定健全的机构选择程序，实现双方共赢。

（二）劳务派遣的意义

劳务派遣现象的出现及其迅速发展有其内在原因和重要意义，其意义主要包括降低劳动管理成本、促进就业、促进劳动法治化的进步、满足外国组织驻华代表机构等特殊单位的需求四个方面。

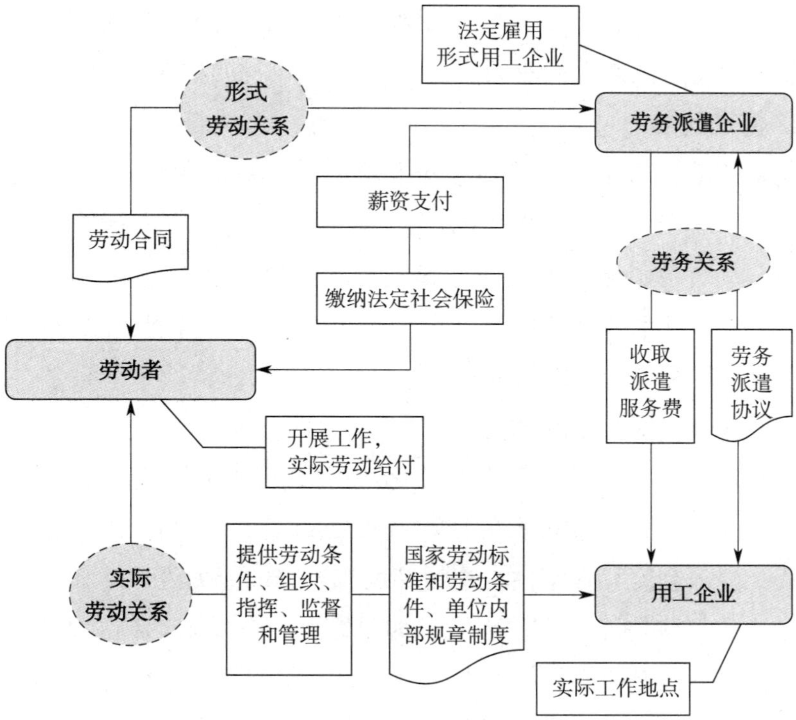

图 8-1　劳务派遣业务主体及其关系分析示意图

1. 降低劳动管理成本

劳务派遣的出现是劳动管理专业化分工的必然结果。生产经营型用人单位在其劳动力的招聘、测评、考核、录用、培训，以及工资与社会保险管理等一般劳动管理事务性工作方面需要承担直接成本与机会成本，而从专业化的劳务派遣企业获得上述劳动管理事务性工作的服务，可极大地降低一般劳动管理成本，并将精力集中于生产性工作，从而提高自身的效益。

此外，有了劳务派遣企业提供的服务，企业可以减少内部人员储备，降低固定人工成本，不必为了满足某些临时性、辅助性或者替代性的工作岗位的劳动力需求而经常性地储备人员，从而降低了人工成本。

由于劳务派遣企业是通过专业化和集约化的方式进行经营，可将一般性劳动管理成本大幅度地降低。同时，劳务派遣企业有着自己独立的利益和责任，只有通过提供高质量、高效率、适应实际用工企业需要的劳动管理服务，才能保证其自身的利益。市场化的激励机制成为劳务派遣企业迅速发展的巨大内驱力。

2. 促进就业

我国劳动力市场在总量与结构上的供求失衡将会长时期地存在，而劳务派遣企业具有广泛的就业信息来源和更为灵活、广阔的就业空间，可以为劳动者提供更多的就业选择机会。作为一种新的就业方式，劳务派遣可以在一定程度上解决人力资本存量较低、自身就业能力较弱、短期难以稳定就业等人员的就业问题。

3. 促进劳动法治化的进步

在现代社会，劳动关系的复杂化使得劳动法治化获得极大进步，劳动标准日益增多，劳动关系的法律调整受到整个社会的普遍关注。中小企业某些内部制度存在空白，这使其没有充分的能力处理劳动法律事务，需要专业的机构协作管理。因此，如果完善劳务派遣的制度设计，由劳务派遣企业进行专业操作，可在相关层面上促进劳动法治化的进步。

4. 满足外国组织驻华代表机构等特殊单位的需求

根据我国有关法律法规的要求，外国企业、社会团体等组织的驻华代表机构作为不具有法人资格的分支机构，不具有用人主体资格，而涉外劳务派遣企业依法提供的第三方人力资源服务，可有效解决外国企业、社会团体等组织的驻华代表机构的用人需求。

二、劳务派遣业务类型

在实际开展劳务派遣实践的过程中，根据劳务派遣业务的适用范围、使用目的、影响程度等，可将其划分为全程派遣、转移派遣、试用派遣、项目派遣四种类型。

（一）全程派遣

全程派遣是指用工企业与劳务派遣企业签订劳务派遣协议，根据用工企业提出的用人要求，劳务派遣企业负责实施招聘，并将劳动者派遣到用工企业，劳务派遣企业代替用工企业为派遣员工办理录用与退工手续、工资发放、社会保险费和住房公积金缴存、代扣代缴个人所得税、福利发放、档案接转、户口落实等双方约定好的工作，而用工企业需按时将相关费用支付给劳务派遣企业，并按派遣员工数量及派遣时间支付一定的服务费用。

（二）转移派遣

转移派遣是指用工企业与劳务派遣企业签订劳务派遣协议，用工企业将现有部分员工（其岗位性质符合“临时性”“辅助性”“替代性”之一）的关系转移到劳务派遣企业，由劳务派遣企业代替用工企业为派遣员工办理录用与退工手续、工资发放、社会保险费和住房公积金缴存、代扣代缴个人所得税、福利发放、档案接转等工作，用工企业按时将相关费用支付给劳务派遣企业，并按派遣员工数量及管理时间支付一定的服务费用。

（三）试用派遣

试用派遣是指用工企业与劳务派遣企业签订劳务派遣协议，将处于试用期新员工的关系交由劳务派遣企业管理，以派遣的形式试用，劳务派遣企业协助用工企业实施人才测评等工作。

（四）项目派遣

项目派遣是指用工企业为完成某一项工作而急需招聘有相关专业的技术人员，项目结束后，只需留用少量维护人员，用工企业一般采用派遣用工，即由劳务派遣企业负责前期的招聘、劳动合同签订、劳动关系解除等手续。

随着企业经营管理和人力资源管理实践的发展，劳务派遣企业可能还会根据客户企业的实际情况，在遵守《中华人民共和国劳动合同法》《劳务派遣暂行规定》等法律法规政策的前提下，突破上述四种类型开发出新的业务类型，并定制符合企业用工要求的服务项目。

三、调研选择劳务派遣企业

企业应在内部组织展开调研工作，根据其指导方针、所属行业、用人岗位等因素设计调研内容，撰写调研报告。然后，企业应根据国家相关法律法规、外部市场环境、企业战略导向和企业各项人力资源管理制度等，在众多劳务派遣企业中调研选择 5 ~ 6 家劳务派遣企业，以提高工作效率，节约工作时间，缩小目标范围。

企业在调研选择劳务派遣企业应重点关注的内容包括如下五个方面。

（一）指导方针

重点关注《中华人民共和国劳动合同法》《中华人民共和国劳动争议调解仲裁法》《劳动合同法实施条例》等法律法规对劳务派遣企业的规定及要求。

（二）市场行情

重点关注国家对被派遣劳动者的新政策，目前市场上劳务派遣规模、劳务派遣员工供求情况、劳动力市场价位等。

（三）企业所属行业

重点关注企业所属行业内的劳务派遣情况、目前劳务派遣员工的岗位分布及其人数比例等信息。

（四）用人岗位

重点关注本企业战略导向、人力资源中长期规划、人才价值观、岗位胜任素质等。

（五）机构评审

企业人力资源部建立完善的评审体系，对筛选的劳务派遣公司进行评审，并得出评审结果。评审指标的选择应充分体现企业战略方针，符合企业长期发展战略，保证企业战略目标的顺利实现。

四、劳务派遣合同管理

根据《中华人民共和国劳动合同法》《劳务派遣暂行规定》的规定，劳务派遣企业、用工企业和被派遣劳动者之间的权利与义务，既须符合法律规定，又要通过双方订立合同（协议）予以确定。因此，在劳务派遣关系中，主要涉及劳务派遣协议和劳动合同两类合同。

（一）劳务派遣协议

1. 劳务派遣协议的内容

劳务派遣企业与用工企业订立劳务派遣协议，劳务派遣协议应当载明的内容主要包括如下十三个方面。

（1）派遣的工作岗位名称和岗位性质。

（2）工作地点。

（3）派遣人员数量和派遣期限。

（4）按照同工同酬原则确定的劳动报酬数额和支付方式。

（5）社会保险费的数额和支付方式。

（6）工作时间和休息休假事项。

（7）被派遣劳动者工伤、生育或者患病期间的相关待遇。

（8）劳动安全卫生以及培训事项。

（9）经济补偿等费用。

（10）劳务派遣协议期限。

（11）劳务派遣服务费的支付方式和标准。

（12）违反劳务派遣协议的责任。

（13）法律、法规和规章规定应当纳入劳务派遣协议的其他事项。

2. 劳务派遣单位的义务

劳务派遣单位应当对被派遣劳动者履行的义务主要包括如下八个方面。

（1）如实告知被派遣劳动者法律规定的事项、应遵守的规章制度以及劳务派遣协议的内容。

（2）建立培训制度，对被派遣劳动者进行上岗知识、安全教育培训。

（3）按照国家规定和劳务派遣协议约定，依法支付被派遣劳动者的劳动报酬和相关待遇。

（4）按照国家规定和劳务派遣协议约定，依法为被派遣劳动者缴纳社会保险费，并办理社会保险相关手续。

（5）督促用工单位依法为被派遣劳动者提供劳动保护和劳动安全卫生条件。

（6）依法出具解除或者终止劳动合同的证明。

（7）协助处理被派遣劳动者与用工单位的纠纷。

（8）法律、法规和规章规定的其他事项。

（二）劳务派遣中的劳动合同

劳务派遣中劳动合同订立的主体为劳务派遣企业和被派遣劳动者，双方当事人约定被派遣劳动者的主要劳动给付义务，并服从用工企业的指挥监督。

1. 劳务派遣中劳动合同的必备条款

劳务派遣中劳动合同的必备条款主要包括用人企业的名称、地址、法人或主要负责人，被派遣劳动者的身份证件号码、姓名，劳动合同期限，工作内容和工作地点，工作时间和休息休假，劳动报酬和社会保险，劳动保护、劳动条件和职业危害防护，法律、法规规定应纳入劳动合同的其他事项，被派遣劳动者的用工企业，被派遣劳动者的派遣期限和被派遣劳动者在用工企业的工作岗位等内容。

2. 劳务派遣中劳动合同的期限约束

劳务派遣企业应当与被派遣劳动者订立固定期限劳动合同，即劳务派遣企业不能与被派遣劳动者订立无固定期限劳动合同和以完成一定工作任务为期限的劳动合同。

五、对被派遣劳动者的管理

按照对被派遣劳动者进行管理的主体不同，可以分为劳务派遣企业对被派遣劳动者的管理和用工企业对被派遣劳动者的管理。用工企业除履行自身对被派遣劳动者的管理职能外，还承担劳务派遣企业对被派遣劳动者管理的告知义务。

（一）劳务派遣企业对被派遣劳动者的管理

劳务派遣企业向用工企业派遣劳动者后，被派遣劳动者的劳动关系在劳务派遣企业，并由其对被派遣劳动者实施劳动合同关系管理、劳动派遣协议内容告知、劳动报酬管理、社会保险管理等。

1. 劳动合同关系管理

劳务派遣企业基于用人单位自身的角色定位对被派遣劳动者的劳动合同关系管理，与一般情形下用工企业对其劳动者实施的劳动合同关系管理并无差别，具体的管理事项包括劳动合同的订立、劳动合同的履行和变更、劳动合同的终止、经济补偿金事项和违反法律法规的责任。

2. 劳务派遣协议内容告知

劳务派遣企业应将劳务派遣协议的内容告知被派遣劳动者，告知的具体内容包括被派遣岗位及其派遣期限、劳动报酬、社会保险费的数额与支付方式、违反协议的责任、工作时间和工作内容等。

3. 劳动报酬管理

劳务派遣企业应按月足额支付被派遣劳动者工资，不得克扣其工资或向其收取费用，保障最低工资，保障同工同酬。

4. 社会保险管理

劳务派遣企业应当为被派遣劳动者办理社会保险并缴纳相应费用。

（二）用工企业对被派遣劳动者的管理

用工企业应当对被派遣劳动者实施的管理及应履行的义务主要包括以下五个方面。

1. 劳动保护

用工企业应当按照国家规定，为被派遣劳动者提供符合国家劳动标准要求的劳动条件和劳动保护。

2. 知情权保护

用工企业应当告知被派遣劳动者对其有何要求，与劳务派遣企业在劳务派遣协议中约定劳动报酬数额及支付方式等。

3. 薪资管理

用工企业的薪资管理主要涉及同工同酬原则、加班费待遇和薪资调整机制三个方面。

（1）被派遣劳动者享有和用工企业自主招聘的劳动者同工同酬的权利。

（2）用工企业应按照企业相关岗位标准，向被派遣劳动者支付加班费、绩效奖金和其他福利待遇。

（3）用工企业对于连续用工的被派遣劳动者，实行正常的薪资调整机制。

4. 岗位培训

用工企业应对被派遣劳动者进行工作岗位必需的职业技能培训，提高被派遣劳动者的工作能力。

5. 其他劳动者权益保护

除了劳动法律法规规定的劳动基准、安全卫生、女职工保护、工伤处理等诸多由用工企业和劳务派遣企业共同承担的事项外，用工企业对被派遣劳动者还应保证的劳动者权益保护事项主要包括以下三个方面。

（1）不得向被派遣劳动者收取费用。

（2）不得将被派遣劳动者再派遣到其他用人单位。

（3）应当保障被派遣劳动者依法参加或组织工会的权利。

除上述须告知的内容外，用工企业还应履行对被派遣劳动者进行试用期管理和工时制管理等的告知义务。

六、劳务派遣关系解除与终止

（一）用工企业与劳务派遣企业劳务派遣协议的解除

用工企业可以与劳务派遣企业约定劳务派遣协议的解除条件，常见的解除方式包括以下三种。

1. 协商解除

在劳务派遣协议履行的过程中，经劳务派遣企业与用工企业双方在自愿的基础上协商一致，解除劳务派遣协议。

劳务派遣企业须与用工企业签订终止劳务派遣协议，并约定被派遣劳动者与用工企业解除劳务用工协议的期限，以及社会保险费缴纳等相关人事移交工作。

2. 约定解除

劳务派遣企业与用工企业可按劳务派遣协议的约定解除派遣关系。如在劳务派遣协议中约定，劳务派遣企业不按照约定派遣适当的劳动者到用工企业的，用工企业可以解除劳务派遣协议。

3. 法定解除

在法律规定的情形下，用工企业可以将劳动者退回劳务派遣单位，劳务派遣单位依法可以与劳动者解除劳动合同。

（二）用工企业与被派遣劳动者劳务派遣关系的终止

用工企业与被派遣劳动者劳务派遣关系的终止，是指用工企业通过劳务派遣企业对过失性被派遣劳动者或不满意的被派遣劳动者进行解除或调换。这类劳务派遣关系的终止主要包括以下两种情况。

1. 用工企业主动终止劳务派遣关系

依据《中华人民共和国劳动合同法》有关规定，被派遣劳动者有相关的过失性和无过失性情形之一的，用工企业可以主动终止劳务派遣关系，辞退被派遣劳动者。

（1）过失性辞退的情形

1）在试用期间被证明不符合录用条件的。

2）严重违反用人单位的规章制度的。

3）严重失职，营私舞弊，给用人单位造成重大损害的。

4）劳动者同时与其他用工企业建立劳动关系，对完成本企业的工作任务造成严重影响，或者经用工企业提出，拒不改正的。

5）以欺诈、胁迫的手段或者乘人之危，使对方在违背真实意思的情况下订立或者变更劳动合同，致使劳动合同无效的。

6）被依法追究刑事责任的。

（2）无过失性辞退的情形

1）劳动者患病或者非因工负伤，在规定的医疗期满后不能从事原工作，也不能从事由用工企业另行安排的工作的。

2）劳动者不能胜任工作，经过培训或者调整工作岗位，仍不能胜任工作的。

3）劳务派遣协议订立时所依据的客观情况发生重大变化，致使劳务派遣协议无法履行，经用工企业与被派遣劳动者协商，未能就变更劳务派遣协议内容达成协议的。

除上述情形外，根据《劳务派遣暂行规定》有关规定，用工企业被依法宣告破产、吊销营业执照、责令关闭、撤销、决定提前解散或者经营期限届满不再继续经营的，或者劳务派遣协议期满终止的，用工企业可主动终止劳务派遣关系。

2. 用工企业被动终止劳务派遣关系

用工企业被动终止劳务派遣关系是指劳务派遣企业对其所派遣劳动者的召回。例如，劳务派遣企业主动发现了被派遣劳动者可能存在工作素质和能力等方面的问题，或经与用工企业沟通，发现被派遣劳动者存在道德、态度上的问题，而用工企业又无法根据相关法律规定主动终止劳务派遣关系的情形下，可采取被动终止的方式。

七、劳务派遣用工风险及其防范

劳务派遣这一用工方式革新了传统的企业与员工之间的直接聘用关系，形成用工企业、劳务派遣企业、被派遣劳动者三方主体的三方雇佣模式，易产生法律关系模糊、法律责任难以界定等问题。因此，如何有效控制和防范劳务派遣用工中的风险已成为用工企业的重要任务。

（一）对被派遣劳动者用工管理风险的防范策略

用工企业在不同阶段，对被派遣劳动者会有不同的管理方式。在员工招聘阶段，用工企业负责员工的筛选及最终确定；在员工工作阶段，用工企业负责被派遣劳动者的工作任务、工作时间、绩效评估的管理。用工企业对被派遣劳动者用工管理的具体内容包括如下四个方面。

1. 对被派遣劳动者的保密义务管理

（1）用工企业应制定专门的保密规则，明确商业机密的范围及相关责任，并与被派遣劳动者订立保密协议。

（2）用工企业可以结合实际情况，在竞业限制条款约定等方面做出相应规定。

2. 对被派遣劳动者实施考评和奖惩

（1）用工企业应与劳务派遣企业约定对被派遣劳动者实施考评和奖惩的相关规则，并在劳动合同条款中进行确定。

（2）用人企业如果有针对被派遣劳动者的用工规则，则可以将上述规则作为用工合同的附件予以说明。

3. 对被派遣劳动者实施人性化管理

（1）用工企业应加强对被派遣劳动者的人文关怀，实现平等管理。

（2）用工企业与被派遣劳动者就企业文化、工作内容进行有效沟通，为被派遣劳动者构建职业发展平台。

4. 对被派遣劳动者的退回

被派遣劳动者有过失辞退的情形时，用工企业可以依据协定将其退回劳务派遣企业。

（二）对连带责任风险的防范策略

被派遣劳动者与劳务派遣企业建立劳动关系，一旦发生仲裁、诉讼，按照关于仲裁、诉讼的主体规定，用工企业极有可能成为共同被告，加上《中华人民共和国劳动合同法》连带责任的相关规定，使用工企业劳动争议的法律风险增加。因此，用工企业应该从以下四个方面预防可能出现的连带责任风险。

1. 劳务派遣协议与责任承担

用工企业与劳务派遣企业签订劳务派遣协议时，应注意派遣协议是否权责分明，这会降低用工企业在劳务派遣关系中的法律风险。

2. 对被派遣劳动者的劳动合同实施管理

虽然被派遣劳动者没有直接与用工企业签订劳动合同，但用工企业也应该从合同签订程序和合同内容等两方面进行跟踪管理。

（1）用工企业应防止劳务派遣企业不签、迟签劳动合同，要抽查劳务派遣企业的劳动合同签订情况，要求劳务派遣企业提供一份劳动合同给用工企业进行备案。

（2）用工企业应检查劳动合同内容是否符合劳动法律法规的相关规定，不能与劳务派遣协议相抵触。

3. 加强对服务费用的管理

用工企业需要向劳务派遣企业支付被派遣劳动者工资和社会保险有关费用等，支付费用后，应敦促劳务派遣企业及时为被派遣劳动者支付工资、办理社会保险。

4. 对劳务派遣企业的质量进行考核与评估

（1）用工企业应制定完善的劳务派遣企业选择标准，避免无效派遣的风险。

（2）用工企业应建立对劳务派遣企业的质量评估和定期、不定期的考核制度，可将考核结果与用工企业提供的服务费用相关联。

（三）对作业环节延迟风险的防范策略

用工企业应在劳务派遣协议中，约定被派遣劳动者的到岗时间，一旦因被派遣劳动者无法按时到岗而导致企业作业环节延迟，企业可以要求劳务派遣企业赔偿部分损失。

八、劳务派遣与人力资源外包

人力资源外包是指用工企业将人力资源管理的大部分工作，如建立劳动关系、录用解聘手续、档案管理、社会保险管理、工资发放等，以合同或协议的方式交由人力资源外包服务机构来代理完成。承接这些业务的人力资源外包服务机构也称为人事代理机构。人力资源外包服务主要包括员工招聘外包服务、日常员工信息管理服务、员工培训外包服务、薪酬福利外包服务、人员测评外包服务、人力资源信息系统外包服务等。

劳务派遣与人力资源外包的主要区别，具体体现在五个方面，具体见表 8–1。

表 8–1　劳务派遣与人力资源外包的比较

比较依据	劳务派遣	人力资源外包
适用的法律	《中华人民共和国劳动合同法》《劳务派遣暂行规定》	《中华人民共和国民法典》
经营的主体	经营劳务派遣的企业必须是严格按《中华人民共和国劳动合同法》规定设立的法人实体	经营人力资源外包服务的主体可以是个人，也可以是法人或其他实体企业，一般统称为机构
劳动合同关系	劳务派遣企业与劳动者签订劳动合同	人力资源外包服务机构与劳动者不签订劳动合同
合同标的	按照劳务派遣的时间和费用标准，根据约定被派遣劳动者的人数结算费用，合同标的主要是“人”，可理解成用工企业购买的是“劳动力”	按照事先确定的人力资源外包服务业务单价，根据外包服务机构完成的工作量结算，合同标的主要是“事”，可理解成用工企业购买的是“服务”
违法的后果	若在劳务派遣的过程中，给被派遣劳动者造成损害的，用工企业与劳务派遣企业按《中华人民共和国劳动合同法》承担连带赔偿责任	用工企业与人力资源外包服务机构之间按双方订立的合同履行权利并承担义务，但外包服务机构对劳动者基本上不承担责任

通过比较可知，区分劳务派遣与人力资源外包的关键在于谁与劳动者签订劳动合同。人力资源外包是用工企业与劳动者签订劳动合同、建立劳动关系，用工企业只是将人力资源管理的部分非核心工作委托给专业机构代理。劳务派遣则是劳务派遣企业与被派遣劳动者签订劳动合同、

建立形式劳动关系，成为劳动者的法定雇用者，用工企业只负责被派遣劳动者的工作管理。

课程实训

结合本章内容的学习，试制作灵活用工与劳务派遣、普通用工的比较表格。

实训指导

灵活用工包括劳务派遣、非全日制用工、实习、兼职、返聘退休人员、业务外包和社会化用工七种模式，其中的劳务派遣是一种特殊的灵活用工模式，因此应将劳务派遣与其他灵活用工模式区别比较。三者的比较可以从身份、对象、关系、适用法律、用工风险、收入类型六个方面进行。

表 8-2 是一个简单的普通用工、劳务派遣、灵活用工的区别比较表，供读者参考。

表 8-2　　普通用工、劳务派遣、灵活用工的区别比较

比较内容	普通用工	劳务派遣	灵活用工
身份	劳动者个人	劳动者个人	个人/服务商
对象	合同标的是个人	合同标的是个人	合同标的是工作内容或任务
关系	劳动关系/劳务关系	劳动关系/劳务关系	合作关系/民事关系
适用法律	《中华人民共和国劳动合同法》	《中华人民共和国劳动合同法》	《中华人民共和国劳动合同法》《中华人民共和国民法典》
用工风险	存在用工风险	存在用工风险，承担连带赔偿责任	无用工风险，承担违约责任和民事赔偿责任
收入类型	工资薪金所得	工资薪金所得	经营所得

第三节　兼职

一、兼职的概念

目前，随着市场竞争的加剧，企业发现招聘兼职人员是节省成本的有效途径，所以兼职就成为灵活用工最常见的形式之一。

兼职是指员工在本职工作之外兼任其他工作职务。兼职人员除了可以领取本职工作的工资外，还可以按约定标准领取所兼任工作职务的工资。

兼职人员大都是有一定专业知识和技术能力的专家学者、仍愿意继续工作的退休人员和业余时间较为充裕且有精力、能力的在职人员、学生等。

二、兼职的形式

兼职最常见的形式是外部专家兼职、时段兼职和一般兼职。

（一）外部专家兼职

外部专家是指能够为企业业务提供技术、管理等方面支持的专家学者或业内权威人士，主要包括管理顾问、业务专家、技术专家、咨询辅导专家等。

外部专家大都是行业资深人士，他们的专业知识扎实、工作经验丰富，其来源人群也比较集中，多数为大学教师、高级职业经理人、科研机构人员等。

根据外部专家的特点，企业在招聘兼职外部专家时，可以选择的招聘渠道主要有推荐招聘、猎头招聘、网络招聘等。

（二）时段兼职

时段兼职招聘按季节或时间段的不同，可分为大学生寒暑假兼职招聘、周末兼职招聘、促销活动期间兼职招聘、校园宣讲会期间兼职招聘等，其相关说明和招聘渠道见表 8–3。

表 8–3　　各种时段兼职的相关说明和招聘渠道

兼职类型	相关说明	招聘渠道
大学生寒暑假兼职	每年寒暑假都会有很多在校大学生希望从事一些兼职实习工作来增加自身的工作阅历和提高自身能力	网络招聘、校园现场兼职招聘
周末兼职	周末是人们的休息时间，对于一些企业尤其是服务型和消费型企业，周末往往需要大量的服务人员，这就必然需要招聘一些兼职人员临时满足经营的需要	网络招聘、职业介绍机构介绍
促销活动期间兼职	很多企业会根据销售计划，适时开展促销活动，届时会需要很多促销人员，这些促销人员有些来源于企业内部，有些则需要招聘兼职人员	网络招聘、媒体招聘、企业广告栏粘贴广告招聘
校园宣讲会期间兼职	多数企业每年都会进行校园招聘，组织开展校园宣讲会或进行其他宣传，在整个招聘活动中，企业自身人员很难完成全部工作，因此需要一些兼职人员辅助开展工作	网络招聘、校园广告栏张贴广告招聘

（三）一般兼职

一般兼职是除外部专家和时段兼职以外的其他类型的兼职形式。一般兼职通常招聘的人员类别有促销人员、发单员、小时工、话务员、推广员等。

一般兼职人员需求时间灵活、数量不定，素质要求不高，因此通常可以选择网络、地方的中介机构、电视和报纸等媒体、熟人推荐等渠道进行招聘。

三、兼职的合同管理

虽然兼职人员并非企业的正式员工，但是为了维护企业和兼职人员双方的利益，保持良好的合作关系，避免劳动纠纷，企业仍须与兼职人员签订合同。

（一）合同管理问题

企业与兼职人员签订的合同要严密、条款齐全，日后双方一旦发生利益冲突，要便于查证核实。企业与兼职人员签订合同，应注意防范以下三个方面的问题。

（1）有些兼职人员进入企业是通过熟人介绍的，碍于情面关系，企业与兼职者只是简单地达成了口头用工协议，无字据为证。这样一旦双方发生利益纠纷，则会导致争议问题较难处理。

（2）企业与兼职人员签订的合同内容，若条款表述不清、概念模糊，或者合同所约定的责、权、利明显对合同双方中的一方有利，则容易导致合同在履行中发生争议。

（3）企业与兼职人员签订的合同，其条款可能未经专业人员进行审核，存在违反国家法律法规或劳动政策的情况，甚至签订合同的程序不合法，导致合同丧失法律效力，进而影响合同的履行。

（二）社会保险问题

兼职人员与用人单位建立劳动关系，理应要求用人单位为其缴纳有关社会保险费用。但是，按照现行法律规定，不能存在两个或两个以上的用人单位同时为一个劳动者缴纳社会保险。因此，对于兼职人员原则上并不需要缴纳社会保险。

本章自测题

1. 简述灵活用工管理的模式。
2. 劳务派遣的业务类型有哪些？
3. 如何选择合适的劳务派遣企业？
4. 简述劳务派遣合同的种类。

5. 简述劳务派遣用工风险及其防范措施。
6. 简述劳务派遣与人力资源外包的区别。
7. 兼职的形式有哪些？
8. 兼职合同应防范哪些风险？

第九章　员工录用与入职管理

学习目标

- 目标 1　了解录用管理的含义和原则
- 目标 2　掌握录用决策的操作要点
- 目标 3　掌握录用背景调查的方式
- 目标 4　熟悉办理入职手续的内容
- 目标 5　掌握劳动合同签订注意事项
- 目标 6　了解试用考核管理内容

引导案例

R公司是一家化工企业，产品主要面向海外市场。随着公司生产规模的扩大，需要招聘一名生产主管。

人力资源部在接到招聘任务后，根据生产部门的特点开始了一系列招聘前期工作。

一、选择招聘渠道

在招聘渠道的选择上，人力资源部经理张伟设计了如下两套方案。

方案一：在本行业专业媒体做广告，费用为4 000元。本方案的优点，一是对口人才的比例相对比较高，二是招聘成本相对较低。本方案的缺点是对公司的宣传力度不大。

方案二：在大众媒体上做广告，费用为9 000元。本方案的优点是对公司的宣传力度大。本方案的缺点，一是非专业人才的比例高，前期筛选工作量大，二是招聘成本高。

张伟将方案报公司总经理，总经理认为公司目前尚处于初期发展阶段，便选择了第二种方案，因为其更有利于对公司的宣传。

二、进行人员筛选

在招聘信息发布后的一周时间里，人力资源部收到了大量的简历，招聘专员从中筛选出50份简历，又经筛选后留下了6份简历，交给了生产部门的经理姚丁，并请姚丁直接约见面试。姚丁经过筛选后认为可从两个人中做选择，即赵晨和王勇，两人的基本资料如下：

赵晨，男，32岁，有3年生产管理经验，在之前的两份工作中均有良好的表现，并且前任主管对他的评价颇高。

王勇，男，30岁，有4年生产管理经验，但没有前任主管的评价信息。

三、做出录用决定

了解完这两位应聘人员的情况后，生产部经理姚丁与人力资源部经理张伟商量录用人选的事情。姚丁认为虽然王勇曾任职的公司主管给的资料较少，但也没看出什么问题。张伟说："显然你我对王勇的面谈表现都有很好的印象，既然他将与你共事，我授权由你做出最后的决定。"于是，公司最后决定录用王勇。

半年后，经观察发现，王勇的工作表现不如预期好，指定的工作他经常不能按时完成，公司对其很是失望。经了解，王勇在上一家公司所担任的职务并非生产主管，而是生产主管助理。

就本案例而言，R公司在员工录用决策上忽略了哪些问题？

第一节　录用管理

一、录用管理概述

录用管理是指企业从做出员工录用决策到被录用员工正式转正的过程管理。一般来说，员工的岗位均是按照招聘的要求和应聘人员的应聘意愿来安排的。

企业为实现用人之所长、学用一致、有效利用人力资源的目标，员工录用必须遵循以下四项基本原则。

（一）任人唯贤原则

任人唯贤原则强调用人要“出于公心，以事业为重”，而不是“以自己的小圈子为重”，只有这样，才能做到“大贤大用，小贤小用，不贤不用”。

（二）竞争择优原则

竞争择优原则是指在员工招聘中引入竞争机制，在对应聘人员的素质、品质、业务能力等方面进行全面考查的基础上，按照考查的成绩择优选拔录用员工。

（三）因事择人原则

因事择人原则是指员工的录用应以实际工作的需要和岗位的空缺情况为出发点，根据岗位对任职人员的资格要求选用人员。

（四）用人所长原则

用人所长原则是指企业录用员工应根据岗位需要和个人专长，将挑选出的合适的人放到合适的位置上，实现用人所长。

二、做出录用决策

录用决策是指依照员工录用的原则，避免主观因素的影响以及评价误区的干扰，把选拔阶段多种考核和测验结果组合起来进行综合评价，从中择优确定录用名单。

（一）做出录用决策的原则

企业在做出录用决策时，应遵循以下三项原则。

1. 全面衡量

企业要录用的人员必须是符合企业实际需求、适合所空缺岗位的人选，因此必须根据企业、部门和岗位的需求对不同候选人给予不同权重的评价，然后录用那些综合得分高的应聘人员。

2. 减少决策人员

对于决策人员的选用，必须坚持少而精的原则，即选择那些将来能直接考查应聘人员工作表现以及将来会与应聘人员共同工作的人员，如果参与人员过多，会增加做出录用决策的难度。

3. 因岗择人

企业应该以自身的需要、岗位的空缺为出发点选择用人，并根据岗位的要求做出录用决策。

（二）做出录用决策的方法

1. 诊断法

诊断法主要是根据录用决策者对某项工作和承担者资格的理解，在分析应聘人员所有资料的基础上，凭借主观印象做出决策。

诊断法具有操作简单，成本较低，能被广泛使用的特点。但该方法主观性比较强，录用决策者的素质和经验在科学合理的判断中起到重要作用。

2. 统计法

统计法是指将评分结果按照事先确定的评价指标的重要性及其权重，采用统计学方法对其进行加权运算，得分高者即获得录用。

与诊断法相比较，统计法具有结果更客观、更准确的特点。

3. 群体决策法

群体决策法是指在招聘的最后阶段，组建决策团队，由具有不同背景的多个决策人员对应聘人员进行评价和打分，最后综合各决策人员的评价意见，得出应聘人员的最终评价结果的方法。

（1）群体决策法的特点

1）决策人员来源于企业内部的各个层级，使得企业能够从不同的角度对应聘者进行评价，因此评价比较全面，满足了企业选拔综合性人才的要求。

2）决策人员不唯一，在一定程度上削弱了决策者的主观因素对做出决策结果的影响，提高了招聘决策的客观性。

3）运用了运筹学的原理，提高了招聘决策的科学性与有效性。

4）有利于集中不同领域专家的智慧，解决日益复杂的录用决策问题。

5）能够利用更多的知识优势，借助更多的信息，形成更多的可行性方案。

6）有利于充分发挥决策人员不同教育程度、经验和背景的优势，提高解决问题的全面性和决策的科学性。

（2）群体决策法的操作方法

1）头脑风暴法。该方法最早是精神病理学上的专业方法，目前将其用来特指围绕某个题目展开无限制的自由联想和讨论，其目的在于激发参与者产生新观念或新设想。

2）德尔菲法。该方法是让专家以匿名群众的身份参与到录用决策中去，有专门的工作小组通过信函的方式与不同专家进行交流，避免大家面对面讨论带来不利的影响。

3）名义群体法。该方法又称小组投票法，群体成员先进行个体决策，然后各成员逐一说明自己的看法，直到所有成员表达完毕再进行群体讨论，最后挑选最佳方案。

4）电子会议法。该方法是群体预测与计算机技术相结合的方法，群体成员将自己的录用决策方案输入计算机终端，然后再将它投影在大型屏幕上。该方法的优点是匿名、可靠、快速，缺点是打字慢的人不能充分表达观点，没有面对面的口头交流机会。

5）异地思考法。该方法是让参与决策的人换到一个新的环境讨论问题，可以使他们摆脱工作环境中上下级界限的问题，隔离烦琐事情的干扰。由于大家畅所欲言、思想活跃，就可能提出一些高水平的构想，最后做出高水平的决策。

6）思路转换法。该方法是突破传统的思维模式进行变革的一种决策方式，是指有意识地变换常规的思维方法，从不同的角度，甚至相反方向来探索一个新的方案。思路转换法可以制定正确的团队决策并最大效率地实现团队目标。

随着企业招聘管理制度的不断完善，录用决策的方法也在不断改进，除了以上提到各种招聘录用决策的方法外，实际工作中还存在一些其他的录用决策方法。无论选择什么样的录用决策方法，企业均需要结合自己的实际情况有针对性地去选择，以保证录用决策的有效性。

（三）做出录用决策的操作要点

企业在做出人员录用决策时，有一些关键要点在实际执行中应该重点注意。

1. 重新进行工作分析

决策前应再次进行工作分析，进一步明确岗位需要的人才类型，包括知识面、性格、技能、形象等素质，分析之后从候选人中选出两到三位较合适的人选。需要注意的是，在劳动力市场上很难找到与岗位要求描述完全匹配的人员，即使工作经历方面完全符合岗位要求也不一定是岗位的最合适人选。

研究表明，应聘人员若能100%完成应聘岗位的工作，那么这份工作可能对他来说已经失去了意义，在此岗位上他得不到任何刺激或挑战的满足感。只有经常能让人感到工作充满挑战又能保证80%的工作都能很好地顺利完成的岗位才是最吸引人的，也是最能保证岗位人员稳定性的。

2. 慎重做出人员选择

企业在进行人员录用决策时，因企业需要的不同和招聘岗位要求的不同，决策的方法也会有所区别。通常有两种决策方法，即人员之间的比较法和人员与岗位要求标准之间的比较法。

人员与岗位要求标准之间的比较法在实际操作中较难找到合适的人选，因为严格来说完全符合岗位要求的人员很难找到。因此实际工作较常用到的是人员之间的比较法，即通过对应聘人员之间的相互比较来做出录用决策。若通过人员之间的比较也不能找到合适人选，则只有重新进行招聘。

3. 决策人员统一原则

所有与录用决策有关的人员必须保持统一的原则，在用人标准、选拔依据上均保持意见一致，避免录用后试用过程中各方产生意见分歧。在录用决策人员共同探讨协商一致并做出录用决策时，与决策无关的人员应尽量回避，除了应聘人员的客观条件外，决策人员对应聘人员的直观感觉有时也可以作为人员录用的决策依据。

4. 选择合适的录用决策方法

企业应根据自身的工作需要并结合不同决策方法的特点，选择一种或多种合适的录用决策方法。

5. 精简候选人

企业在做出录用决策时，应运用合适的人员录用决策方法将录用候选人降至最少，可重点关注在决策中胜出的前三名候选人。

（四）做出录用决策的注意事项

企业做出录用决策时，应注意以下四个方面的事项。

（1）招聘小组成员应事先形成统一的评价标准。

（2）当人力资源部与用人部门在岗位人选问题上出现意见冲突时，应尊重用人部门的意见。

（3）因岗定人，即录用标准不应设定太高，而应根据岗位说明书制定合适的录用标准。招聘的目的是招聘到企业需要的、合适的人员，并放在合适的岗位上，而不一定是必须招聘到最优秀的人才。

（4）留有后备人选。一般来说，企业做出初步录用决策的人选数要多于实际需要的人数。因为企业做出初步的录用决策后，还要对初步确定的录用人员进行背景调查，这就有可能导致其中一部分候选人最终被排除在录用名单之外。

三、录用背景调查

企业对员工进行背景调查的主要目的是确定岗位的拟录用人员是否可以被企业所录用，以避免企业卷入不必要的劳动纠纷之中，所以录用背景调查这一环节在招聘工作中尤其重要。

（一）背景调查的内容及途径

在做员工背景调查时，应调查的内容及途径详见表 9–1。

表 9–1　　员工背景调查的内容及途径

调查内容	调查途径
核查简历的真伪	根据拟录用人员个人的回答判断简历各项内容的真实性
毕业证书、学位证书是否造假	通过相关学生教育信息平台查询
职称、职业任职资格等证书是否造假	通过相关考试培训认证机构或网络查询
工作经历是否属实	通过拟录用人员的原单位调查
是否与前用人单位解除劳动关系	要求拟录用人员提供离职证明书
是否签有竞业限制协议并在有效期限内	通过拟录用人员的原单位调查
职业道德如何，是否有职务犯罪记录	通过拟录用人员的原单位调查（尤其是经理级以上及其他重要职位）
离职的真实原因	根据拟录用人员的回答和通过其原单位调查，判断两者的一致性

（二）背景调查的方式

在进行员工背景调查时，企业可选择档案调查、电话调查、当面访问、发函调查、委托调查公司调查或从资信评估公司购买拟录用人员相关信息等方式进行。

1. 档案调查

档案调查主要是对拟录用人员的学籍档案等进行的调查，确认其有无提供伪造的学历、学位证书等行为。采用这一方式时，企业可以从拟录用人员的档案所在地的人力资源管理部门进行取证，也可以根据员工简历上的信息与其毕业院校取得联系进行相关的求证。

2. 电话调查

电话调查是指企业通过电话的方式联系拟录用人员原企业相关负责人进行相关的背景调查。电话调查适用于原企业未在本地的拟录用人员。

3. 当面访问

当面访问这种调查方式适用于原企业在本地且原企业与本企业所属同一行业的情况。

4. 发函调查

发函调查是指企业给拟录用人员原企业的人力资源部发函，进行相关的背景调查。该方式一般适用于企业与企业的同级部门之间。

5. 委托调查公司调查或从资信评估公司购买拟录用人员相关信息

这种方式一般很少采用，只有在其他方式无效或招聘岗位异常重要的情况下才有可能使用。这种方式除了会消耗一定的招聘费用外，调查结果的真实性还需要进一步确认。

（三）背景调查的操作要点

背景调查是员工录用工作的重要环节，如果操作不当，可能会损害拟录用人员的利益，甚至会侵犯拟录用人员的隐私权。因此，企业在进行背景调查时，应掌握好以下四个方面的操作要点。

1. **告知拟录用人员并获得授权**

为保证拟录用人员同意企业进行背景调查，企业可以在进行应聘人员的登记信息中设计“背景调查”一栏，让应聘人员填写原企业名称、证明人及证明人联系方式等，使应聘人员知道招聘的后续工作有背景调查这一环节。

2. **未离职的拟录用人员原则上不调查**

通常情况下，还在受聘的应聘人员在参加招聘时并不会告知原企业，因此企业如果通过拟录用人员正在受雇的企业进行背景调查，可能会给拟录用人员的工作带来不便，这时企业原则上不采用调查的方式而是从侧面或通过其他方式了解该人员的相关信息。

3. **在面试过程中确定背景调查的重点**

背景调查主要了解拟录用人员是否提供了真实有效的信息，以及其未提到的但与工作经历密切相关的信息，如工作的职位、工作时间、工作中承担的责任、工作中的真实业绩等。

4. **背景调查时要把握重点且礼貌提问**

无论采取哪种调查方式进行背景调查，企业调查人员都应保持基本的礼貌，并且语言要得体。同时，还应做好事前准备工作，便于在调查时把握调查重点。

（四）背景调查的注意事项

企业除了掌握以上背景调查的操作要点外，还应注意以下六个方面的事项。

（1）应注意对拟录用人员的隐私进行保密，禁止调查涉及个人隐私的内容。

（2）选择合适的调查对象，如拟录用人员已离职企业的人力资源部或原上级领导或原同事。

（3）对拟录用人员进行背景调查时，应从多渠道、多角度调查信息的真实性，切忌听信片面之词。

（4）对调查结果应进行核对，必要时可向拟录用人员本人进行求证。

（5）最好选择拟录用人员上岗前的一段时间进行背景调查，时间过早，会浪费招聘人员的精力，而时间过晚，则会引起不必要的用工麻烦。

（6）调查与工作相关的信息，应以书面形式保存记录，以作为将来录用或辞退员工的书面依据。

课程实训

结合本部分内容的学习，试制做一份背景调查表。

实训指导

背景调查的内容应包括考查毕业证书、学位证书是否造假，职称、职业任职资格等证书是否造假，工作经历是否属实，是否与前用人单位解除劳动关系，是否签有竞业限制协议并在有效期限内，职业道德如何，是否有职务犯罪记录，离职的真实原因等。其中，毕业证书、学位证书、职称证书、职业证书可分别通过相关平台核查验证，而背景调查表的重点则是核实工作经历情况。

下面是一份背景调查表范例，供读者参考。

背景调查表

_____（应聘者姓名）已向我公司提交求职申请书，并在该申请书中提及贵公司为其前雇主。_____（应聘者姓名）签署了公开个人资料授权书，允许贵公司向我公司提供表 9–2 中情况。

表 9–2　员工背景调查表

问题	回复
请确认他在贵公司的工作时间	从　年　月　日至　年　月　日
请问贵公司的员工人数	
他在贵公司任职期间的职位	
对他工作职责的简单描述	
他的工作表现是否令人满意	
他工作期间与同事、上司的关系如何	
他的品行如何	

续表

问题	回复
他离职的原因是什么	
他是否与贵公司正常解除了劳动关系	
他与贵公司是否有竞业限制协议	
他离职前月薪水平是多少	
非常感谢贵公司提供上述信息，请提供其他补充信息	

四、发出录用通知

（一）录用通知书及其格式

企业在对应聘人员进行以上几个程序的考核后，应给被录用人员打电话或发短信最终落实入职情况。确定入职的被录用人员，企业应及时发送录用通知书。

录用通知书是企业向最终确定被录用人员发出的通知，告知其已被录用的情况，是招聘企业与拟录用人员签订正式劳动合同的“要约”，所以招聘企业在发出录用通知书时应谨慎。图 9–1 展示了录用通知书的常见格式。

（二）辞谢通知书及其格式

对于未被录用的应聘人员，企业也应该及时告知对方。这样，对于应聘人员来说，可以抓紧时间寻找其他工作；对于企业来讲，及时辞谢未被录用的应聘人员，可以体现企业形象，赢得声誉。

1. 辞谢通知的注意事项

在编发辞谢通知书时，企业应注意以下四个方面的事项。

（1）采用的通知方式应该与录用人员相同。

（2）要做到措辞妥当、语气委婉。

（3）所有辞谢通知书应采用统一的表达方式。

（4）通知书最好加盖一个公章，以示对未被录用人员的尊重。

录用通知书

××先生（女士）：

您好！很荣幸地通知您，您已经顺利通过我公司的面试并被录用，我们热切期待与您成为同事。请于______年______月______日（星期______）上午/下午______时到我公司报到。

1. 携带材料

（1）身份证复印件一份。

（2）个人履历表一份。

（3）体检表一份。

（4）学历证明和各种证书复印件一份。

（5）近期1寸免冠照片3张。

2. 工作岗位描述

（1）略。

（2）略。

（3）略。

…………

3. 其他注意事项

（1）按本公司规定新进员工必须先行试用______个月，试用期工资______元。

（2）报到后，本公司会为您做入职前介绍，包括让您知晓本公司一切人事制度、福利、工作守则及其他注意事项，使您能够在本公司愉快地工作。

（3）如果您有疑虑或困难，请拨打电话______________向人力资源部咨询。

××公司人力资源部

年　月　日

图 9-1　录用通知书

2. 辞谢通知书示例

图 9-2 为××公司辞谢通知书，供读者学习和参考。

××公司辞谢通知书

尊敬的××先生/女士：

非常感谢您对我公司的关注和对我们工作的支持！

您在应聘期间的良好表现给我们留下了深刻的印象。但是由于我们招聘的岗位名额有限，这次未能录用。我们已经将您的有关资料放入我们的人才资料库，如果下次再有空缺，我们会优先考虑您！

再次感谢您对我公司的关注和支持，并祝您早日找到满意的工作！

××公司人力资源部

年　月　日

图 9-2　辞谢通知书

第二节　入职管理

一、入职手续办理

新被录用员工接到企业录用通知后，要在规定时间内到企业报到。企业人力资源部负责为新员工办理入职手续，入职手续的办理主要包括以下四个方面的内容。

（一）验收相关证件

相关证件包括身份证、学历证书、学位证书、离职证明、照片、职称证书、英语等级证书等。

（二）员工入职体检

员工进入企业工作之前需要进行身体检查，其目的是保证员工的身体健康，更好地进行工作。

企业可通知员工在入职时提交医院出具的体检报告，或安排员工自行到指定医疗机构进行入职体检。当然，企业也可统一组织新员工入职体检。

（三）填写入职登记表

入职登记表包括员工个人信息、联系方式、所属部门、所任职务、工作经历、所受教育、培训经历等，见表 9–3。

表 9–3　　员工入职登记表

<table>
<tr><td>姓名</td><td></td><td>性别</td><td></td><td>出生年月</td><td></td></tr>
<tr><td>职位</td><td></td><td>所属部门</td><td></td><td>入职日期</td><td></td></tr>
<tr><td rowspan="3">个人基本信息</td><td>现居住地址</td><td colspan="4"></td></tr>
<tr><td>家庭地址</td><td colspan="4"></td></tr>
<tr><td>户口所在地</td><td colspan="4"></td></tr>
</table>

续表

<table>
<tr><td rowspan="4">个人基本信息</td><td>身份证号码</td><td colspan="7"></td></tr>
<tr><td>身体健康状况</td><td colspan="2"></td><td>婚姻状况</td><td></td><td colspan="2">爱好</td><td></td></tr>
<tr><td>联系方式</td><td colspan="3"></td><td colspan="2">电子邮箱</td><td colspan="2"></td></tr>
<tr><td>紧急联系人</td><td colspan="2"></td><td>联系方式</td><td></td><td colspan="2">与本人的关系</td><td></td></tr>
<tr><td rowspan="6">工作经历
（最近 5 年内）</td><td colspan="2">工作时间</td><td colspan="2">工作单位</td><td colspan="2">担任职务</td><td colspan="2">证明人</td></tr>
<tr><td colspan="2"></td><td colspan="2"></td><td colspan="2"></td><td colspan="2"></td></tr>
<tr><td colspan="2"></td><td colspan="2"></td><td colspan="2"></td><td colspan="2"></td></tr>
<tr><td colspan="2"></td><td colspan="2"></td><td colspan="2"></td><td colspan="2"></td></tr>
<tr><td colspan="2"></td><td colspan="2"></td><td colspan="2"></td><td colspan="2"></td></tr>
<tr><td colspan="2"></td><td colspan="2"></td><td colspan="2"></td><td colspan="2"></td></tr>
<tr><td rowspan="5">所受教育
（从高中填起）</td><td colspan="2">时间</td><td colspan="2">学校名称</td><td colspan="2">专业</td><td colspan="2">学位</td></tr>
<tr><td colspan="2"></td><td colspan="2"></td><td colspan="2"></td><td colspan="2"></td></tr>
<tr><td colspan="2"></td><td colspan="2"></td><td colspan="2"></td><td colspan="2"></td></tr>
<tr><td colspan="2"></td><td colspan="2"></td><td colspan="2"></td><td colspan="2"></td></tr>
<tr><td colspan="2"></td><td colspan="2"></td><td colspan="2"></td><td colspan="2"></td></tr>
<tr><td rowspan="5">所接受的培训</td><td colspan="2">时间</td><td colspan="2">培训机构</td><td colspan="2">培训内容</td><td colspan="2">所获证书</td></tr>
<tr><td colspan="2"></td><td colspan="2"></td><td colspan="2"></td><td colspan="2"></td></tr>
<tr><td colspan="2"></td><td colspan="2"></td><td colspan="2"></td><td colspan="2"></td></tr>
<tr><td colspan="2"></td><td colspan="2"></td><td colspan="2"></td><td colspan="2"></td></tr>
<tr><td colspan="2"></td><td colspan="2"></td><td colspan="2"></td><td colspan="2"></td></tr>
</table>

（四）签订劳动合同

企业应与新入职员工视具体情况签订固定期限、无固定期限和以完成一定工作任务为期限的劳动合同。

二、劳动合同签订

员工入职管理中，最重要的工作之一便是签订劳动合同。劳动合同是指劳动者同各类用人单位为确立劳动关系，明确双方权利和义务的协议。

（一）劳动合同的形式

劳动合同的形式是指订立劳动合同的方式。劳动合同的形式一般有书面形式和口头形式两种。

1. 书面形式

书面形式合同是指经双方当事人达成一致协议后，将协议的内容用文字形式固定下来，并经双方签字作为凭证的合同。

2. 口头形式

口头形式合同是指双方当事人口头承诺即成立，不必用文字写成书面形式的合同。

《中华人民共和国劳动法》规定，劳动合同应当以书面形式订立。这一规定的目的在于：书面形式明确了劳动合同当事人双方的权利与义务，以及有关劳动条件、工资福利待遇等事项，便于履行和监督检查；在发生劳动争议时，当事人便于举证，也便于有关部门处理。

（二）劳动合同的类型

根据劳动合同签订的期限，劳动合同分为以下三种。

1. 固定期限的劳动合同

固定期限的劳动合同是指企业等用人单位与劳动者订立的有一定期限的劳动合同。合同期限届满，双方当事人的劳动法律关系即行终止。如果双方同意，还可以续订合同，延长期限。

2. 无固定期限的劳动合同

无固定期限的劳动合同是指企业等用人单位与劳动者只约定起始日期，不约定终止日期的劳动合同。签订无固定期限劳动合同的双方当事人可以约定终止条件，约定终止条件时不得将法定解除劳动合同条件作为终止条件。劳动者在同一用人单位连续工作满 10 年以上，当事人双方同意续延劳动合同的，如果劳动者提出订立无固定期限劳动合同，用人单位应与劳动者签订无固定期限的劳动合同。

3. 以完成一定工作为期限的劳动合同

以完成一定工作为期限的劳动合同是指双方当事人将完成某项工作约定为终止条件的劳动合同。如以完成某项科研项目，或临时性、季节性工程项目的劳动合同。

（三）劳动合同必备条款

根据《中华人民共和国劳动合同法》第十七条的规定，劳动合同应当具备以下条款。

（1）用人单位的名称、住所和法定代表人或者主要负责人。

（2）劳动者的姓名、住址和居民身份证或者其他有效身份证件号码。

（3）劳动合同期限。

（4）工作内容和工作地点。

（5）工作时间和休息休假。

（6）劳动报酬。

（7）社会保险。

（8）劳动保护、劳动条件和职业危害防护。

（9）法律、法规规定应当纳入劳动合同的其他事项。

劳动合同除上述规定的必备条款外，用人单位与劳动者可以约定试用期、培训、保守秘密、补充保险和福利待遇等其他事项。

（四）劳动合同签订的原则

签订劳动合同，应当遵循合法、公平、平等自愿、协商一致、诚实信用的原则。

（五）劳动合同签订的注意事项

企业与劳动者签订劳动合同时，应注意以下问题。

1. 签订时间

企业应在劳动者入职 1 个月之内与其签订书面劳动合同。

2. **试用期**

按照国家法律法规相关规定，签订不同期限的劳动合同，其试用期是有所不同的。

（1）合同期限在3个月以上不满1年的，试用期≤1个月。

（2）合同期限在1年以上不满3年的，试用期≤2个月。

（3）3年以上固定期限和无固定期限合同，试用期≤6个月。

（4）以完成一定工作任务为期限的劳动合同或者劳动合同期限不满3个月的，不得约定试用期。

（5）试用期包含在劳动合同期限内。劳动合同仅约定试用期的，如果试用期不成立，该期限为劳动合同期限。

3. **试用期工资**

劳动者在试用期的工资不得低于本企业相同岗位最低档工资或劳动合同约定工资的80%，并不得低于用人单位所在地的最低工资标准。

（六）劳动合同具体内容

以下所示为劳动合同内容示例，供读者参考。

劳动合同示例

甲方：__________

法定代表人（或委托代理人）：__________

甲方地址：__________

乙方：__________

文化程度：__________

性别：__________

出生日期：____年____月____日

居民身份证号码：__________

家庭住址：__________

邮政编码：__________

根据《中华人民共和国劳动法》《中华人民共和国劳动合同法》和有关法律法规，甲乙双方经平等自愿、协商一致签订本合同，共同遵守本合同所列条款。

一、劳动合同期限

第一条　本合同期限类型为_____期限合同。

本合同于____年____月____日生效，其中试用期至____年____月____日止，共____个月。本合同于____年____月____日终止。

二、工作内容

第二条　乙方同意根据甲方工作需要，担任_____岗位（工种）工作。

第三条　乙方应按照甲方的合法要求，按时完成规定的工作量，达到规定的质量标准。

三、劳动保护和劳动条件

第四条　甲方安排乙方执行_____工作制。

1. 执行定时工作制的，甲方安排乙方每日工作时间不超过八小时，平均每周工作时间不超过四十四小时。

2. 甲方安排乙方执行综合计算工时工作制的或者不定时工作制的，应当事先取得劳动行政部门特殊工时制度的行政许可决定。

第五条　甲方安排乙方加班的，应安排乙方同等时间补休或依法支付加班工资；加点的，甲方应支付加点工资。

第六条　甲方为乙方提供必要的劳动条件和劳动工具，建立健全生产工艺流程，制定操作规程、工作规范和劳动安全卫生制度及其标准。甲方应按照国家或_____市有关规定组织安排乙方进行健康检查。

第七条　甲方负责对乙方进行职业道德、业务技术、劳动安全卫生及有关规章制度的教育和培训。

四、劳动报酬

第八条　甲方的工资应遵循按劳分配原则。

第九条　执行定时工作制或综合计算工时工作制的乙方，甲方每月_____日以货币形式支付乙方工资，工资不低于_____元，其中试用期工资为_____元。

执行不定时工作制的工资支付按_____执行。

第十条　由于甲方生产任务不足，使乙方下岗待工的，甲方保证支付给乙方的月生活费不低于_____元。

五、保险福利待遇

第十一条　甲乙双方应按国家和_____市社会保险的有关规定参加社会保险。甲方为乙方办理有关社会保险手续，并依法承担缴纳相应社会保险费的义务。

第十二条　乙方患病或非因工负伤的医疗待遇按国家、_____市的有关规定执行。

第十三条　乙方患职业病或因工负伤的工资和医疗保险待遇按国家和_____市有关规定执行。

第十四条　甲方为乙方提供的福利待遇包括_____。

六、劳动纪律

第十五条　乙方应遵守甲方依法制定的规章制度；严格遵守劳动安全卫生、生产工艺、操作规程和工作规范；爱护甲方的财产，遵守职业道德；积极参加甲方组织的培训，提高思想觉悟和职业技能。

第十六条　乙方违反劳动纪律，甲方可依据本单位规章制度，给予纪律处分，直至解除本合同。

七、劳动合同的变更、解除、终止、续订

第十七条　订立本合同所依据的法律、行政法规、规章发生变化，本合同应变更相关内容。

第十八条　订立本合同所依据的客观情况发生重大变化，致使本合同无法履行的，经甲乙双方协商同意，可以变更本合同相关内容。

第十九条　经甲乙双方协商一致，本合同可以解除。

第二十条　乙方有下列情形之一，甲方可以解除本合同：

1. 在试用期间，被证明不符合录用条件的；

2. 严重违反劳动纪律或甲方规章制度的；

3. 严重失职、营私舞弊，对甲方利益造成重大损害的；

4. 被依法追究刑事责任的。

第二十一条　下列情形之一，甲方可以解除本合同，但应提前三十日以书面形式通知乙方：

1. 乙方患病或非因工负伤，医疗期满后，不能从事原工作也不愿从事由甲方另行安排的工作的；

2. 乙方不能胜任工作，经过培训或者调整工作岗位后，仍不能胜任工作的；

3. 双方不能依据本合同第十八条规定就变更合同达成一致的。

第二十二条　甲方濒临破产进行法定整顿期间或者生产经营发生严重困难，经向工会或者全体员工说明情况，听取工会或者员工的意见，并向劳动行政部门报告后，可以解除本合同。

第二十三条　乙方有下列情形之一，甲方不得依据本合同第二十一条、第二十二条解除本合同：

1. 患病或非因工负伤、在规定的医疗期内的；

2. 女员工在孕期、产期、哺乳期内的；

3. 患职业病或者因工负伤后，经劳动鉴定委员会确认丧失或者部分丧失劳动能力的；

4. 法律、行政法规规定的其他情形。

第二十四条　乙方解除本合同，应当提前三十日以书面形式通知甲方。

第二十五条　有下列情形之一，乙方可以随时通知甲方解除本合同：

1. 在试用期内的；

2. 甲方以暴力、威胁或者非法限制人身自由的手段强迫劳动的；

3. 甲方不能按照本合同规定支付劳动报酬或者提供劳动条件的。

第二十六条　本合同期限届满，甲乙双方经协商同意，可以续订劳动合同。

第二十七条　订立无固定期限劳动合同的，乙方离休、退休、退职及死亡或本合同约定的解除条件出现，本合同终止。

八、经济补偿与赔偿

第二十八条　下列情形之一，甲方违反和解除乙方劳动合同的，应按下列标准支付乙方经济补偿金：

1. 甲方克扣或者无故拖欠乙方工资的，以及拒不支付乙方延长工作时间工资报酬的，除在规定的时间内全额支付乙方工资报酬外，还需加发相当于工资报酬百分之二十五的经济补偿金；

2. 甲方支付乙方的工资报酬低于本市最低工资标准的，要在补足低于标准部分的同时，另外支付相当于低于部分百分之二十五的经济补偿金。

第二十九条　下列情形之一，甲方应根据乙方在甲方工作年限，每满一年发给相当于乙方解除本合同前十二个月平均工资一个月的经济补偿金，最多不超过十二个月：

1. 经与乙方协商一致，甲方解除本合同的；

2. 乙方不能胜任工作，经过培训或者调整工作岗位，仍不能胜任工作，由甲方解除本合同的。

第三十条　下列情形之一，甲方应根据乙方在甲方工作年限，每满一年发给相当于本单位上年月平均工资一个月的经济补偿金：

1. 乙方患病或者非因工负伤，经劳动鉴定委员会确认不能从事原工作，也不能从事由甲方另行安排的工作而解除本合同的；

2. 劳动合同订立时所依据的客观情况发生重大变化，致使本合同无法履行，经当事人协商不能就变更劳动合同达成协议，由甲方解除劳动合同的；

3. 甲方濒临破产进行法定整顿期间或者生产经营状况发生严重困难，必须裁减人员的。

以上三种情况，如果乙方被解除本合同前十二个月的月平均工资高于本单位上年月平均工资的，按本人月平均工资计发。

第三十一条 甲方解除本合同后，未按规定给予乙方经济补偿的，除全额发给经济补偿金外，还须按该经济补偿金数额的百分之五十支付额外经济补偿金。

第三十二条 支付乙方经济补偿时，乙方在甲方工作时间不满一年的按一年的标准发给经济补偿金。

第三十三条 乙方患病或者非因工负伤，经劳动鉴定委员会确认不能从事原工作，也不能从事由甲方另行安排的工作而解除本合同的，甲方还应发给乙方不低于企业上年月人均工资六个月的医疗补助费，患重病和绝症的还应增加医疗补助费，患重病的增加部分不低于医疗补助费的百分之五十，患绝症的增加部分不低于医疗补助费的百分之一百。

第三十四条 甲方违反本合同约定的条件解除劳动合同或由于甲方原因订立的无效劳动合同，给乙方造成损害的，应按损失程度承担赔偿责任。

第三十五条 乙方违反本合同约定的条件解除劳动合同或违反本合同约定的保守商业秘密事项，对甲方造成经济损失的，应按损失的程度依法承担赔偿责任。

第三十六条 乙方解除本合同的，凡由甲方出资培训和招待接收的人员，应向甲方偿付培训费和招待接收费。其标准为：______

九、劳动争议处理

第三十七条 因履行本合同发生的劳动争议，当事人可以向本单位劳动争议调解委员会申请调解；调解不成，当事人一方要求仲裁的，应当自劳动争议发生之日起六十日内向______劳动争议仲裁委员会申请仲裁。当事人一方也可以直接向劳动争议仲裁委员会申请仲裁。对裁决不服的，可以向人民法院提起诉讼。

十、其他

第三十八条 甲方的规章制度______作为本合同的附件。

第三十九条　本合同未尽事宜或与今后国家、_____市有关规定相悖的，按有关规定执行。

第四十条　本合同一式两份，甲乙双方各执一份。

甲方（盖章）：	乙方（签字）：
法定代表人（盖章）：	代表人（签字）：
签订日期：	签订日期：

三、入职培训管理

进入一个新的企业、开始一项新的工作对新员工来说是充满压力的，因为要在一个完全陌生的工作环境中与不熟悉的人一起工作。因此，企业采取措施帮助新员工完成其在新企业中的顺利过渡是非常必要的，入职培训则是普遍使用的一种方法。入职培训是指对新员工正式上岗前进行培训。

（一）入职培训的作用

1. 使新员工更快地适应新环境

新员工通过了解企业概况、发展前景及规章制度，能够减少其初到新环境的紧张和不安，并能够更快地适应新环境。

2. 帮助新员工快速胜任新工作

入职培训能够让新员工尽快熟悉自己的工作，明确自己的职责，以便更好地胜任本职工作。

3. 使新员工快速融入新文化

入职培训营造了良好的人力关系氛围，新员工能有效快速地融入企业文化，减少因之前工作背景不同带来的文化冲突，增强全体员工的团队合作意识。

（二）入职培训的内容

一方面，组织新员工就企业概况及岗位职能概况进行培训，使新员工能够尽快地了解企业，认同企业文化。

另一方面，业务部门对其进行部门业务流程以及业务内容方面的相关培训，使新员工能胜任应聘岗位的工作。同时根据部门工作目标，与新员工共同制订工作计划，合理安排新员工的日常工作和阶段工作。

四、试用期考核管理

（一）考核内容

1. 行为品格

行为品格主要考核员工遵章守纪的情况。

2. 精神面貌

精神面貌主要考核员工日常言行表现，如是否主动为企业声誉做正面宣传。

3. 工作态度

工作态度主要考核员工迟到、早退、事假、加班等员工出勤情况。

4. 业绩考评

业绩考评主要考核员工工作职责履行情况、临时工作任务执行情况等。

5. 工作技能

工作技能主要考核员工岗位胜任程度。

（二）考核信息来源

（1）主管记录的员工工作过程中的关键行为和关键条件。

（2）员工的各种培训记录。

（3）定期的工作汇报、日常总结资料。

（4）同一团队其他成员的评价、相关部门及团队的反馈意见和证明材料。

（5）主管与员工沟通过程中积累的有关信息。

（6）直接产生的工作绩效。

（三）考核方式

1. 笔试

笔试是主要针对工作的基本常识和专业知识水平的测试。

2. 面试

面试一般由部门经理及以上的领导来考查，除了考查新员工专业知识的掌握程度外，还要考查其综合素质。

3. 实操演练

实操演练主要是针对技术性较强的岗位，采取的方式是让岗位任职者从事实际工作。

（四）考核的基本原则

1. 实事求是原则

考核要以日常管理中的观察、记录为基础，定量与定性相结合，强调以数据和事实说话。

2. 区别对待原则。

相对于正式员工的绩效考核而言，试用期员工的考核是综合考核，需要对其任职状况、工作态度和工作绩效做全面的评价。

3. 考评结合原则

对于试用期员工的考核，以日常的周、日、试用期结束的期终评议相结合的方式进行综合评价，力求客观、公正、全面。

4. 效率优先原则

对于考核结果不符合录用条件或能力明显不适应工作需求、工作缺乏责任心和主动性的员工，要及时按规定中止试用期。管理者未按企业规定而随意辞退员工或符合企业辞退条件而未及时提出辞退建议，致使造成不良后果或不良影响的，相关人员必须承担相应责任。

（五）考核工具

考核工具的运用是推动考核实施的重点。通过考核工具的运用，可以针对不同的部门、不同的工作岗位，对员工的工作业绩、工作能力、工作态度等进行全方位的评价，保证考核的客观性和有效性。其中试用期考核表就是一个关键的考核工具，其范例见表 9–4。

表 9–4　试用期考核表

<table>
<tr><td>姓名</td><td></td><td>职位</td><td></td><td>职位编号</td><td></td></tr>
<tr><td>所属部门</td><td></td><td>直属领导</td><td></td><td>填写日期</td><td></td></tr>
<tr><td>自我鉴定</td><td colspan="5">签字：
日期：</td></tr>
<tr><td colspan="2" rowspan="4">工作任务完成情况评定</td><td>工作任务</td><td colspan="2">员工自评</td><td>直属领导评定</td></tr>
<tr><td></td><td colspan="2"></td><td></td></tr>
<tr><td></td><td colspan="2"></td><td></td></tr>
<tr><td></td><td colspan="2"></td><td></td></tr>
<tr><td colspan="2" rowspan="5">部门负责人评价</td><td>工作态度</td><td colspan="3">□ 优秀　□ 良好　□ 一般　□ 较差</td></tr>
<tr><td>工作主动性</td><td colspan="3">□ 优秀　□ 良好　□ 一般　□ 较差</td></tr>
<tr><td>工作责任感</td><td colspan="3">□ 优秀　□ 良好　□ 一般　□ 较差</td></tr>
<tr><td>工作效率</td><td colspan="3">□ 优秀　□ 良好　□ 一般　□ 较差</td></tr>
<tr><td>工作质量</td><td colspan="3">□ 优秀　□ 良好　□ 一般　□ 较差</td></tr>
<tr><td colspan="2">人力资源部意见</td><td colspan="4">签字：
日期：</td></tr>
<tr><td colspan="2">总经理意见</td><td colspan="4">签字：
日期：</td></tr>
</table>

（六）考核的注意事项

试用期考核中，企业应当按照岗位要求、业绩指标等，就每项具体工作任务的完成情况进行考核，得出合格或不合格的考核结果。在考核实施的过程中，具体还需注意以下五点要求。

（1）考核应当将主观评价与客观数据相结合。

（2）考核应当注意收集相关辅助材料，如员工的业绩报表、客户的反馈意见、所在部门或关联部门的评价等。

（3）试用期考核表应要求员工签字确认。

（4）企业如果对试用期员工的考核采取等级划分制，要在规章制度或录用条件中明确约定何种等级以下的属于不符合转正条件，以避免因约定不明而发生劳动纠纷。

（5）最终考核结果要及时告知员工，对不符合转正条件的员工还应告知其考核不合格的理由。

本章自测题

1. 什么是录用管理？录用管理的原则有哪些？
2. 企业在进行背景调查时，应掌握哪些操作要点？
3. 入职手续的办理包括哪些事项？
4. 与员工签订劳动合同时，应注意哪些事项？

第十章　人员配置与招聘管理风险规避

学习目标

- ➢ 目标 1　了解人员配置的基础
- ➢ 目标 2　熟悉应用人员配置的原理和模式
- ➢ 目标 3　了解人员再配置的理论基础
- ➢ 目标 4　掌握人员再配置的方式和手段
- ➢ 目标 5　掌握招聘管理的四大风险类别及其合理规避

引导案例

Z 公司是一家食品零售连锁企业，自 1998 年创立以来，通过灵活的经营理念、合理的价格和周到的服务在激烈的市场竞争中占据了一席之地。Z 公司一直以“顾客就是上帝”为经营宗旨，鼓励员工勇于创新，已拥有 150 多家分店、近 2 000 名员工。但最近公司员工流失率升高，劳动仲裁案件数量增多，不仅影响了正常的经营，还对公司的信誉造成了不良影响。

孙小兰是新上任的人力资源部经理，她针对员工流失问题展开了一系列调查，其中员工普遍反映的问题可归纳为如下五个方面。

1. 个人发展潜力小，看不到希望，职位发展路径混乱，人情关系复杂。

2. 公司在员工录用面谈时给予的入职承诺没有得到兑现。

3. 员工在试用期通过后才会签订劳动合同，员工缺乏安全保障。

4. 新员工下班后往往会占用较多的时间来参加入职培训，很多有家庭的员工不能及时回家接孩子。

5. 员工办理入职手续时试用期表述模糊，且没有明确的考核内容，使员工面对考核时无从准备。

针对员工反映的问题，孙小兰翻阅了员工录用与入职管理的相关文件，发现文件内容比较空洞，没有标准的入职手续办理流程，没有为各岗位提供明确的、系统的入职培训计划，员工的试用期管理缺乏考核标准、转正标准和辞退标准等。另外，公司规定的员工试用期后才签订劳动合同，也给公司制造了较大的法律风险。根据当前人员流失现状，孙小兰决定重新拟定员工录用与入职管理的相关文件。

根据上述案例，请你考虑以下三个方面的问题。

1. Z公司在员工录用与入职管理中存在哪些方面的问题？你认为完善的员工录用与入职管理可以改变Z公司的现状吗？为什么？

2.《中华人民共和国劳动合同法》规定劳动合同的订立时间是什么时候？Z公司的做法会给企业带来什么样的法律风险？

3. Z公司应如何改变内部管理困境，建立公平合理的职位晋升管理制度，优化配置人力资源？

第一节　人员配置与再配置

一、人员配置

（一）人员配置的概念

人员配置是企业为了实现生产经营目标，采用科学的方法，根据岗得其人、人得其位、适才适所的原则，实现人力资源与其他物力、财力资源的有效结合而进行的一系列管理活动的总称。换言之，人员配置必须建立在岗位设计和岗位体系诊断与再设计的基础之上。

1. 岗位设计

企业各部门是在任务分工的基础上设置的，因而不同的部门有不同的任务和不同的工作性质，这必然要求具有不同知识结构和水平、不同的能力结构和水平的人与之相匹配。因此，人员配置必须结合岗位工作需要，经过严格的考查和科学的论证，招聘为己所需的各类人员。这也要求企业必须建立完善、合理、科学的岗位设计体系。只有使人员配置尽量适应各类岗位的性质要求，使各岗位应承担的职责得到充分履行，岗位设计的要求才能实现，组织结构的功能才能发挥出来。

2. 岗位体系诊断与再设计

企业总是处于不断发展之中的，业务流程与范围也会随之发生改变，此时，就需要对岗位体系进行诊断与再设计，以确保岗位设置符合企业的发展方向。而以岗位设计为基础的人员配置也应当根据岗位体系诊断与再设计的内容重新配置企业人力资源，确保实现能位对应。

（二）人员配置的原理

人员配置是组织设计逻辑的延续，在合理设计组织机构和结构的基础上，企业应该注意采用合理的人员配置原理为这些机构的不同岗位选择和配置合适的人员。人员配置必须坚持要素有用原理、能位对应原理、互补增值原理、动态适应原理和弹性冗余原理。

1. 要素有用原理

人员配置的根本目的，是为企业内的所有人员创造其发挥作用的条件。在人员配置过程中需要遵循这样一个宗旨，即任何要素（人员）都是有用的。

要素有用原理说明，对于那些未用好的人，其问题产生的原因主要包括以下两个方面。

（1）没有有效识别员工。正确、有效地识别员工是合理配置人员的前提，但由于人的素质往往会表现得较为矛盾，呈现出非常复杂的双向性（优点和缺点共存），工作失误经常会把成功的要素掩盖。这为企业发现人才、识别人才、任用人才造成了一定困难。

（2）没有为员工发展创造有利条件。员工的能力、才能只有在适当的条件和环境下才能得到充分发挥和发展，如企业推行双向选择、公开招聘、竞争上岗等人事政策，可以为企业内部的人才提供适合自身发展的工作环境和条件，同时为岗位学习与发展创造机会。

2. 能位对应原理

人力资源管理的根本任务，是合理地配置和使用企业内部人员，提高人力资源的投入产出比率。企业若要科学、合理地配置和使用人力资源，就应当对人力资源的构成与特点进行详细了解。

（1）就个体而言，人力资源是由劳动者的劳动能力组成的，而各个劳动者的劳动能力由于受身体状况、受教育程度、实践经验等因素的影响而各不相同，并形成了个体差异。这种差异主要包括以下两个方面。

1）能力特殊性不同。人员能力的特殊性不同，即能力的性质、特点存在差异，表现为人员的专长、特长，即一个人能做什么，最适合做什么。

2）能力水平的差异。不同人员的能力与才干是不同的，有的人员能力或才干要高一些，有的可能要低一些。

（2）就企业而言，一个企业可以分为决策层、管理层、执行层和操作层等各个层次，企业应该配备具有相应能力和等级的人员承担各个层次的工作，以形成合理的能位对应，提高企业的工作效率。

1）决策层。决策层的能力层级最高，决策工作属于全局性工作，决策正确与否直接关系企业运行的成败。

2）管理层。管理层的工作是将决策层的决策付诸实施，是一整套计划、监督、协调和控制的过程。

3）执行层。执行层的工作是将管理层拟定的方针、方案、计划、措施等转变成具体的工作标准、工作定额、工作方法以及各种督导、检查手段的实施过程。

4）操作层。操作层的工作是通过实际操作来完成执行层制定的工作标准、工作定额、工作方法等内容，并接受各种监督与检查。

3. 互补增值原理

人各有所长，也各有所短。当个体与个体之间、个体与群体之间具有相辅相成的作用时，互补产生的合力要比个人能力简单相加形成的合力更强，群体的整体功能也会得以正向放大。反之，整体功能就会反向缩小，个体优势的发挥也会受到限制。

互补增值原理强调通过个体之间取长补短而形成整体优势，实现企业目标的最优化。按照现代人力资源管理的要求，一个群体内部各个成员之间应该是密切配合的互补关系，必须有共同的理想目标和事业追求，而互补增值原理最重要目标就是“增值”。

4. 动态适应原理

动态适应原理是指人与事的不适应是绝对的，适应是相对的，从不适应到适应的转变是在运动、发展中实现的。从企业内部来看，员工个人与工作岗位的适应并不是绝对的，无论是由于岗位对员工的能力要求提高，还是员工的能力提高要求变动岗位，都要求企业应及时了解员工与岗位的适应程度，并合理地进行调整。

5. 弹性冗余原理

弹性冗余原理，要求在人员与工作配置过程中，既能够达到工作的满负荷，又要符合劳动者的生理、心理要求，既能给劳动者一定的压力和紧迫感，又要保障企业成员的身心健康。

根据企业内部具体情况的不同，如工种、类别、行业、环境、气候等，弹性冗余度也应该有所不同。

（1）体力劳动强度要适度，不能超过劳动者能够承受的范围。

（2）脑力劳动要适度，以促使劳动者始终保持旺盛的精力。

（3）劳动时间要适度，以保持劳动者的身体健康和心理健康。

（4）工作目标管理要适度，以保证劳动者能够保质保量地完成目标任务。

（三）人员配置的模式

人员配置的模式主要包括三种类型，即人岗关系型、移动配置型、流动配置型。

1. 人岗关系型

人岗关系型的人员配置模式，主要是通过人力资源管理过程中的各个环节来保证企业内各部门、各岗位的人力资源质量，是根据员工与岗位的对应关系进行配置的一种形式。

就企业内部来说，目前这种类型中的人员配置模式具体包括六种，即招聘、轮换、试用、竞争上岗、末位淘汰、双向选择。

其中，末位淘汰是指当企业内的员工数多于岗位数，或者为了保持一定的竞争态势时，在试用过程或竞争上岗过程中，对能力最差者实行下岗分流。双向选择是指当企业内的员工数与岗位数相当时，往往先公布岗位要求，然后让员工自由选择，最后以岗选人。

2. 移动配置型

移动配置型的人员配置模式，是一种通过员工相对岗位移动进行配置的类型。它通过人员上下左右岗位的移动来保证企业内的每个岗位人力资源的质量。这种人员配置模式的具体表现形式大致有三种，即晋升、降职和调动。

3. 流动配置型

流动配置型的人员配置模式表现为员工在企业定时或不定时地改变岗位而进行配置的类型，它通过人员的流动性来保证企业内每个部门与岗位人力资源的质量。这种配置的具体形式有三种，即安置、调整和辞退。

二、人员再配置

（一）人员再配置的理论基础

人员再配置的理论基础，主要包括勒温的场论、目标一致理论和库克曲线。

1. 勒温的场论

美国心理学家勒温从人与工作环境不匹配的角度分析人员流动，提出了个人绩效（B）是个人的能力和条件（P）与所处环境（E）的函数，即：$B=f(P, E)$。

该函数表达出，个人的绩效除了与其个人内在素质和能力相关之外，还与其所处的环境息息相关，这里的环境即为“场”。由于环境变量是相对稳定的，所以其在函数中相当于常数。若员工处于与自己偏好不符的环境中，就会严重影响员工的绩效，也会造成员工与企业的互不信任。所以，企业解决这一问题的途径是通过人力资源再配置，为员工寻找新的、合适的职位，同时为该职位配置新的员工。

2. 目标一致理论

日本学者中松义郎在《人际关系方程式》一书中提出了目标一致理论。如图 10–1 所示，F 表示一个人实际发挥出的能力，F_{max} 表示一个人潜在的最大能力，θ 表示个人目标与组织目标之间的夹角。

目标一致理论指出，只有个人方向与组织方向达到一致时才能更好地发挥个人的最大潜力。对于企业的人员再配置而言，作为配置的主动方，企业应该在完成发展战略的同时创造条件帮助个人缩小与组织方向之间的差距（夹角）。

3. 库克曲线

美国学者库克提出了人的创造力周期的统计曲线，并从创造力的角度论证了人员再配置的必要性。库克曲线是根据对研究生参加工作后创造力发挥情况所做的统计曲线，如图 10–2 所示。

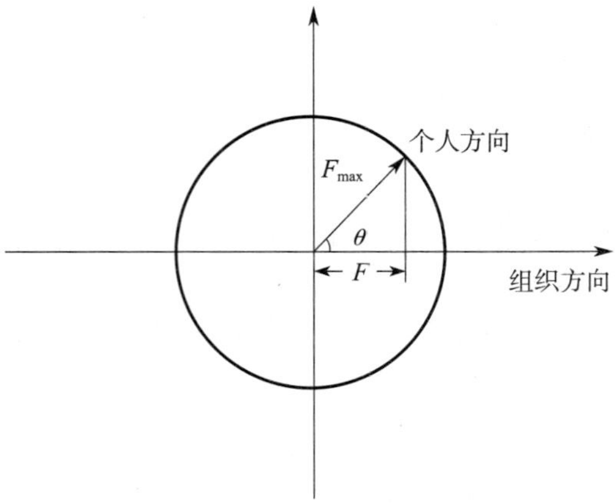

图 10–1　目标一致理论示意图

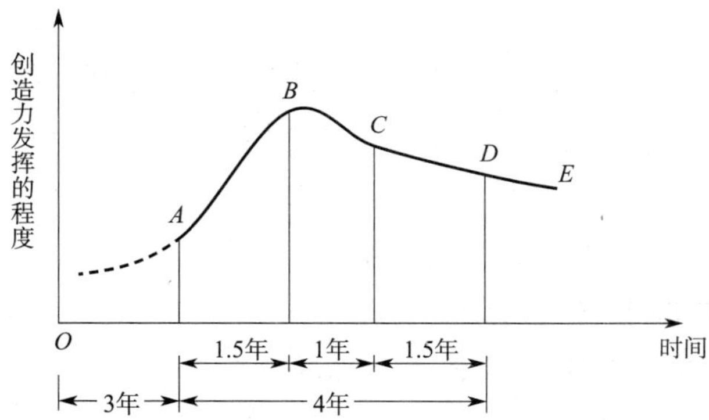

图 10–2　库克曲线

图中，各个曲线阶段的意义主要体现在以下六个方面。

（1）“*OA*”是创造力的导入期，表示研究生在 3 年的学习期间创造力的增长情况。

（2）“*AB*”表示研究生毕业后参加工作的初期（持续时间约为 1.5 年），第一次承担任务的挑战性、新鲜感、新环境的激励，使其创造力快速增长，即创造力的成长期的情况。

（3）“*BC*”为创造力的成熟期，即为创造力发挥的峰值区，这一峰值水平大约可保持 1 年，是出成果的黄金时期。

（4）“*CD*”为初衰期，创造力开始下降，持续时间约为 1.5 年。

（5）“*DE*”为衰减稳定期，创造力继续下降并稳定在一个固定值，如不改变环境和工作内容，创造力将在低水平上徘徊不前。为了激发研究人员的创造力，应及时通过变换工作部门或研究课题进行人员再配置。

（6）一个研究人员到一个单位工作创造力较强的时期大约 4 年，即“*AD*”阶段。

概括地说，库克曲线认为创造力的发挥有一个最佳期，超过了一定年限，员工的创造力会进入衰减稳定期。为激发员工的创造力，应定期调整员工所处的岗位，变换工作岗位和环境。

（二）工作轮换

工作轮换主要因企业发展需要和员工职业生涯发展需要而产生，是企业内部有组织、有计划、定期进行的人员岗位调整。企业可以通过工作轮换制度的实施发现员工的优点和不足，从而提升组织的效率与活力。

1. 工作轮换的作用

工作轮换对于企业和员工来讲都有着重要的作用，主要表现为以下三个方面。

（1）能够有效减轻企业的压力和员工的工作不满与疲惫情绪。

（2）能够给员工带来新鲜感，使工作充满意义和动力，并有效防止员工腐败和“山头主义”现象的产生。

（3）能够不断激发员工学习的热情，从企业层面推动智力资本的积累与流动，最大限度实现人力资源的价值。

2. 工作轮换的注意事项

（1）对于工作时间较短的年轻员工，企业要积极鼓励其立足本职岗位扎实工作，努力提升个人水平和能力。

（2）对于在同一岗位工作时间较长的员工，企业应以多种形式促进员工流动，更大地激发员工的工作积极性和创造性，帮助员工找准自身定位，提升工作能力和水平。

（3）在实施工作轮换过程中，企业要注重以提高人岗适配性为导向，将责任心强、生产经验丰富、学习能力强、抗压能力强、技能水平优秀的员工轮换至关键岗位。

（4）实施工作轮换过程中，企业要对关键岗位人员进行重点配置、重点培养、重点考核，加大培养的力度。

（三）竞聘上岗

竞聘上岗能够有效保证企业选人、用人工作的公平性和公正性，能够让真正优秀的员工脱颖而出。同时，竞聘上岗可以拓宽企业选人、用人的视野，帮助企业树立正确的选人与用人观念，激发广大员工的工作热情。

当前，很多企业的竞聘上岗管理主要是针对空缺岗位开展的。企业应该进一步规范竞聘上岗的管理办法及流程，并尝试采用更为先进的人员招聘、人才测评工具和手段，不断提高人才选拔的有效性和科学性，在企业迅速发展的关键时期帮助企业获得强有力的人才支持。

（四）晋升与降职

晋升与降职主要是针对企业员工的岗位胜任能力与岗位匹配情况而开展的，在岗位空缺较多，员工上升空间较大的情况下，人员再配置主要表现为员工的岗位晋升形式。反之，人员再配置则表现为降职形式。

目前，很多企业正在逐步建立和完善权责明确、管理高效的岗位责任体系。同时，企业通过建立岗位晋升考核评价和用人机制，实现以岗定责、以岗定薪、岗变薪变、按责考核，进一步促使员工努力提高技能水平，全力以赴做好本职工作。

总而言之，岗位晋升与降职的人员再配置管理，不仅能够促进员工和组织素质的提高，也从原始角度提升了企业人员再配置工作的有效性和科学性。

第二节　招聘管理风险规避

一、招聘信息发布风险及其规避

企业在招聘员工时，一般选择通过网站、报纸、电视、刊物等媒体来发布招聘信息。通常情况下，企业都会在招聘信息中提出学历、年龄、性别、工作经验、行业经验与能力素质等方面的要求和限制。但是，如果企业在发布招聘信息时没有依法提出要求，便会为企业带来高离职率，甚至是劳动法律风险。这会对企业的形象造成一定的负面影响。

为了避免发布招聘信息可能带来的法律风险，企业在拟订招聘信息时，应注意以下三个方面的内容。

（1）发布的招聘信息应确保真实，符合国家法律法规的要求。

（2）招聘信息应为劳动者提供公平就业的机会，避免包含有意或无意的身高、性别、地域甚至血型、相貌、年龄等的歧视条件。

（3）招聘信息应明确所招聘职位的录用条件。《中华人民共和国劳动合同法》明确规定，劳动者在试用期间被证明不符合录用条件，单位可以立即解除劳动合同。因此，明确录用条件是企业行使合法解除劳动合同权利的前提。而其他情况，除了员工有重大过错外，单位无权随意解除劳动合同，且解除后需要支付经济补偿。

二、面试测评风险及其规避

企业在组织人员招聘面试测评的过程中，可能存在的风险主要包括简历、面试登记表或者面试信息的失真，从而导致不能招聘到合适的人才，增加招聘成本。此外，还可能在面试过程中采取了错误的面试方法，从而产生法律纠纷等。

为规避面试测评过程中的风险，相应的措施主要包括以下三个方面。

1. 根据简历基本信息进行初筛

招聘前期在筛选对硬性指标（性别、年龄、工作经验、学历）要求较为严格的职位时，如果其中一项不符合职位要求应快速筛除。在筛选对硬指标要求不严格的职位时，可以结合职位要求，也可以参照“人在不同的年龄阶段有着不同的特定需求”进行筛选。

2. 全面审查简历信息的逻辑性

应审查求职者工作经历和个人成绩表述的条理性、逻辑性和连贯性，是否能够客观反映一个人的能力水平以及是否有相互矛盾的地方。同时，还应注意简历与面试登记表信息的匹配度。

3. 面试过程注意事项

（1）避免第一印象偏见。面试官通常在面试前一段时间靠对应聘者的第一印象做出判断，并且难以轻易改变。

（2）熟悉面试工作。面试官不熟悉面试工作，不了解面试的内容，不知道什么类型的应聘者适合岗位，这些都会增加出现错误判断的风险。

（3）注意面试次序差异影响。面试次序差异是指对应聘者面试次序的安排会影响其面试成绩的结果。一个普通能力的应聘者，在数位较差的应聘者之后面试与在数位较好的应聘者之后面试的结果有较大的差异。

（4）避免刻板印象的影响。面试官不能将个人的价值判断和文化归属作为评价基础去看待应聘者。

（5）警惕类我效应。面试官遇到有跟自己相似或相同背景和经历的应聘者时，会产生类我的好感，因此要避免此类效应降低面试的公平性和客观性。

（6）肢体语言。应聘者的肢体语言能够展示其个人魅力，但与岗位本身所需的专业能力并无确定的相关性，面试官要注意避免因应聘者的肢体语言而做出错误的判断，从而过高或过低地评价应聘者的个人能力。

（7）其他风险。一对一的异性面试时，一定要拉开窗帘，门不要上锁，不要问个人隐私问题，不要当面对应聘者进行主观评价等。

三、体检管理风险及其规避

企业若在新员工入职前未要求其进行体检并提交体检证明，那么企业可能面临着员工入职后被查出重大疾病但无法辞退，企业必须支付额外医疗与生活费等风险。《中华人民共和国劳动合同法》规定，患病或非因工负伤，在规定的医疗期内，用人单位不能因此解除劳动合同。员工患病期间，单位必须支付生活费。因此在入职前，企业就要避免可能存在大病、难治之病的员工进入企业，否则在入职后违法解聘，企业还要承担高额的补偿。

因此，企业规避招聘患病员工风险，最重要的是入职前体检，在员工通过面试、准备录用的时候，要求员工提供近期的体检健康证明或者组织安排体检，重点检查有没有潜在的重大疾病。

新员工入职体检管理的风险注意点主要有以下三个方面。

1. 入职体检报告的时效

企业一般接受新员工 1 个月以内的体检报告结果。新员工入职体检与入职间隔短于 1 个月的可以正常采信，超出时限的需要重新进行体检。

2. 入职体检报告的真实性

新员工入职体检报告的检查方应为企业认可的机构，或具备国家和相关专业部门颁布资质认证的医院、专业体检机构等。

3. 入职体检报告检查项目的全面性

在一般的必要的入职体检检查项目之外，企业要根据自身生产经营工作的特点对新员工的入职体检做出特殊项目的要求。

四、入职手续办理风险及其规避

企业和员工应在诚实信用原则的基础上建立劳动关系，若任何一方违反了诚实信用原则，向对方提供了虚假信息，就侵害了对方的知情权，由此可能会产生一系列法律后果。尤其是在新员工入职手续办理阶段，企业应保证以合法的程序和工作内容规避相应的风险。入职手续办理风险的规避措施主要包括以下六个方面。

（1）严格审查新员工入职资料，查验相关教育、职业、专业能力证书或证明材料的真实性和有效性。

（2）入职当天签订劳动合同时应同时签订相关协议，如保密协议、竞业限制协议或培训协议等。

（3）入职当天即组织新员工学习员工手册、岗位说明书等文件，确保新员工了解企业行为规范和基本注意事项。

（4）有工作经验的新员工应提供离职证明，必要时企业可以让新员工提供入职承诺书，承诺与原单位已经解除劳动关系。

（5）审核新员工是否与原单位有保密或竞业限制协议，根据情况判定新员工的工作范围，避免日后出现商业纠纷。

（6）让新员工了解试用说明，规避新员工试用期法律风险。在试用期内，新员工和企业均应可以进行双向选择，企业可以判断员工的工作能力和工作态度并安排适当岗位。

本章自测题

1. 合理进行人员配置的基础是什么？
2. 人员配置的五大原理是什么？
3. 人员再配置的理论基础主要有哪些？
4. 简述招聘面试过程中的注意事项。
5. 新员工入职手续办理的风险规避措施有哪些？

第十一章　招聘评估与总结

学习目标

- 目标 1　了解招聘评估的主要维度
- 目标 2　掌握招聘成本效益评估的主要内容与计算公式
- 目标 3　了解录用评估的主要内容与关键指标
- 目标 4　熟悉招聘总结报告的主要内容与撰写方法

引导案例

A 公司是一家主要销售服饰、箱包、化妆品以及饰品等的高档百货商场，商场规模不算太大，但以优质的服务在省内市场赢得了很高的知名度。为了进一步扩大规模，提高影响力，A 公司近年来一直在招贤纳士。

小胡是 A 公司人力资源部专员，应届毕业后加入公司时间不长。前段时间，他与人力资源部其他同事一起完成了春季校园招聘工作，这是他进入公司参与的第一个大型招聘项目。由于在校园招聘活动中表现积极，人力资源部招聘经理安排他尝试对此次招聘进行评估，并撰写招聘总结报告。

小胡犯难了，撰写招聘总结报告他有思路，认为无非就是回顾招聘过程、说明招聘成果、总结经验与教训、提出改进建议等内容，但是招聘评估具体是什么，小胡心里没有底。思索再三，小胡请教部门里另一位资历较老的同事老卢，老卢说："招聘评估主要就是评估招聘的质量、费用、收益等内容，这个事情你不能急，要慢慢来。"

案例思考：

1. 招聘评估应该从哪些维度进行？

2. 招聘总结报告是小胡理解的这样吗？

第一节　招聘评估

一、招聘评估概述

招聘评估是招聘工作中必不可少的一个环节，是在完成招聘流程各阶段工作的基础上，对整个招聘活动的过程、结果、成本和工作情况等方面进行的评估。一般在一次招聘工作结束之后，企业要做一个全面的总结和评价，目的是进一步提高招聘工作的效率。

（一）招聘评估的构成

招聘评估主要分为录用效果评估和招聘工作评估两方面，录用效果评估是对成本与收益、数量与质量和信度与效度进行的评估，招聘工作评估是从招聘渠道、招聘流程和测评工具三个方面进行的评估。

（二）招聘评估的作用

1. 使费用支出更合理、有效

通过成本与效益核算，能够使招聘人员清楚地知道费用的支出情况，区分出哪些是应该支出项目，哪些是不应该支出项目，这有利于今后合理有效地使用招聘费用。

2. 有利于提高招聘录用质量

通过招聘评估中招聘信度和效度的评估，可以了解招聘过程中所使用方法的正确性与有效性，从而不断积累招聘工作的经验并修正不足，从而提高招聘录用质量。

3. 检验招聘方法的有效性

通过录用员工数量的评估，可以分析招聘数量是否满足原定的招聘要求，及时总结经验并找出原因，从而有利于改进今后的招聘工作，并为人力资源规划修订提供依据。通过对录用员工质量的评估，可以了解员工的工作绩效、行为、实际能力、工作潜力与招聘岗位要求的符合程度，从而为改进招聘方法、实施员工培训和进行绩效评估提供必要的、有效的信息。

二、招聘评估维度

企业对招聘工作进行评估通常可参照以下九个维度。

（一）根据计划评估

根据计划评估主要是参考事先制订的招聘计划来评估招聘各项工作的完成情况，这是最直接、最基础的招聘评估维度。

根据计划评估的核心内容主要包括以下四个方面。

（1）实际招聘人数与质量和预期计划进行比较。

（2）各招聘渠道获得的候选人数量与质量和预期计划进行比较。

（3）各项招聘工作指标完成情况和预期计划进行比较。

（4）招聘实施程序和预期计划进行比较。

表 11-1 为计划评估样表，供读者参考。

表 11–1 计划评估样表

<table>
<tr><th colspan="3" rowspan="2">比较项目</th><th colspan="2">岗位 1</th><th colspan="2">岗位 2</th><th colspan="2">岗位 3</th></tr>
<tr><th>计划</th><th>实际</th><th>计划</th><th>实际</th><th>计划</th><th>实际</th></tr>
<tr><td rowspan="3">招聘人数质量评估</td><td colspan="2">招聘人数</td><td></td><td></td><td></td><td></td><td></td><td></td></tr>
<tr><td colspan="2">录用人数</td><td></td><td></td><td></td><td></td><td></td><td></td></tr>
<tr><td colspan="2">录用标准</td><td></td><td></td><td></td><td></td><td></td><td></td></tr>
<tr><td rowspan="6">各渠道招聘候选人数量与质量评估</td><td rowspan="2">× × 渠道</td><td>数量</td><td></td><td></td><td></td><td></td><td></td><td></td></tr>
<tr><td>质量</td><td></td><td></td><td></td><td></td><td></td><td></td></tr>
<tr><td rowspan="2">× × 渠道</td><td>数量</td><td></td><td></td><td></td><td></td><td></td><td></td></tr>
<tr><td>质量</td><td></td><td></td><td></td><td></td><td></td><td></td></tr>
<tr><td rowspan="2">……</td><td>数量</td><td></td><td></td><td></td><td></td><td></td><td></td></tr>
<tr><td>质量</td><td></td><td></td><td></td><td></td><td></td><td></td></tr>
<tr><td rowspan="4">招聘工作指标完成情况评估</td><td colspan="2">招聘完成比</td><td></td><td></td><td></td><td></td><td></td><td></td></tr>
<tr><td colspan="2">录用比</td><td></td><td></td><td></td><td></td><td></td><td></td></tr>
<tr><td colspan="2">费用总额</td><td></td><td></td><td></td><td></td><td></td><td></td></tr>
<tr><td colspan="2">……</td><td></td><td></td><td></td><td></td><td></td><td></td></tr>
<tr><td rowspan="3">招聘实施程序评估</td><td colspan="2">变动 1</td><td></td><td></td><td></td><td></td><td></td><td></td></tr>
<tr><td colspan="2">变动 2</td><td></td><td></td><td></td><td></td><td></td><td></td></tr>
<tr><td colspan="2">……</td><td></td><td></td><td></td><td></td><td></td><td></td></tr>
<tr><td colspan="3">计划评估总体说明</td><td colspan="6"></td></tr>
</table>

填表人：　　　　　　　　　　　　填表时间：

（二）根据费用评估

费用是评估招聘工作效果的一个重要指标。根据费用评估是指对招聘工作中的费用进行调查、核实，并对照预算进行评价，找出其中科学的部分和不合理的部分，并分析原因，便于以后制定更加合理的招聘费用预算。

1. 招聘费用评估项目

招聘费用评估的项目主要包括以下五种。

（1）招聘成本。在整个招聘活动中，企业为吸引应聘者而产生的成本，是必然要发生的费用，如直接劳务费、直接业务费、间接管理费、各类预付费用等。

（2）选拔成本。这类费用是指在笔试、面试阶段对应聘者进行测评、筛选，以确定录用人选所发生的费用，如选拔面谈的专录费用、汇总申请资料费用、考试费用、体检费等。

（3）录用成本。这类费用是指经过招聘选拔，把合适的人员录用到企业所发生的费用，如录取手续费、调动补偿费、搬迁费、旅途补助费等。

（4）安置成本。这类费用是指安置被录用员工到具体的工作岗位所发生的费用，如各种安置行政管理费、必要的装备费、安置人员时间损失成本等。

（5）适应性成本。适应性成本是指企业在新员工正式上岗前在企业文化、规章制度、基本技能等方面进行培训时所发生的费用，如新员工培训期间机会成本、培训者培训期间机会成本、教育管理费、资料费、培训设备折旧费等。

2. 招聘成本效用评估

招聘成本包括招聘活动所发生的各项费用的总和，如果经过核算，招聘成本超出了招聘预算的合理范围，企业应进一步分析超出预算的具体原因，并研究相应对策，以便在今后的招聘活动中对成本进行严格控制，有效降低招聘的成本。

招聘成本效用评估主要是对招聘成本产生的效果进行分析，相关指标包括总成本效用、招聘成本效用、选拔成本效用和录用成本效用，各指标计算公式如下：

$$\text{总成本效用}=\frac{\text{录用人数}}{\text{招聘总成本}}$$

$$\text{招聘成本效用}=\frac{\text{应聘人数}}{\text{招聘期间费用}}$$

$$选拔成本效用=\frac{被选中人数}{选拔期间费用}$$

$$录用成本效用=\frac{正式录用人数}{录用期间费用}$$

3. 招聘成本收益分析

招聘成本收益分析是一项经济评价指标，同时也是对招聘工作的有效性进行考核的一项指标。招聘成本收益越高，说明招聘工作越有效。招聘成本收益分析主要用到招聘收益成本比和招聘投资收益率两个指标，各指标计算公式如下：

$$招聘收益成本比=\frac{所有新员工为企业创造的总价值}{招聘总成本}$$

$$招聘投资收益率=\frac{员工招聘净收益}{员工招聘总成本}\times 100\%$$

（三）根据入职评估

招聘是一个双向选择的过程，即使是企业最终确定的录用人员，出于某些原因也可能选择不入职。根据入职评估就是根据最终确定进入企业的人员的相关资料所进行的招聘评估。

根据入职评估的常用指标有以下五种。

1. 招聘完成率

招聘完成率主要衡量招聘人员到位情况，指标值越高表明完成率越好。其计算公式如下：

$$招聘完成率=\frac{实际招聘到岗的人数}{计划招聘人数}\times 100\%$$

2. 招聘录用比

招聘录用比越小，相对来说，被录用者的素质越高；反之，被录用者的素质越低。其计算公式如下：

$$招聘录用比=\frac{录用人数}{应聘人数}\times 100\%$$

3. **应聘比**

应聘比越大，说明招聘信息发布的效果越好，同时，也说明人员的素质可能比较高。其计算公式如下：

$$应聘比 = \frac{应聘人数}{计划招聘人数} \times 100\%$$

4. **录用成功比**

录用成功比越大，说明被录用人员的质量越高，企业用于招聘所投入的人、财、物获得的回报越好。其计算公式如下：

$$录用成功比 = \frac{录用成功人数}{录用人数} \times 100\%$$

5. **入职比**

入职比越大，则说明招聘测评手段和方法越好，招聘效果越好。其计算公式如下：

$$入职比 = \frac{入职人数}{录用人数} \times 100\%$$

根据入职评估主要是从数量上对招聘效果所进行的评估，如果企业最终入职人员并不符合招聘岗位的需求，而是为了填补职位需要随意录用的人员，那也无法评价招聘效果。因此，根据入职评估需要与反映招聘质量的评估方式共同使用。

（四）根据试用评估

根据试用评估是指根据被录用人员在试用期的实际表现对招聘工作做出的评价。根据试用评估考虑的因素主要包括如下三个方面。

1. **录用人员离职情况**

比如入职较短时间就离职，则说明员工与企业或入职部门文化不匹配。

2. **录用人员试用期考核情况**

试用期考核也是转正的依据，同样也能说明招聘的效果。

3. **录用人员满意情况**

在试用期间，不仅企业会评价试用期员工的表现，员工也会对企业进行评价。因此，新员工对企业、招聘工作、岗位工作的满意程度是招聘效果的重要表现。

表 11–2 为试用评估表模板，供读者参考。

表 11–2　　　　试用评估表

<table>
<tr><td>招聘人数</td><td colspan="2"></td><td>招聘负责人</td><td></td></tr>
<tr><td>招聘时段</td><td colspan="4">年　月　日至　　年　月　日</td></tr>
<tr><td>评估内容</td><td>等级</td><td>人数</td><td>占录用总数比例（%）</td><td>备注说明</td></tr>
<tr><td rowspan="4">录用人员试用期表现</td><td>优秀</td><td></td><td></td><td></td></tr>
<tr><td>良好</td><td></td><td></td><td></td></tr>
<tr><td>合格</td><td></td><td></td><td></td></tr>
<tr><td>辞退</td><td></td><td></td><td></td></tr>
<tr><td>试用评估总体说明</td><td colspan="4"></td></tr>
</table>

填表人：　　　　　　　　　　　　填表日期：　　年　月　日

（五）根据离职评估

企业人员的离职情况也是评估招聘效果的重要维度，离职一方面是企业和新员工双向选择的结果，另一方面也说明企业招聘质量有待提高。

1. 离职人数

通常情况下，招聘录用数量是一种短期衡量标准，离职人数则是从长期角度来评估招聘效果。企业离职人数评估指标主要是离职率，具体的计算公式如下：

$$离职率=\frac{离职人数}{工资在册的员工平均人数}\times 100\%$$

其中，离职人数包括辞职、免职、解职人数，工资在册的员工平均人数是指考核初期人数与考核末期人数之和除以 2。

2. 离职时间

与离职时间对应的是在岗时间，企业录用人员在岗时间越长，说明招聘渠道选择、招聘测评工具使用、招聘小组人员构成等各个招聘环节工作都比较成功，招聘效果越好。反之，在岗时间短则说明招聘效果不理想，招聘工作有待改善提高。

依离职时间的招聘效果评估指标主要有离职员工在岗时间比和离职平均时间比。

（1）离职员工在岗时间比是从具体岗位角度衡量招聘效果，具体计算公式如下：

$$离职员工在岗时间比=\frac{离职员工在岗时间}{企业员工平均在岗时间}$$

（2）离职平均时间比是从总体上衡量企业招聘工作效果，具体计算公式如下：

$$离职平均时间比=\frac{本企业平均离职时间}{行业平均离职时间}$$

3. **离职成本**

员工离职成本可以分为直接成本和间接成本两部分。

（1）直接成本是指利用数据和资源可以被量化的成本，包括由于处理离职带来的管理时间的额外支出、付给员工的离职费用、下次招聘的费用、离职面谈的成本支出、临时性的加班补贴、策略性外包成本等。其中，离职面谈的成本包括面谈者的时间成本、离职员工的时间成本，具体计算公式如下：

$$面谈者的时间成本=（面谈准备时间+面谈时间）\times 面谈者工资率\times 计划期间的离职人数$$

$$离职员工的时间成本=面谈时间\times 离职员工的加权平均工资率\times 计划期间的离职人数$$

（2）间接成本很难被量化，但确实导致费用损失发生，包括员工离职前工作效率下降、新员工入职后的低效成本、客户或企业交易的损失、留下来员工工作效率下降、资产的潜在损失、客户或公司交易的损失、员工士气下降等。

（六）根据时限评估

招聘时限评估主要是对招聘及时性进行的评估。通常情况下，招聘岗位空缺时间越短，说明招聘效果越好。

1. 整个招聘时限评估

企业对空缺岗位通常都有到岗时间要求，以平均职位空缺时间为招聘时限的评估标准，反映平均每个职位空缺多长时间后新员工才能补缺到位。平均职位空缺时间的计算公式如下：

$$平均职位空缺时间 = \frac{职位空缺总时间}{补充职业数} \times 100\%$$

但不同招聘岗位的情况可能不同，企业应结合实际情况和以往不同职位的实际招聘时间为不同层级、不同类别的岗位设定合理的职位平均空缺时间。

2. 各招聘工作环节时间评估

企业招聘人员事先对招聘工作各环节时间进行分配，根据分配时限进行评估，首先看在招聘时限内是否完成了规定的工作要求，其次分析各个环节的实际情况，对于超出时限或者提前完成的原因要做详细分析，以使得之后招聘工作的时间计划更加合理。

表 11–3 为时限评估表模板，供读者参考。

表 11–3　　　　时限评估表

招聘岗位			所属部门	
计划到岗时间			实际到岗时间	
招聘工作事项	计划时限	实际时限	提前或延迟情况说明	
发布招聘信息				
简历筛选				
笔试				
面试				
……				
时限评估总体说明				

填表人：　　　　　　　　　　　填表日期：　　年　月　日

（七）根据业绩评估

根据录用人员在岗位中的实际工作业绩表现进行的招聘效果评价，是对招聘质量方面的评估。录用人员的学历、专业技能、工作经验、个人能力等是招聘质量评估的基本方面，最能说明招聘质量高低的是招聘人员的岗位工作表现。

企业各类岗位的业绩评估的指标如下。

1. 通用岗位

如业绩优良的新员工的数量或百分比、部门领导对录用人员工作表现满意度评分等。

2. 销售类岗位

如销售任务完成率、销售回款率、客户有效投诉次数、销售报表准确性等。

3. 生产类岗位

如生产任务完成率、个人劳动生产效率、加工产品质量合格率等。

4. 采购类岗位

如采购计划完成率、采购及时率、采购抽样质量合格率等。

5. 客户类岗位

如客户开发计划完成率、客户投诉解决速度、客户获利率等。

（八）根据晋升评估

根据晋升评估是指按照新招聘人员的职位晋升速度和职位等级进行招聘效果评价。晋升意味着人员能够胜任较高层级的岗位要求，也就间接说明企业招聘效果良好。根据晋升评估可以从以下两个指标考虑。

1. 晋升人数与录用人数比

该项指标越大，说明招聘效果越好，反之则说明招聘测评方法和工作有待改善。

2. 录用人员晋升速度

如果招聘录用人员能够很好地胜任工作岗位，晋升速度较快，说明招聘活动比较成功。

（九）根据时段评估

根据招聘的不同时段，可以分为季节招聘、半年度招聘、年度招聘和重点时段招聘等，企业招聘人员可以根据不同时段进行招聘效果评估。

1. 季节招聘效果评估

由于季节招聘时间较短，招聘效果很难全面体现，因此评估的内容和手段也相对简单，评估指标主要是人员招聘数量和质量、招聘成本等。

2. 半年度招聘效果评估

半年度招聘效果评估是年度招聘评估的基础，其主要评估内容有招聘目标完成情况、录用人员试用情况、招聘成本效益情况等。

3. 年度招聘效果评估

年度招聘效果评估既是年度招聘计划实施情况的总结，也是下一年度招聘计划制订的重要参考，大部分企业会进行年度招聘效果评估，评估的主要内容有年度招聘费用使用情况、招聘渠道合理性、录用人员稳定性、录用人员岗位胜任情况、录用人员满意度等。

4. 重点时段招聘工作效果评估

企业在一年中可能会在一些人员需求高峰时段开展专门招聘活动，这类重点时段招聘效果评估的内容有招聘过程的合理性、招聘计划完成情况、招聘成本等。

三、成本与收益评估

成本与收益评估主要针对招聘成本进行核算，并计算招聘收益成本比。

（一）招聘成本核算

招聘成本核算是评估招聘工作的关键环节，通过核算比较实际招聘费用与招聘费用预算之间的差距，明确在招聘费用管理工作中哪些需要完善。企业在进行招聘成本核算时，要明确招聘总成本包括哪些组成部分、项目和内容。

招聘总成本即人力资源的获取成本，又包括直接成本和间接成本两个部分。其中，直接成本包括内部成本、外部成本和招聘成本项目，间接费用主要是指机会成本项目，具体组成见表 11–4。

表 11–4　　招聘总成本的组成内容

费用部分	包括项目	具体组成内容
直接成本	内部成本	企业招聘管理人员的工资、福利、差旅费、其他管理费等
	外部成本	招聘外地员工所发生的搬家费、置家费、探亲费、交通费、补贴费等
	招聘成本	广告费、会议费、猎头服务费、中介服务费等
间接成本	机会成本	如果招聘到的员工不符合企业的要求，可能带来的一系列经济损失

企业在进行招聘总成本核算时，可根据表 11–4 中的内容将招聘总成本划分成不同的项目，概括来说企业的招聘总成本核算公式如下：

招聘总成本 = 直接成本 + 间接成本

= 内部成本 + 外部成本 + 招聘成本 + 机会成本

招聘总成本越低，且录用人员质量越高，则招聘效果越好，反之招聘效果有待进一步提升。总成本低，录用人数多，则招聘成本低，反之招聘成本高。

（二）招聘收益成本比

招聘收益成本比是指所有新招聘的员工为企业带来的总价值与招聘总成本之比。

招聘收益成本比既是一项经济评价指标，同时也是对招聘工作有效性进行考核的一项指标，通常用于衡量招聘的质量和效果。招聘收益成本比越高，说明招聘工作质量越高、效果越好。

四、数量与质量评估

数量与质量评估是根据企业招聘计划和招聘岗位的工作分析，对所录用人员的数量、质量进行评价的过程。招聘工作结束后，对被录用人员进行评价是一项十分重要的工作，只有在招聘成本相对较低，同时被录用人员数量达到要求且质量较好时，才能说明招聘工作的效率高。

判断招聘数量是否达到要求的一个简单的方法就是看职位空缺是否得到满足，雇用率是否真正符合招聘计划。

招聘质量是按照企业的短期与长期经营指标来分别确定的。在短期计划中，企业可根据求职人员的数量和实际雇用人数的比例来判断招聘质量；在长期计划中，企业可根据接受雇用应聘者的转换率和工作绩效来判断招聘质量。由于存在很多影响转换率和工作绩效的因素，所以，对招聘工作质量的评估十分不易。

企业可以通过以下五种方式或指标来评估招聘录用人员的数量和质量。

1. 应聘比

应聘比能够说明员工招聘的挑选余地和信息发布状况。应聘比越大，说明企业的招聘信息发布得越广、越有效，企业的挑选余地也越大，同时被录用人员的素质可能较高；反之，应聘比越小，说明企业的招聘信息没有被有效发布，企业的挑选余地也越小。

一般来说，应聘比应该在 200% 以上。招聘越重要的岗位，应聘比应该越大，这样才能保证被录用者的质量。

2. 某职位的选择率

这是衡量企业对人员选择的严格程度和人员报名踊跃程度的一个指标。

某个职位聘用的人数与所有报名应聘这一职位的人数之比称为某职位的选择率。如果选择率为 100%，表明每个职位只有一位应聘者。出现这种情况则很难有一个有效的选择过程，在这种情形下，本来可能被拒绝的人就有可能被录用。选择率低于 100% 的程度越高，管理者在选择决策中的可行方案就越多。

3. 录用比

录用比能够反映录用人员的挑选余地。一般该比率越小，表明对企业来说可供选择的人员越多，实际被录用者的素质就越高，但同时也加大了企业的招聘成本；反之，则可能实际被录用者的素质较低。录用比的计算公式如下：

$$录用比=\frac{被录用人数}{应聘人数}\times 100\%$$

4. 招聘完成比

招聘完成比能够说明新员工招聘计划的完成情况，如果招聘完成比等于或大于 100%，则说明在数量上全面或超额完成招聘计划。比率越小，说明招聘员工的数量越不足。招聘完成比的计算公式如下：

$$招聘完成比=\frac{被录用人数}{计划招聘人数}\times 100\%$$

5. 试用期考核

录用人员入职进入试用期后，企业应开展相应的考核工作。试用期考核可以判断招聘测评方法的有效性，衡量招聘工作的完成质量，发现试用期出现的问题并及时纠正。

对试用期员工的考核应从公司层面和部门层面来进行，无论哪个层面的考核都需要关注以下五个方面的问题。

（1）考核前应将考核内容告诉被考核者。

（2）必须事先明确考核标准和考核方法。

（3）考核内容应全面而翔实。

（4）应及时将考核结果反馈给被考核者。

（5）应以部门考核结果作为录用决策的主要参考。

新员工试用期考核结果出来后一般以表单形式展现，通常有试用期转正申请表、月度考核评价报告、新员工考核面谈表等，在考核结果确定后，应根据企业的相关规定给新员工下达相应的通知。

五、信度与效度评估

企业在完成招聘工作后，要对招聘工作的完成情况以及岗位与人员的配置情况进行适当的评价与衡量，以评价招聘工作的完成效果。企业的各个岗位是由企业的经营发展战略逐步分解而得到的，每个岗位均有其特定的价值和特定的要求，企业实施招聘并不仅仅是为了找到一个人去履行该岗位的职责，而是要找一个合适的人把相关工作做好。新招聘的人员是否符合企业的岗位配置要求，要通过新员工到岗后一段时间的试用才能发现。因此，企业应采取合适的方法及时对新员工进行匹配度测量。

通常对人员配置的测量方法可使用员工业绩考核法，即在新员工入职后，根据员工的实际表现结合岗位的实际需要进行考核，以发现其业绩表现是否符合企业岗位的要求，进而发现岗位招聘的人员是否满足企业经营发展的需要。

（一）信度评估

信度即测量结果的可靠性和一致性。通过多次测试总是得出一致的结论，则说明信度高。

1. 信度评估的系数

信度评估的系数主要包括稳定系数、等值系数、内在一致性和评分者信度。

（1）稳定系数。稳定系数是指用同一种方法，对同一组人群，在不同的时间进行测试总是得出一致性的结果。一致性可用两次测量结果的相关系数来测定，相关系数高低与测量方法本身有关，也与测量因素有关。该方法不适用于受熟练程度影响较大的测试，因为被测试者可能在第一次测试时记住了某些答案，会影响第二次测试的成绩。

（2）等值系数。等值系数是指对同一应聘者使用两种对等的、内容相当的测试方法，其结果之间的一致性。

（3）内在一致性。内在一致性是指把同一组应聘者进行的同一种测试分为若干部分分别加以考查，从而得出各部分所得结果之间的一致性。

（4）评分者信度。评分者信度是指不同评分者对同样的对象进行评定时的一致性。例如，如果许多人在面试中使用一种工具给一个应聘者打分，他们都给应聘者相同的或接近的分数，则这种工具具有较高的评分者信度。

2. 信度的测量

对人员招聘与配置信度的测量需要通过将企业录用人员的测量结果与企业岗位实际需要配置的人员要求标准进行比较，无论选择什么样的测量方法，无论经历多少次测量，录用人员实际测量结果总是与企业招聘岗位实际需要的人员条件相符，则说明信度较高。

（二）效度评估

效度即有效性或精确性，是指对应聘者实际测出结果与想要测出特征的符合程度。

1. 效度评估的指标

对效度的评估可通过三个指标进行，即预测效度、内容效度和同侧效度。

（1）预测效度。在人员选拔过程中，预测效度是考虑选拔方法是否有效的一个常用的指标。

可以把应聘者在选拔中得到的分数与他们被录用后的绩效分数相比较，两者的相关性越大，则说明所选的测试方法、选拔方法越有效，以后可根据此方法来评估、预测应聘者的潜力。若相关性很小或不相关，说明此方法在预测人员潜力上效果不好。

（2）内容效度。内容效度即测试方法能真正测出想测的内容的程度。考虑内容效度时，主要考虑所用的方法是否与想测的特性有关。内容效度多应用于知识测试与实际操作测试，而不适用于对能力和潜力的测试。

（3）同侧效度。同侧效度是指对现在员工实施某种测试，然后将测试结果与员工今后的实际工作绩效考核得分进行比较，若两者的相关系数越大，则说明此测试效度越高。这种测试效度的特点是省时，可以尽快检验某测试方法的效度。

2. 效度的测量

对人员招聘与配置效度的测量是指企业对应聘人员已具备特征与企业招聘岗位所需特征的相符性，通过运用某种测量方法，测出的员工特征与其在实际工作中表现的一致性，且与企业招聘岗位要求的符合程度。一致性与符合程度越高，则说明这种人员招聘与配置效度越高。

信度与效度评估是对招聘过程中所使用的方法的正确性与有效性进行的检验。只有信度和效度达到一定水平的测试，其结果才适合作为录用决策的依据，否则将误导招聘人员，影响其做出正确的决策。

六、招聘渠道评估

企业对人员招聘渠道进行评估，可以首先从应聘者数量来评价招聘工作。数量指标主要包括以下三项。

（1）在一定的时间内主动询问的应聘者人数。

（2）主动填写并递交应聘登记表的应聘者人数。

（3）审查应聘材料初步合格的应聘者人数。

除此之外，对招聘工作的评价还应该考查不同招聘方法的效果，针对不同类型的应聘者提出的最有效的招聘方式和渠道。招聘渠道评估表具体设计内容见表 11–5。

表 11–5　　招聘渠道评估表

<table>
<tr><td colspan="2">部门</td><td colspan="2"></td><td colspan="2">空缺职位</td><td></td></tr>
<tr><td>招聘渠道</td><td>成本</td><td>一定时间内主动询问的应聘者人数</td><td>收到的应聘申请</td><td>每次申请的成本</td><td>通过审核初步合格的应聘者人数</td><td>每一名合格的申请人的成本</td></tr>
<tr><td></td><td></td><td></td><td></td><td></td><td></td><td></td></tr>
<tr><td></td><td></td><td></td><td></td><td></td><td></td><td></td></tr>
<tr><td></td><td></td><td></td><td></td><td></td><td></td><td></td></tr>
<tr><td colspan="2">填表人</td><td colspan="2"></td><td>职务</td><td colspan="2"></td></tr>
<tr><td colspan="2">签名</td><td colspan="2"></td><td>日期</td><td colspan="2"></td></tr>
</table>

七、招聘流程评估

企业对于招聘流程的评估，可以通过回收招聘工作反馈调查表，采用汇总统计、分析数据的方式来进行。招聘流程评估是从总体上对整个招聘流程进行的评估，其内容主要包括以下四个方面。

（1）评估招聘工作是否具有效率，即招聘过程的每一步是否在预定时间内完成，如果超出了预定时间，就要考虑由此造成的后果，包括时间成本和资金成本两个方面。

（2）评估年度招聘计划是否科学、合理和全面，如果一个招聘年度内出现的临时补充招聘计划超出了合理的范围，则说明年度招聘计划还有待改进的地方。此外要评估是否有人才浪费的现象，如果事后被证明可以由兼职人员来完成的工作而实际上招聘了正式员工，就会加重企业的人工成本。

（3）评估招聘程序是否严格按照招聘规程和操作规范执行。

（4）评估招聘策略的选择、招聘方案的制定以及招聘程序的执行等方面是否与企业的使命、经营目标以及价值观匹配。

八、测评工具评估

人员测评工具的评估主要是看测试方法的有效性，企业在每次招聘测评结束之后，要对所选用的测评工具进行评估，并对信度与效度不高的工具在以后的招聘工作中加以改进或淘汰。

测评工具评估可以分为内部测评工具评估与外部测评工具评估两类，主要有以下四种指标。

（1）内部录用比，即内部招聘录用人数与内部招聘报名人数之比。

（2）内部转正比，即内部招聘转正人数与内部招聘报名人数之比。

（3）外部录用比，即外部招聘录用人数与外部招聘报名人数之比。

（4）外部转正比，即外部招聘转正人数与外部招聘报名人数之比。

在进行以上四项指标的评估时，既要进行不同测评工具之间的横向比较，也要进行前后年度的纵向比较。

第二节　招聘总结

一、招聘总结的内容

招聘工作结束后，招聘人员应对整个招聘工作进行分析总结，一般是以招聘总结的形式完成。招聘总结的主要内容包括以下四个方面。

（一）招聘计划的完成情况

招聘计划的完成情况是指总结招聘工作的完成情况，并与招聘计划进行对比。

（二）整个招聘工作进程的完成情况

整个招聘工作进程的完成情况是指将招聘的流程和安排以及取得的成果进行汇总。

（三）招聘成本核算

招聘成本核算是指对招聘成本进行详细的核算、分摊并评价。

（四）招聘方式有效性分析

招聘方式有效性分析是指计算不同招聘方式下的招聘结果和招聘成本，从而考查不同招聘方式的招聘效果。

在企业实际招聘工作过程中，由于企业所处行业、招聘岗位、招聘地区和招聘对象不同，因此在评价不同招聘渠道的区别时，应分开考虑这些变量。例如，某企业因项目发展迅速，长期招聘项目负责人，他们发现采取猎头招聘方式比较令人满意，而其他招聘方式则存在很多信息不对称现象。

（五）招聘工作的经验总结

招聘工作的经验总结是指总结招聘工作过程中的得与失，积累招聘经验。

二、撰写招聘总结报告

撰写招聘总结报告应简明扼要、实事求是、语言平实，应尽量通过数字、图表来说明招聘的效果，但是总结报告不是数字的简单列举，而是针对招聘最终效果与招聘计划之间的差异进行分析，并提出改进建议。招聘总结报告具体包括以下五个方面的内容。

（一）说明基本内容

介绍招聘活动的实施背景、开展流程、招聘目标、招聘小组成员、招聘持续时间、招聘整体效果等。

（二）描述评估过程

描述招聘评估方案的设计、评估方法的运用、评估指标的选择、评估资料的收集、评估过程的实施等。

（三）阐述评估效果

依据招聘评估的方法和指标得出评估结果，对招聘活动的实施效果与招聘计划之间的差异做进一步阐述说明。

（四）提出意见或建议

提出有参考性的意见或建议以改进招聘活动，如提出保证招聘效果不变的情况下有什么方法可降低招聘成本等。

（五）做出总结

总结整个招聘活动的总体实施概况，分析失败和成功之处，并附上招聘评估中收集和分析的资料、图表、记录等。

以下为一份招聘总结报告范例，供读者参考。

<table>
<tr><td rowspan="2">报告名称</td><td rowspan="2">×× 公司 ×××× 年校园招聘总结报告</td><td>版次</td><td></td></tr>
<tr><td>编制日期</td><td></td></tr>
</table>

×× 公司为期两个月的校园招聘工作已于 ×××× 年 ×× 月 ×× 日落下帷幕，为了不断提升公司校园招聘工作的效率和质量，现对本次校园招聘活动做出总结和评价。

一、招聘准备工作说明

为了顺利开展本次校园招聘工作，从正式实施招聘前一个月，公司人力资源部就开展了紧张的筹备工作。

1. 招聘需求及方案确定

根据公司业务发展的需要，各部门均在规定的时间内将用人需求报送人力资源部，人力资源部对用人需求进行统计、分析、汇总，确定了本次的招聘需求。方案确定的本次招聘需求包括管理人员 30 名（含储备干部 20 名），专业技术人员 20 名，基层员工 25 名。

但在招聘实施过程中，有的部门对需求做了较大的改动。其中，生产部最初计划招聘 25 人，后来调整需求至 15 人，最终录用 12 人；研发部最初计划招聘 20 人，后调整需求至 10 人，最终录用 8 人。由于招聘需求的大幅度调整，导致人力资源部第一批次推荐的候选人用人部门基本未予面试，造成了招聘工作的极大浪费。

所以，在以后的招聘工作中，应强化各部门招聘需求申报的严肃性，避免招聘需求大幅度重新调整带来的浪费。另外，本次校园招聘方案设计以校园宣讲会为主、网络招聘为辅、用人部门结构化面试为核心，一定程度上规避了以往招聘工作中存在的管理混乱、流程不畅等问题。

2. 校园宣讲会资料准备

校园宣讲会主要以播放 PPT 的形式开展，内容上共包括公司概况（20 分钟）、职业生涯规划（10 分钟）、公司薪酬福利体系（20 分钟）和互动问答（30 分钟）四个方面的内容，PPT 制作精美、设计新颖，保证了视觉的效果，在宣传中起到了很好的作用，提升了企业的形象。

同时，公司人力资源部也制定了招聘手册，从企业简介、组织结构、企业文化、人才战略、业务发展、薪资福利六个方面来展现公司的面貌，并新增添了招聘流程板块，让应聘者了解公司的具体招聘流程，方便其投递简历和准备面试。从制作成本上看，本批次招聘手册制作 1 000 册，每册 0.5 元，制作成本比以往节省 50%；从发放结果上看，本批次招聘手册仅剩 20 份，发放率较上一年大幅提高。

二、招聘实施的评估

1. 校园宣讲会

本次校园招聘活动共开展了五场大型校园宣讲会，在京、津、沪、渝四个地区五个学校依次举办，具体情况见表 1。

表 1　校园宣讲举办情况

<table>
<tr><th>地区</th><th>学校</th><th>宣讲人</th><th>现场人数（人）</th><th>接受简历数量（份）</th></tr>
<tr><td>北京</td><td>×× 大学</td><td>×××</td><td>150</td><td>60</td></tr>
<tr><td>天津</td><td>×× 大学</td><td>×××</td><td>230</td><td>180</td></tr>
<tr><td rowspan="2">上海</td><td>×× 大学</td><td>×××</td><td>280</td><td rowspan="2">430</td></tr>
<tr><td>×× 大学</td><td>×××</td><td>260</td></tr>
<tr><td>重庆</td><td>×× 大学</td><td>×××</td><td>320</td><td>300</td></tr>
</table>

从宣讲会现场人数来看，由于公司本部在重庆，虽然对北京地区的学生吸引力不是很大，但是现场接收简历的数量还是比较令人满意的，可见校园宣讲会的宣传工作做得比较到位。

2. 笔试

在对应聘者简历进行初步筛选（英语、专业等硬性条件）之后，确定 650 名符合条件者进入第一轮笔试，本次笔试的实施情况见表2。

表2　　校园招聘笔试实施情况

笔试地点	应到人数（人）	实到人数（人）	笔试合格率（%）
××大学	40	35	95
××大学	80	70	93
××大学	150	120	94
××大学	120	110	90
××大学	260	245	89

从笔试成绩来看，整体的合格率较高，均在85%以上。由此可知，本次笔试题目设计过于简单，未充分发挥笔试筛选人才的作用，所以在以后的招聘工作中，还应注重笔试题目的编制质量。

3. 面试

经过笔试后，人力资源部最终推荐150人到各用人部门进行面试，具体面试情况见表3。

表3　　校园招聘面试情况

部门	推荐面试人数（人）	参加面试人数（人）	录用人数（人）	备注
生产部	50	42	12	
研发部	30	20	8	
销售部	35	30	10	
行政部	15	15	3	
质管部	20	18	5	
合计	150	125	38	

根据面试及录用情况，可以得出此次招聘完成比为76%，未达成招聘目标。其他数据如应聘比、录用比等在此略。

4. 招聘成本评估

（略）

三、存在问题

综合分析，本次招聘活动从计划到实施工作中共存在以下四个方面的问题。

1. 招聘需求分析不到位

本次招聘活动中，招聘需求的变动造成了不少人力、物力、财力的浪费。

2. 对面试人员培训不足

公司人力资源部在招聘活动实施前曾对面试人员进行了一天的封闭培训，虽然让面试人员对本公司校园招聘政策、流程、薪酬福利标准、试用期限、签约年限等有所了解，但由于培训时间过短，未对面试人员做面试技巧方面的培训，导致面试过程中的主观意识较强，面试选拔的科学性受到一定程度的影响。

3. 宣讲会地点选择不当

校园宣讲会选择京、津、沪、渝四个地区，是基于宣传企业形象的考虑，但忽略了北京地区的学生多数不愿到外地就业等因素，导致有的学校宣讲会效果不太理想。

4. 招聘周期过长

从 ×× 月 ×× 日第一场校园宣讲会到通知符合条件人员参加面试历时一个月，过长的面试等待时间导致了人才的流失。

四、解决措施

1. 做好招聘需求分析

公司各用人部门应严肃对待招聘需求分析，保证招聘需求分析的稳定性和科学性，避免以后因招聘需求分析不当造成的资源浪费。

2. 加强面试人员的培训

对面试人员进行培训时，除了让其了解公司的招聘政策，还应就招聘面试技巧和方法进行培训，提高招聘面试的效率和质量。

3. 慎重选择宣讲会地点

（略）

4. 缩短招聘周期

提高人力资源部及各相关人员的工作效率，缩短从宣讲会举办到组织面试以及确定录用人员的时间，减少应聘者的面试等待时间，避免人才的过度流失。

本章自测题

1. 招聘评估的作用主要有哪些？

2. 评估新录用人员的质量和数量有哪些方法？

3. 请说明招聘总结报告一般包括哪些内容。

4. 假如你是某公司的招聘专员，刚刚组织了一次大型招聘活动，现招聘经理要你初步对本次招聘工作进行总结，你会从哪些方面入手撰写招聘总结报告？